LEISURE THOUGHTS OF ANCIENT GREECE
AND ITS HISTORICAL EVOLUTION

■ 本书为浙江省哲学社会科学后期资助课题“古希腊休闲思想及其历史演变”(24HQZZ030YB)研究成果

浙江省哲学社会科学规划
后期资助课题成果文库

古希腊休闲思想及其历史演变研究

来晓维 著

浙江大学出版社·杭州
ZHEJIANG UNIVERSITY PRESS

图书在版编目（CIP）数据
古希腊休闲思想及其历史演变研究 / 来晓维著 . 杭州 ：浙江大学出版社，2024. 12. -- ISBN 978-7-308-25557-8
Ⅰ . B502
中国国家版本馆 CIP 数据核字第 2024KK2171 号

古希腊休闲思想及其历史演变研究

来晓维　著

责任编辑　马一萍
责任校对　陈逸行
封面设计　米　兰
出版发行　浙江大学出版社
（杭州天目山路148号　邮政编码：310007）
（网址：http://www.zjupress.com）
排　　版　浙江大千时代文化传媒有限公司
印　　刷　广东虎彩云印刷有限公司绍兴分公司
开　　本　710mm×1000mm　1/16
印　　张　14
字　　数　200千
版 印 次　2024年12月第1版　2024年12月第1次印刷
书　　号　ISBN 978-7-308-25557-8
定　　价　68.00元

目录

01

引　言

第一节　研究缘起及意义

“拥有闲暇是人类最古老的梦想”[1]，但直到19世纪末，“休闲”才作为学术研究对象进入人们的视野。1899年，托斯丹·凡勃伦（Thorstein B. Veblen）的《有闲阶级论》（*The Theory of the Leisure Class*）出版，开启了现代休闲研究的进程。从那时起，“休闲”受到越来越多西方学者的关注，并逐渐发展成为一门学科。在中国，将“休闲”作为一个学术话题始于民国时期，但直至20世纪80年代于光远等学者大量引介西方休闲研究成果，国内学界对休闲的研究才开始蓬勃发展。100多年的发展历程为休闲研究积累了丰硕的成果，但人们对于“休闲是什么”依然理解不一。根据语言学家费迪南·德·索绪尔（Ferdinand de Saussure）的“能指”和“所指”理论，任何一个词语都只有在具体的情境中才能显现其具体的含义，“休闲”也是如此。在现代休闲研究中，由于考察的出发点不尽相同，“休闲”的具体所指也比较多元，难以达成共识。

“休闲学是一门‘顶天立地’的学科，既要探讨休闲作为生存理想的形而上意义，也要发掘休闲作为具体的生活方式和产业载体的形而下价值。”[2]这种特性使得当前的休闲研究存在两种截然不同的研究路径。

一方面，学者们借助其他学科的力量对现实生活中的休闲问题进行研究，形成了休闲经济学、休闲社会学、休闲教育学、休闲心理学等一系列分支学科，每个分支学科都从各自的学科背景出发对“休闲”进行了解读。休闲经济学将休闲作为一种社会经济现象来研究，侧重于发掘休闲与经济发展的内在联系，主要关注的是“为满足人的休闲需求而派生的产品、产业、市场、知识、观念、情感表达、社会服务等”[3]。休

[1] 杰弗瑞·戈比．你生命中的休闲[M]. 康筝，译．昆明：云南人民出版社，2000：1.

[2] 苏培．“顶天立地”开展休闲学研究[N]. 中国社会科学报，2017-08-18（1）.

[3] 马惠娣．走向人文关怀的休闲经济[M]. 北京：中国经济出版社，2004：4.

闲社会学着重从休闲制度、休闲政策等角度来考察人在社会中的生存状态，如约翰·凯利（John R. Kelly）认为“休闲应当被理解为一种‘成为状态’（state of becoming）”，“以存在与成为为目标的自由——为了自我，也为了社会”[1]。休闲教育学提出要通过教育引导人们科学地对待休闲，如查尔斯·布赖特比尔（Chales K. Brightbill）将休闲理解为“超出谋生需要之外的、可以自由选择和支配的时间”，但他认为拥有可自由支配的时间并不等于拥有休闲，而需要通过教育让人们懂得合理利用闲暇时间，并在此过程中认识人存在的理由[2]。休闲心理学从心态和体验的角度来界定休闲，如约翰·纽林格（John Neulinger）认为“休闲是为了达到自己的目的而进行的、从中得到幸福与满足的、与个人内心世界密切相关的体验和心态”[3]。其他学科也从各自的领域出发对休闲进行了详细的解读，不一而足。这些解读虽然拓展了休闲的内容，却并未形成具有普遍性的休闲概念。一是因为它们总是以自身学科的概念解释休闲的具体内容，而无法指出休闲的独有特征；二是因为它们的出发点是为现代人的休闲生活建言，探讨的是“如何实现休闲”而非“休闲缘何值得追求”的问题。

另一方面，国内外众多学者尝试以哲学分析的方式从更普遍的意义上去构建“休闲”，将之看作是一种理想的人类生存状态，以此来回答“休闲缘何值得追求”。如杰弗瑞·戈比（Geoffrey Godbey）提出，“休闲是从文化环境和物质环境的外在压力中解脱出来的一种相对自由的生活，它使个体能够以自己所喜爱的、本能地感到有价值的方式，在内心之爱的驱动下行动，并为信仰提供一个基础”[4]。马惠娣认为，“哲学家研究休闲，从来都把它与人的本质联系在一起，是指人在完成社会必要劳动后，为不断满足人的多方面需要而处于的一种文化创造、文化欣

---

[1] 约翰·凯利 . 走向自由：休闲社会学新论 [M]. 赵冉，译 . 昆明：云南人民出版社，2000：1，283.

[2] Brightbill C. The Challenge of Leisure[M]. Englewood Cliffs, New Jersey: Prentice-Hall, Inc., 1960: 4.

[3] Neulinger J . To Leisure: An Introduction[M]. Boston: Allyn and Bacon, 1981: 13.

[4] 杰弗瑞·戈比 . 你生命中的休闲 [M]. 康筝，译 . 昆明：云南人民出版社，2000：14.

赏、文化建构的生命状态和行为方式”[1]。李仲广、卢昌崇认为，“休闲是一种人类行为，它发生在个人的自由时间里，并在个人内心本能喜爱的心态驱动下平和而宁静地进行着；休闲行为会导致某些相应制度的建立”[2]。潘立勇认为，“休闲是人的一种自由生存方式，是人的创造能力和个性精神得以充分发挥的一种生命状态，是一种‘成为人’的过程”[3]。庞学铨认为，“休闲是个体在相对自由的状态下，以自己喜爱的方式选择相应的活动，并获得身心放松与自由体验的生活，是一种具有特定内容和形式的生活”[4]。赵玉强认为，“休闲不仅是人的一种特殊存在方式，也是人的一种内在生命状态，更是一种至高至善至美的生命理想”[5]。在此基础上，他提出休闲是人“向道生成”的自由状态。这些定义共同指出了“休闲”的两个基本特征：第一，休闲是一种自由活动，区别于工作和生理必需活动，不具有强制性；第二，休闲是一种理想生活，与人的存在状态直接相关。这两点正是休闲值得追求的原因所在，其理论根源可追溯至古希腊时期[6]。

虽然休闲被认为是伴随着人类活动而产生的，但直到古希腊时期，学者们才开始有意识地对“休闲”[7]一词进行思考并尝试将之概念化。这一时期的哲学家代表如柏拉图（Plato）和亚里士多德（Aristotle）都认为休闲与“好的生活”相关。在柏拉图看来，通向“好的生活”的关键在于那些探寻意义的对话，而这种对话的产生需要花时间去思考、研

---

[1] 马惠娣 . 休闲——文化哲学层面的透视 [J]. 自然辩证法研究，2000，16（1）：59-64.

[2] 李仲广，卢昌崇 . 基础休闲学 [M]. 北京：社会科学文献出版社，2004：98.

[3] 潘立勇 . 休闲与审美：自在生命的自由体验 [J]. 浙江大学学报（人文社会科学版），2005，35（6）：5-11.

[4] 庞学铨 . 实践呼唤系统规范的休闲学 [N]. 中国社会科学报，2017-01-24（8）.

[5] 赵玉强 . 优游之道：宋代士大夫休闲文化及其意蕴 [M]. 上海：上海古籍出版社，2017：17-18.

[6] 古希腊文明根据不同的时间节点，可分为爱琴时代（约公元前 3000—前 1200 年）、荷马时代（约公元前 1100—前 800 年）、古风时代（公元前 8—前 6 世纪）、古典时代（公元前 5—前 4 世纪）和希腊化时代（公元前 323—前 30 年）。文中出现的“古希腊”均指古希腊文明的古典时代，此时期的文明中心为雅典和斯巴达。

[7] 古希腊语中“σχολη”既有“闲暇”的译法，又有“休闲”的译法，在古希腊经典文献的中译本中多以“闲暇”来指代。多数情况下，在探讨古典希腊休闲观念的语境中“闲暇”与“休闲”是可以同义替换的。

究和发展自身，他将追求这些活动的时间叫作“休闲”，并认为这些活动自身就是幸福的组成部分。亚里士多德对于“休闲”的阐述也是围绕着“好的生活”展开的。他认为“善”是所有行为的终极目标，其中最高的“善”被称为“幸福”，“幸福”寓于“休闲”之中，是好的行为和好的生活的具体体现。可见，在古典希腊时期，“休闲”的概念是在“善”和“幸福”的基础上被构建的。根据罗吉尔·克里斯普（Roger Crisp）的描述，“幸福是有德性的活动，这个观点认为人的善存在于人性的完善之中”[1]。因此，对幸福的追求就是为了完善人性，也就是自我的实现。既然“幸福”寓于“休闲”之中，那么“休闲”也与人性的完善和自我的实现相关。可见在此时期，“休闲”是作为一个积极观念被放置到希腊文化的理想主义情境中去讨论的。

古希腊哲学赋予“休闲”的这种积极、理想的性质，正是“休闲”值得追求的原因所在，也是现代休闲研究中“形而上”研究展开的重要基点。对社会生活中的具体休闲问题的研究是随着时代发展不断变化的，但对于“休闲缘何值得追求”的探讨却是恒定的，只有解答了这一问题，“如何实现（值得追求的）休闲”的探讨才有意义。因此，现代休闲研究有必要回到“休闲”一词理想意义产生的原初语境——古希腊文化中去考察其具体内涵。同时，“形而下”的休闲研究也需要回到古希腊去寻找理论资源，从而为现代休闲研究的发展提供指导。因为“如何实现（值得追求的）休闲”其实是对休闲现实价值的探索，只有找到了“休闲缘何值得追求”的根源，才能更好地探索休闲的现实价值。休闲的现实价值“不仅是显性的社会经济价值，诸如拉动消费、改善基础设施建设、保护生态环境、催生新兴职业等，更是隐性的人文价值，诸如改变生活观念、丰富生活内容、实现健康生活方式、调适身心健康、促进人的全面发展等”[2]。因而，研究休闲对于审视人们的日常生活并从中认

---

[1] 大卫·福莱．从亚里士多德到奥古斯丁 [M]. 冯俊，等译．北京：中国人民大学出版社，2004：138.

[2] 庞学铨．实践呼唤系统规范的休闲学 [N]. 中国社会科学报，2017-01-24（8）.

识自我来说，是非常必要的。而“认识自我”的源头也在古希腊时期，“认识自我乃是哲学探究的最高目标——这看来是众所公认的。在各种不同哲学流派之间的一切争论中，这个目标始终未被改变和动摇过；它已被证明是阿基米德点，是一切思潮的牢固而不可动摇的中心”[1]。找到这个基点，休闲研究才能脱离“或穿梭于应用领域，或置身于空中楼阁，没有牢固的根基，没有独立的居所”[2]的尴尬境地。

然而，也有学者如潘立勇认为，休闲研究“言必称希腊”并非一个好现象，一方面有脱离现实生活之嫌，另一方面也不利于中国休闲学学术话语体系的建立[3]。本书在追本溯源之时选择将目光聚焦于古希腊时期是出于以下几点考虑：第一，虽然近年来不少国内学者试图从儒家、道家、佛家等中国传统文化思想中寻求理想休闲的理论根源，以构建自身的学术话语体系，争取中国休闲学研究的话语权，但由于中国这方面的研究发展时间较短，还处于开拓阶段，并未在整个休闲学界达成普遍共识；第二，目前对于中国古代休闲思想的挖掘，基本上都存在着在预设休闲的理想性质的情况下返回到当时的文献中去提取相对应的思想的问题，而不像古希腊时期那样，休闲本身就已经作为一个概念被抛出来讨论了；第三，休闲研究自西方传入，要建立中国的休闲学研究体系，就需要对西方“休闲”概念的历史演变有充分的认知，才能更好地拓展国内休闲研究的视野，并在吸收外来观点的同时发掘自身特色。

值得注意的是，从古至今，随着时代背景的变迁，“休闲”一词的意蕴也在不断变化。在古希腊以及希腊化时期，休闲作为“好的生活”的具体呈现而被推崇；中世纪时期，罗马天主教会的教义决定了公民的休闲生活，休闲只有在与宗教责任相关的情况下才能得到认同，其余情况下被认为是“人类灵魂的敌人”；文艺复兴时期个人欲望的解放使得

[1] 恩斯特·卡西尔．人论 [M]. 甘阳，译．上海：上海译文出版社，1985：1.

[2] 庞学铨．休闲学的学科解读 [J]. 浙江学刊，2016（2）：68–73.

[3] 苏培．“顶天立地”开展休闲学研究 [N]. 中国社会科学报，2017–08–18（1）.

休闲日趋世俗化，但上层阶级的学者仍认为休闲可以提供思考自我的机会，以重新唤醒对人的本质的关注；宗教改革对劳动地位的肯定和工业革命后积累原始财富的需求使得休闲不仅在道德上而且在经济上受到谴责，甚至作为休闲学研究起点的《有闲阶级论》也是以批判作为“炫耀性消费”的休闲而展开的；步入现代社会后，休闲的大众化特征越来越明显，其作为娱乐、作为商品的意涵逐渐被认可。因而，只关注古希腊时期的休闲思想是不够的，还要关注其在各个历史阶段经历了何种演变，以及为何在现代社会已经对“休闲”的理解发生了如此大的变化之后，人们还要回到古典希腊时期去寻找理论资源。

在此背景下，本书设想解决以下几个问题：

一是古希腊哲学中的“休闲”是什么？它缘何值得追求？

二是古希腊的休闲观念发展至现代经历了怎样的思想流变？

三是现代休闲研究为何以及如何“回归”古希腊休闲思想？

第二节　研究现状述评

在现代休闲研究发展至今的100多年里，无论在西方还是在中国都早有学者关注到古希腊文化中的休闲思想，并留下了丰富的研究成果。本书的研究要有所创新，就需对现有的古希腊休闲及其历史流变研究发展到何种程度有一个基本的了解。下文从“聚焦古希腊的休闲研究”“比较视域中的古希腊休闲研究”和“休闲概念的历史流变研究”三个主题出发，对已有的国内外文献进行归纳并简要述评。

一、聚焦古希腊的休闲研究

（一）基于文本的研究

一些学者选择从文本出发讨论休闲的内涵，希望在古希腊文化的语境中描绘出“休闲”这一概念的原初形态。国外学者如约翰·斯托克斯

（John L. Stocks）认为，在柏拉图和亚里士多德的所有著作中只有两篇文献赋予了“休闲”核心地位和哲学意义，分别是柏拉图的《泰阿泰德篇》和亚里士多德《政治学》中的第七卷和第八卷。他在《休闲》（“ΣΧΟΛΗ[1]”）一文中对两篇文献中涉及“休闲”的内容进行了整理，并指出两者的“休闲”概念非常相似，都代表着远离义务和外部压力之后的自由时间。但这种休闲存在着明显的阶级差异，它不属于奴隶而只属于那些拥有私人财产的公民阶层[2]。弗雷德里希·索姆森（Friedrich Solmsen）在《亚里士多德理想城邦中的休闲与游戏》（“Leisure and Play in Aristotle's Ideal State”）一文中指出，亚里士多德在《尼各马可伦理学》中声称“幸福存在于闲暇之中”，并使用这一命题说明了人的最高幸福在于沉思而不是积极生活；在《政治学》的最后几卷也提出立法者必须认识到休闲是公民实现幸福的重要过程，必须为之提供适当的安排。柏拉图对休闲意义的认可体现在《斐多篇》和《泰阿泰德篇》中，他以身心对立论来解释休闲与事务在身状态的对立，认为事务与身体相关而休闲与灵魂相关。而《法律篇》中的“游戏”概念虽然常被看作是“休闲”，但它其实是一个更加宽泛的概念，指一种放松的状态。无论是柏拉图还是亚里士多德，都指出作为“好的生活”的组成部分的闲暇，需要在理想的城邦中才能实现[3]。约翰·海明威（John L. Hemingway）的《休闲与文明：对希腊理想的反思》（“Leisure and Civility: Reflections on A Greek Ideal”）一文提出，主流观点认为亚里士多德的休闲观侧重于退入哲学沉思，但这是不准确的。亚里士多德在其实践哲学中强调休闲与参与城邦公共事务之间的相互联系，休闲在此意义上被认为是人们寻求、展示和提炼文明品格的美德。这使休闲无论是在他们自己的生活中还是

[1] ΣΧΟΛΗ，为“休闲”的古希腊语 σχολη（schole）的大写形式。

[2] Stocks J. L . ΣΧΟΛΗ[J]. The Classical Quarterly, 1936, 30(3–4): 177–187.

[3] Solmsen F. Leisure and Play in Aristotle's Ideal State[J]. Rheinisches Museum f ü r Philologie, 1964, 107(3): 193–220.

在他们所生活的共同体中都占据了一个更加重要的位置[1]。莎拉·布罗迪（Sarah Broadie）在《亚里士多德及以后：形而上学与伦理学论集》（*Aristotle and Beyond: Essays on Metaphysics and Ethics*）的第十二章考察了“休闲”的概念，认为休闲之所以在亚里士多德的形而上学和伦理学中受到重视是因为在他看来哲学也应当关注人性及人类的生活，而休闲作为一个每个人都能从自身经验出发接触到的概念，对它进行思考也就是对整个人类生活的一种思考。同时，布罗迪也指出，人的本质总是很难说清楚的，而“休闲”与“非休闲”的区别能提供一个视角去探索人的本质[2]。

然而，并不是所有学者都认为作为理想状态的休闲一直存在于古希腊文化中。如詹姆斯·奥利里（James F. O'Leary）的《休闲与柏拉图的工作伦理》（“SKOLE[3] and Plato's Work Ethic”）一文通过对柏拉图对话录的研究发现，“休闲”存在四种类型：一是空闲时间；二是懒散；三是自由；四是泰然自若。从这四层内涵出发可见，希腊人对于闲暇和工作之间的关系存在另外一种解读。与学者们通常所说的“工作是为了休闲”相反，柏拉图认为休闲是工具性的，且从属于工作的必要性[4]。约瑟夫·欧文斯（Joseph Owens）的《亚里士多德论休闲》（“Aristotle on Leisure”）一文认可亚里士多德的休闲是从那些为了满足较低层次需求而不得不进行的事务中脱离出来的自由状态，以全身心投入智性生活。因此相较于放松、娱乐和消遣，闲暇更积极也更自足。同时欧文斯也指出，亚里士多德非常清楚自己的这一观点在他所处的时代并非主流，当时的人们更多地还是将休闲看作是娱乐消遣并从中追求幸福。这种行为

---

[1] Hemingway J L. Leisure and Civility: Reflections on a Greek Ideal[J]. Leisure Sciences, 1988, 10(3): 179–191.

[2] Broadie S. Aristotle and Beyond: Essays on Metaphysics and Ethics[M]. London: Cambridge University Press, 2007: 184–198.

[3] “schole”和“skole”都是“休闲”的古希腊语 σχολη 的拉丁文表达，现有研究文献中使用“schole”较多，此文作者选用了“skole”。

[4] O'Leary J F . SKOLE and Plato's Work Ethic[J]. Journal of Leisure Research, 1973, 5(2): 49–55.

在亚里士多德看来是对闲暇的一种滥用。为了正确使用闲暇，人们需要恰当的道德引导，于是休闲问题就成了伦理问题[1]。

国内学者如陆丽琼的《论〈尼各马可伦理学〉中的闲暇思想》、秦碧霞的《论作为幸福之表征的“闲暇”——读〈尼各马可伦理学〉》从《尼各马可伦理学》出发对亚里士多德的闲暇思想进行了探究。她们认为亚里士多德在伦理学基础上构建了闲暇与幸福之间的联系，在此意义上闲暇才能被看作是“全部人生的唯一本原”，因此闲暇是幸福的表征而非娱乐消遣。它的实现需要健康的身体、英俊的外貌、朋友、财富、政治权力等“外在善”的支持，也需要通过接受教育使自己能做到以节制欲望为前提的自由选择，最终在闲暇中彰显自身的德性[2]。陆丽琼在与何先月合作的另一篇文章《亚里士多德的闲暇思想及其当代启示》中提出，亚里士多德在《尼各马可伦理学》和《政治学》两部著作中对闲暇的深刻论述是后世闲暇思想发展的基石，他立足于城邦政治生活讨论闲暇，因为公正的城邦生活需要充足的闲暇时间和正确的闲暇才能保证。以此为基础，文章讨论了闲暇与劳作、财富、德性和快乐的关系。[3]王宝贵的《亚里士多德闲暇观解析及启示》一文也说明亚里士多德论述闲暇与幸福的密切关系，它们之间的联系蕴含在闲暇与幸福、节制、财富、教育、消遣等概念的联系中，表现为一种自足的、节制的、符合适度原则的沉思活动[4]。

陆扬的《亚里士多德论休闲》一文以亚里士多德的《政治学》《形而上学》《尼各马可伦理学》三部著作为基础探讨其休闲观，指出亚里士多德将休闲定位在理性活动层面，判定休闲具有思辨性质，并以自身

---

[1] Owens J. Aristotle on Leisure[J]. Canadian Journal of Philosophy, 1981, 11(4): 713–723.

[2] 陆丽琼 . 论《尼各马可伦理学》中的闲暇思想 [J]. 株洲工学院学报，2005，19（5）：60–62.

秦碧霞 . 论作为幸福之表征的“闲暇”——读《尼各马可伦理学》[J]. 昌吉学院学报，2013（3）：27–31.

[3] 陆丽琼，何先月 . 亚里士多德的闲暇思想及其当代启示 [J]. 长白学刊，2008（4）：17–21.

[4] 王宝贵 . 亚里士多德闲暇观解析及启示 [J]. 长春工程学院学报（社会科学版），2010，11（4）：36–39.

为目的。它可以通过后天习得，是人生的终极目标所在。但在何人拥有休闲的问题上，他与斯托克斯持不同看法，认为在亚里士多德看来休闲并不是富人阶级的专利和有闲阶级的特权[1]。周海荣、李宏也认为亚里士多德的休闲观蕴含在其伦理学、政治学及形而上学之中，与其幸福论和德性论相互融合。他们在《论亚里士多德的休闲观》一文中指出休闲并非娱乐消遣而是严肃的现实活动，它发生在一切外在事物之后，是实现幸福的必要条件，也是人的理想存在状态。但他们承认亚里士多德的休闲观存在明显的贵族化倾向，具有一定的时代局限性[2]。

邱晓辉的硕士学位论文《亚里士多德闲暇思想初探》以亚里士多德对人的本质的两个规定，即“人是理性的动物”和“人是政治的动物”为逻辑起点，以人的两种德性，即“理智德性”和“伦理德性”为逻辑进路，试图系统回答“闲暇是什么”和“闲暇如何获得”的问题。“理性人”表明人是高于动物趋向于神的存在物，理智德性使其成为可能；“政治人”表明人是社会性的存在物，伦理德性使其成为可能。“理性人”和“政治人”的基础以及德性的力量使亚里士多德的闲暇成为了可能，两者的实现过程便是闲暇的实现过程。邱晓辉认为，亚里士多德的闲暇思想具有一定的理论价值，他运用哲学反思，建构了一个和谐统一的思想体系，开辟了探讨生存实践的开放空间[3]。

虽然大部分学者都认可“休闲”在古希腊时期的崇高地位，但靳希平提出了不同意见。他在 2016 年于杭州举行的“生活哲学与现代人类生存”学术研讨会上发表的《西方文化史中的休闲与学术——一个西方语文学资料的简单译介》一文中将 Schole 一词放回历史语境中去考察，指出 Schole 的语义是比较宽泛的，并非一直指代理想化的休闲。只要是一切与生计无涉的活动、无所事事地消磨时光的状态都可以被称作是

[1] 陆扬 . 亚里士多德论休闲 [J]. 黑龙江社会科学，2011（3）：38–40.

[2] 周海荣，李宏 . 论亚里士多德的休闲观 [J]. 武汉理工大学学报（社会科学版），2017，30（6）：121–125.

[3] 邱晓辉 . 亚里士多德闲暇思想初探 [D]. 呼和浩特：内蒙古大学，2007.

Schole，懒散也属于 Schole，只不过是 Schole 的末流[1]。

（二）政治学角度的研究

在基于文本的研究中已有不少学者提及了休闲与政治之间的关系，但只是将之作为闲暇的一个侧面去讨论和描述，而以下学者则着重从政治学角度对古希腊时期的休闲进行解读。

钭利珍的《闲暇的政治意蕴——基于亚里士多德〈政治学〉的分析》一文以数理统计的方式对《政治学》中涉及“闲暇”的内容进行了梳理，并指出闲暇是在谈及理想城邦的构建时被提出的，因此具有深刻的政治意蕴。闲暇是理想城邦的内在表现，也是实现其政治理想，即“城邦的善”的重要途径。但文章主体内容与第一部分基于文本的研究基本相同[2]。邵令的《古希腊公民的公共闲暇活动与民主政治》从集会、宴饮、节日庆典、观看戏剧等古希腊人具体参与的公共闲暇活动出发探讨了闲暇与民主政治之间的关系，他认为这些活动渗透着公民平等精神和政治道德教育，为民主政治实践提供了公共空间，也有利于公民团体精神的培养，是实现古希腊民主政治的重要基础[3]。

查尔斯·西尔维斯特（Charles Sylvester）的《古典休闲观念：文化理想还是阶级偏见？》（“The Classical Idea of Leisure: Cultural Ideal or Class Prejudice?”）一文给出了新的研究视角。他指出，休闲研究惯常认为古希腊公民将休闲作为一种文化理想而将工作看作是奴性的，然而，由于将这一观念传达给后世的柏拉图和亚里士多德隶属贵族阶层，其思想不免带有一定的阶级偏见。西尔维斯特通过研读柏拉图和亚里士多德的相关文献，调查了当时社会政治背景下休闲的古典概念，指出雅典人在关于劳作和休闲关系的观点中将文化理想和政治意识形态融合在了一

[1] 靳希平. 西方文化史中的休闲与学术——一个西方语文学资料的简单译介[C]// 上海社会科学院.“生活哲学与现代人类生存”学术研讨会暨第十三届《哲学分析》论坛论文集. 上海，2016（5）：1-16.

[2] 钭利珍. 闲暇的政治意蕴——基于亚里士多德《政治学》的分析[J]. 西安电子科技大学学报（社会科学版），2007，17（1）：88-94.

[3] 邵令. 古希腊公民的公共闲暇活动与民主政治[J]. 首都师范大学学报（社会科学版），2010（S1）：67-70.

起。贵族用劳作与休闲关系的理论将劳作阶级排除在城邦生活之外，但劳作阶级也并没有被动接受贵族的观点，而是以自己的视角对休闲这一贵族化理想既表达了认可又提出了质疑[1]。王云的《古希腊劳作与闲暇观念的政治解读》一文持相同观点，认为古希腊时期的劳作与闲暇观念是由贵族进行阐述的，是贵族阶层为了保护自身利益而在政治意识形态上树立的一道屏障，将“闲暇的生活”认定为高于“劳动的生活”以宣扬自身的优越资质并贬低普通民众。从普通民众的视角来看，劳动既被视作必需也被认为是美德，并不是可耻之事，也不与“闲暇”相对立，反而与“闲暇”是相容的。闲暇作为一种文化理想，不仅是贵族阶层也是普通民众参与政治文化活动的必要条件[2]。

萨纳西斯·萨马拉斯（Thanassis Samaras）的《悠闲的贵族还是英勇的农民？柏拉图〈法律篇〉中的休闲》（“Leisured Aristocrats or Warrior–Farmers? Leisure in Plato’s Laws”）一文对《法律篇》中那些涉及“休闲”的段落进行了考察，指出柏拉图在《法律篇》中给出的社会政治结构并不能让所有公民享有休闲，大多数公民需要花时间去照看财产并为此从事劳作。虽然德性的实现需要公民享有休闲，但这篇对话中有大量文本表明，自由人的农业劳动并不会影响其对德性的追求。也就是说，休闲与劳动在这里并不是对立关系。这是柏拉图基于当时真实的社会和政治特征而做出的观察[3]。

（三）教育学角度的研究

也有学者从教育学角度对古希腊的休闲观念进行了更深入的解读。本杰明·亨尼卡特（Benjamin Hunnicutt）的《柏拉图教学和哲学学习中的休闲和游戏》（“Leisure and Play in Plato’s Teaching and Philosophy of

---

[1] Sylvester C. The Classical Idea of Leisure: Cultural Ideal or Class Prejudice?[J]. Leisure Sciences, 1999, 21(1): 3–16.

[2] 王云 . 古典希腊劳作与闲暇观念的政治解读 [J]. 兰州大学学报（社会科学版），2011，39（2）：29–35.

[3] Samaras T. Leisured Aristocrats or Warrior–Farmers? Leisure in Plato’s Laws[J]. Classical Philology, 2012, 107(1): 1–20.

Learning"）一文表明，休闲是人文教育的主要目的。学校应该教育公民不要因为过度工作而远离休闲，而应该转向对美德的追求，这一点体现在城邦日复一日的人文教育实践中。游戏是柏拉图的教学方法，孩子们在能够吸引他们热情的有趣活动中获得更好的学习效果，这些活动能让他们灵魂的眼睛转向美好和真实。同样，游戏也是成年人学习和研究哲学的最佳方式，是发现新真理的唯一途径。柏拉图认为最高层次和最严肃的"对话"就是和老师一起游戏。游戏式教学的主要目的是让人们转向真理，并自己去探索和研究哲学[1]。杰弗瑞·摩根（Jeffrey Morgan）的《休闲、沉思与休闲教育》（"Leisure，Contemplation and Leisure Education"）一文认为，在亚里士多德看来，沉思是对休闲的适当利用，因此休闲教育必须告诉人们"为什么要选择沉思"和"如何沉思"。而摩根自己的立场则更灵活一些，他认为除了沉思之外的一些其他活动也可以被称为休闲。在考察了亚里士多德关于沉思的重要性的论述并结合后人对这一点的评价后，他认为有充分理由说明学习哲学是休闲教育的最佳策略之一[2]。

王云、李丽在《亚里士多德闲暇思想论析》一文中指出，"闲暇生活"比"劳动生活"层次更高，是一种和本己和谐相处的状态。其基本特征是选择，但选择必须受到训导和约束，否则会因滥用闲暇而远离自己的内心。因此国家需要对公民进行闲暇教育，将闲暇作为教育的全部目的[3]。黎海燕的《"闲"与"德"之关系研究及其现代启示——兼论亚里士多德闲暇德育思想》一文以亚里士多德笔下"闲"与"德"的关系为着眼点，指出两者互为前提、相互影响。一方面，"德"是"闲"的伦理限度，既约束人们的闲暇选择又提高人们的闲暇境界；另一方面，

[1] Hunnicutt B K. Leisure and Play in Plato's Teaching and Philosophy of Learning[J]. Leisure Sciences, 1990, 12(2): 211–227.

[2] Morgan J. Leisure, Contemplation and Leisure Education[J]. Ethics and Education, 2006, 1(2): 133–147.

[3] 王云，李丽．亚里士多德闲暇思想论析 [J]. 海南大学学报（人文社会科学版），2011，29（4）：33–37.

闲是德性培养的重要平台、重要内容和重要方法。在闲暇社会日益走近的时代背景下，现代德育必须正确认识并妥善处理“闲”与“德”的关系，及时作出调整，开展闲暇德育，实现以闲育德与以德律闲的完美结合[1]。陈阳的《西方教育思想的政治源头——以亚里士多德为主，兼论柏拉图、苏格拉底》一文也简略提及闲暇教育，认为教育的价值就在于闲暇之时培养灵魂理性[2]。李石在《“闲暇”与公民教育》中提及，公民教育是连接个人与城邦共同体的重要桥梁，其目标是促进个体的发展与增进共同体的利益，而“操持闲暇”是亚里士多德笔下公民教育的核心内容之一，因为“闲暇”关注的是自我的觉醒[3]。张培均的《亚里士多德论闲暇教育》一文认为，亚里士多德在《政治学》中表达了一个观点，即教育对于最佳政制的实现至关重要，而闲暇与教育关系密切，立法者应当加强公民教育以使其能够胜任闲暇。最佳政制的目标是要实现城邦的善与幸福，结合《尼各马可伦理学》中“幸福存在于闲暇之中”的论述，闲暇不是一段需要打发的时间，而是静观中的幸福。因此闲暇教育就是哲学教育，能为最佳政制树立典范[4]。

除了上述主要视角的研究，也有学者从美学、音乐学、体育运动学等视角对古希腊时期的休闲思想进行了研究。如邹贤敏的《“闲暇”与“觉识”——亚里士多德美学思想拾遗》一文提出，亚里士多德笔下的“闲暇”是那一历史时期人类进行精神生产和审美创造的必要条件。虽然该时期的审美创造存在为统治阶级所独占的特点，但它仍是对雅典时期公民精神生活的一种美学概括[5]。陶涛的《亚里士多德论音乐与美德教育》、

---

[1] 黎海燕.“闲”与“德”之关系研究及其现代启示——兼论亚里士多德闲暇德育思想[J]. 学术论坛，2012，35（7）：61-64，150.

[2] 陈阳. 西方教育思想的政治源头——以亚里士多德为主，兼论柏拉图、苏格拉底[J]. 鸡西大学学报（综合版），2016，16（9）：33-35.

[3] 李石.“闲暇”与公民教育[EB/OL]. (2017-11-23)[2022-05-29].http://www.sohu.com/a/206559437-618422.

[4] 张培均. 亚里士多德论闲暇教育[J]. 北京大学教育评论，2019，17（1）：42-51.

[5] 邹贤敏.“闲暇”与“觉识”——亚里斯多德美学思想拾遗[J]. 学术月刊，1986（7）：35，42-47. 另：作者将 Aristotle 译为“亚里斯多德”，此处均以“亚里士多德”代替，以保证行文统一。

张应林的《亚里士多德音乐教育思想及其启示》、刘伟的《亚里士多德以音乐操持闲暇思想探微》等文从音乐学的角度出发分析了闲暇与音乐教育的联系。陶涛认为“闲暇”是音乐教育所涉及的重要术语之一，它包含两层含义，一种是指自由时间，另一种是指拥有能从事卓越活动的自由，闲暇是培育优良公民的必需[1]。张应林和刘伟也认为音乐不仅可以用于游嬉和解倦，还有着高尚的本性，能够直入人的灵魂，以音乐操持闲暇可以让人更接近幸福[2]。戴伟谦的《希腊三哲人苏格拉底，柏拉图及亚里士多德的运动观——以休闲为中心的探讨》、周洪祥的《古希腊休闲运动观念及其对当代的启示》两文以休闲为中心探讨了苏格拉底、柏拉图和亚里士多德三位古希腊时期的思想家的运动观，认为在这三位哲人看来，体育运动的目的在于培养身心和谐发展的完人，体育是与德育、智育、美育相结合的[3]。张宇飞和黎海燕的《试论古希腊体育运动的休闲意蕴》一文认为体育运动是古希腊人的休闲化存在方式；体育场馆是古希腊人重要的休闲生活空间；参与体育运动是古希腊有闲阶层身份的体现。体育运动也是古希腊人实现休闲理想的重要途径，既帮助人们塑造强健的体魄，又帮助其孕育自由的心灵[4]。

二、比较视域中的古希腊休闲研究

（一）词源学比较

鲍金的《“休闲”的比较词源学考察——“休闲”在先秦汉语和古希腊语中的文字表达及其反映的社会观念评析》、张永红的《休闲的词源涵义考》从词源学角度出发，对古希腊语中最早具有“休闲”涵义的

[1] 陶涛．亚里士多德论音乐与美德教育 [J]. 道德与文明，2013（1）：58–62.

[2] 张应林．亚里士多德音乐教育思想及其启示 [J]. 当代教育理论与实践，2014，6（1）：62–64.
刘伟．亚里士多德以音乐操持闲暇思想探微 [J]. 人民音乐，2014（3）：70–72.

[3] 戴伟谦．希腊三哲人苏格拉底，柏拉图及亚里士多德的运动观——以休闲为中心的探讨 [J]. 体育学报，2001（30）：45–54.
周洪祥．古希腊休闲运动观念及其对当代的启示 [J]. 韩山师范学院学报，2019，40（1）：77–81.

[4] 张宇飞，黎海燕．试论古希腊体育运动的休闲意蕴 [J]. 学术论坛，2014，37（4）：122–126.

σχολη（schole）一词进行了考察，并与“休闲”在先秦汉语中的含义进行了对照，指出无论是在古希腊还是在中国先秦时期，“休闲”都表现为一种合规律性、合道德性的人类生活范式，是人们普遍向往的目标；且“休闲”不是个体性的，而需要在生命共同体中去实现[1]。

（二）与其他哲学家的思想比较

1. 与中国传统思想的比较

叶智魁的《“逍遥”与“Schole”：庄子与 Aristotle 之休闲观》一文以跨文化视角对中西两大哲人庄子与亚里士多德的休闲观进行了比较，认为庄子的“逍遥”与亚里士多德的“Schole（休闲）”都象征着人类所向往的人生境界和生命价值之所在，且都拥有非实用、非功利的性质。不仅如此，两者实现此理想境界的途径也存在相似之处，亚里士多德认为可以通过“沉思冥想”达到“休闲”，而庄子则提倡通过“心斋”“坐忘”来获得“逍遥”，都讲求在精神上无所束缚。两者的区别在于对“理性”的态度，亚里士多德推崇理性，他认为实现“休闲”的“沉思”本质上就是一种纯粹的理性活动；而在庄子看来，“理性”是通往“道”的障碍，只有突破这层障碍才能进入“与道冥合”的“逍遥”境界[2]。

张锐和李萋的《休闲体育的精神与追求——源于哲学的思考》一文对以汉族文化为主体的中华民族体育精神和以古希腊文化为主体的西方休闲体育精神进行了比较，认为两者哲学体系的不同导致其休闲体育精神在价值观、审美观和教育思路上存在差异。在价值观上，中国传统休闲体育注重“娱乐”“道德”和“人际交往”方面的价值，西方休闲体育则注重“健身”“心理宣泄”和“个人实现”方面的价值；在审美观上，中国传统休闲体育强调“心美”“中庸之美”“和谐之美”和“善与美

---

[1] 鲍金．“休闲”的比较词源学考察——“休闲”在先秦汉语和古希腊语中的文字表达及其反映的社会观念评析 [J]. 自然辩证法研究，2005，21（11）：88-91.

张永红．休闲的词源含义考 [J]. 湖南工业大学学报：社会科学版，2010，15（4）：130-133.

[2] 叶智魁．“逍遥”与“Schole”：庄子与 Aristotle 之休闲观 [J]. 户外游憩研究，1994，7（3）：79-89.

的统一”，西方休闲体育则强调“形美”“极限之美”和“真与美的统一”；在教育思路上，中国传统休闲体育教育讲求“身心共育”和“礼数教育”，西方休闲体育则追求“健康第一”和“游戏教育”[1]。但“休闲”在此文中是与“体育”结合在一起作为一个统一概念“休闲体育”出现的，作者并未对两者之间的联系进行考察，并且其论断也有待商榷。

2. 与西方后世学者的比较

李俊峰在其硕士学位论文《亚里士多德闲暇观与马克思人的全面发展观之比较》中指出，亚里士多德将“闲暇”作为人追求的理想目标，卡尔·马克思（Karl Marx）则把全面而自由发展的人视为人类必然要达到的理想状态，两者都是对人类理想生活的探讨。由于所处的时代和文化背景不同，他们的理论逻辑起点以及对具体实现途径的看法有所不同。亚里士多德认为伦理意义上的生活实践才能实现闲暇，而马克思则主张在物质生产实践过程中去实现自身的全面发展[2]。齐勇的《劳动与闲暇：亚里士多德与马克思的比较研究》一文持有类似观点，认为马克思的实践哲学是对亚里士多德实践哲学的超越，并着重从劳动与闲暇的关系出发对两者的思想异同进行了比较。他认为亚里士多德和马克思都将闲暇看作是人发展自身的必要条件，但亚里士多德认为唯有“真正的人”才配享有闲暇，奴隶天性低劣，只能在粗鄙的体力劳动中体现其德性，并为贵族创造享受闲暇、发展自我的条件；马克思则基于人类本质的一致性、统一性和平等性，提出社会的每个成员都应当从事劳作，共享闲暇，共同拥有自由而全面发展的权利[3]。

张东辉和刘海霞的《亚里士多德、费希特和马克思论休闲》一文在比较亚里士多德和马克思的同时还加入了约翰·戈布里特·费希特（Johann Gottlieb Fichte）。文中指出，亚里士多德把休闲确立为西方哲

[1] 张锐，李黄．休闲体育的精神与追求——源于哲学的思考[J]. 北京体育大学学报，2014，37（7）：12–17.

[2] 李俊峰．亚里士多德闲暇观与马克思人的全面发展观之比较[D]. 呼和浩特：内蒙古大学，2008.

[3] 齐勇．劳动与闲暇：亚里士多德与马克思的比较研究[J]. 求是学刊，2016，43（4）：24–29.

学的起源之一，把休闲归结为一种蕴含智慧、中庸和愉悦的理性的精神生活。费希特则从人的权利出发，把休闲规定为个人的神圣不可剥夺的绝对财产，并大大提升了劳动对于休闲乃至人本身的重要性。马克思最终以辩证唯物主义和实践的观点从根本上改造和发展了前人的休闲观。他用异化的观点解析了早期资本主义社会中休闲与劳动的关系，并把休闲本身看作是与劳动的辩证统一，看作实现人类自由全面发展的必要条件，并强调发展生产力是增加休闲的根本途径[1]。

陈颖莹的《闲暇与教育——对亚里士多德、斯宾塞闲暇教育哲学批判》一文从哲学视角，通过分析亚里士多德和赫伯特·斯宾塞（Herbert Spencer）对闲暇的看法和对闲暇教育的理解，探讨了闲暇教育的本质和价值。两者都认为工作为闲暇提供物质条件和时间，不同的是亚里士多德将闲暇与工作截然分开，斯宾塞则认为闲暇与工作是相互对立又相互统一的。这种对立统一不仅仅体现在工作为闲暇提供物质条件和时间，闲暇为工作提供目标和意义，还体现在工作寓于闲暇、闲暇伴随工作，无法将两者进行区分的情况。现代教育要使两者尽可能地统一，但又不能以取消两者的对立为代价[2]。

萨缪尔·巴特勒（Samual A. Butler）在《阿伦特与亚里士多德关于平等、休闲和团结的论述》（“Arendt and Aristotle in Equality，Leisure and Solidarity”）一文中从政治生活而非哲学的角度对古希腊时期的平等、休闲和团结的概念进行了考察。他认为，休闲是在生产盈余的情况下产生的，能为参与政治提供机会。而在亚里士多德和汉娜·阿伦特（Hannah Arendt）所描绘的古希腊城邦生活图景中，仅有少部分人享有这种盈余，并在政治上被允许参与城邦生活。虽然古希腊的“民主”被认为是现代民主制度的原型，但其实质是奴隶社会，仅有 25% 的人口，

[1] 张东辉，刘海霞．亚里士多德，费希特和马克思论休闲 [J]. 湖南科技大学学报（社会科学版），2012，15（2）：41–45.

[2] 陈颖莹．闲暇与教育——对亚里士多德、斯宾塞闲暇教育哲学批判 [J]. 学理论，2012（18）：23–24.

即男性城邦公民享有公民权，其余 75% 的人口，包括妇女、奴隶与外邦人都被排除在城邦生活之外，但他们却为公民阶层提供盈余，即享有休闲的可能。此文发掘了古希腊休闲状态背后隐藏的社会阶级和劳动分工问题[1]。

崔英俊（Youngjoon Choi）和约翰·达蒂洛（John Dattilo）的《媒体技术与休闲的联系：亚里士多德与海德格尔的洞察》（“Connections between Media Technology and Leisure: Insights from Aristotle and Heidegger”）借助亚里士多德和马丁·海德格尔（Martin Heidegger）的哲学思想来探讨“如何将媒体技术应用于休闲从而获得幸福”的问题。文中指出，对亚里士多德来说，沉思在帮助人们理解世界并赋予其意义方面扮演着中心角色，是达到被称为“幸福”的终极目标的根本途径，也是休闲的一个重要特征。而在海德格尔看来，技术可以帮助我们沉思并反映我们沉思的内容，技术进步又是沉思的产物，因此技术和沉思之间存在一种循环关系。由此作者得出结论，媒体技术与休闲之间的关系是复杂而多面的，媒体技术影响着休闲表达，同时，休闲体验也塑造了媒体技术的使用方式[2]。此文运用亚里士多德与海德格尔的哲学思想来探讨具体的休闲问题，是古希腊休闲思想在现实生活中的灵活运用。

三、休闲概念的历史流变研究

（一）休闲概念演变的整体梳理

专著方面，有些学者以整本书的篇幅梳理了休闲概念在不同历史时期的具体内涵，如约瑟夫·皮珀（Josef Pieper）的《闲暇：文化的基础》（*Leisure: The Basis of Culture*）一书的前篇举证了西方哲学史上有关闲暇观念的重要事实，从希腊时代的柏拉图和亚里士多德到中世纪的托马

[1] Butler S A . Arendt and Aristotle on Equality, Leisure, and Solidarity[J]. Journal of Social Philosophy, 2010, 41(4): 470–490.

[2] Choi Y, Dattilo J. Connections between Media Technology and Leisure: Insights from Aristotle and Heidegger[J]. Annals of Leisure Research, 2017, 20(2): 152–168.

斯·阿奎那（Thomas Aquinas）等人的思想中都反映出闲暇曾是古代人最为珍贵的哲学概念，其源头是节庆崇拜活动，但这种观念现今已被工作至上的观念所取代。后篇指出闲暇的适当利用促成了哲学行动，因为闲暇的中心主旨在于追求沉静的生活，而皮珀认为哲学来自早期神学的熏陶，神学为哲学提供思想养分。此书的主要目的是呼吁神学与哲学的结合，闲暇则是两者有效结合的最佳途径，人们通过在日常生活中默观、接受神性启示，体验惊奇，进而感受世界整体。托马斯·古德尔（Thomas Goodale）、杰弗瑞·戈比的《人类思想史中的休闲》（*The Evolution of Leisure: Historical and Philosophical Perspectives*）一书以大量史料为依据，探索了休闲在人类思想史中的演变及其价值问题。两位学者从哲学、宗教、文化、经济等各个领域出发，对休闲自雅典城邦出现直到当代的发展状况进行了考察。书中追寻了休闲理想的起源，介绍了亚里士多德、马克思等哲学家对休闲的赞美，也指出当代社会对休闲的粗暴践踏。拜伦·达雷（Byron Dare）、乔治·威尔顿（George Welton）和威廉·科艾（William Coe）共同编著的《西方思想中的休闲概念：批判的和历史的分析》（*Concepts of Leisure in Western Thoughts: A Critical and Historical Analysis*）一书梳理了 2000 多年以来的社会变化以及这种变化导致的对休闲态度的变化。休闲在古希腊时期作为一种理想，是一种追求人类最高真理和智慧的沉思生活，它涉及人、宇宙、神以及美好生活的本质。但随着劳动地位的建立、市场经济的扩张，人的存在和文化的基础都开始立足于经济，于是对精神智慧、理性和休闲的追求被对物质财富、欲望和工作的追求所取代。而当代社会从存在主义思想出发的人本主义将注意力集中在个人如何超越物质状况去追求真实的沉思上，这需要创造性的自我表达，而休闲提供了这样一种机会。卡尔·斯普拉克伦（Karl Spracklen）的《构建休闲：历史与哲学的争论》（*Constructing Leisure: Historical and Philosophical Debates*）一书指出，在“休闲是什么”这一问题上，古代人和现代人的理解完全不同，因此有必要对休闲的历史进行考察。书中根据历史时间对休闲进行了梳理，探讨了“休闲在当时是如何被建构以及如何被当时的人们所理解的”“交际理性与自由意志在不同时期是如何与工具性互动的”“历史学家如何通过史学重建过去的休闲”，以及“作家们如何在另一种历史中理解休闲”等问题。同时也考察了不同社会和文化中的休闲，包括拜占庭文明和亚洲文明。

另有一些学者选择在书中的某一章节对休闲概念的历史流变进行简要介绍。如塞巴斯蒂安·德·葛拉齐亚（Sebstian de Grazia）的《论时间、工作与休闲》（*Of Time, Work, and Leisure*）一书在第一章介绍休闲背景时将休闲的本源意义追溯至苏格拉底、柏拉图，尤其是亚里士多德，并指出这种理想性的休闲观念在历史发展过程中不断衰退，最终在工业革命后盛行的物质主义和工作伦理中消失殆尽。在此基础上，葛拉齐亚对现代休闲进行了批判，认为技术进步并未让现代人拥有更多的自由时间，反而由于消费主义的裹挟，人们需要不断地在工作中投入时间；同时，现代社会所提供给人们的“休闲”反而阻碍了其从事有意义的活动。安妮特·霍尔巴（Annette Holba）的《哲学性休闲：人际交往的疗愈性实践》（*Philosophical Leisure: Recuperative Praxis for Human Communication*）“哲学性休闲”一章按时间追溯了从古代社会历经中世纪、文艺复兴时期、现代和后现代时期哲学性休闲的观点，不同历史时期都有哲学家注意到休闲之于人类境况的意义，正是他们的思想为现代人展现了哲学意义上休闲的大概面貌。但霍尔巴也指出，休闲的哲学性含义随着历史的发展在不断消退，当代社会对休闲的理解介于娱乐和放松之间，人们缺乏对其的反思。对哲学性休闲的源头进行探索有助于改变人们对休闲的当代理解[1]。约翰·波威尔（Johan Bouwer）和马可·凡·刘易文（Marco van Leeuwen）在《休闲哲学：美好生活的基础》（*Philosophy of Leisure: Foundation of the Good Life*）一书的第一章“历史中的休闲观念”中指

[1] Holba A. Philosophical Leisure: Recuperative Praxis for Human Communication[M]. Wisconsin: Marquette University Press, 2007: 52-82.

出，时间阶段是休闲观念蛰伏的历史基石，而无论在什么历史时期，人们在将“休闲”概念化的时候都应该在脑海中存有休闲的理想状态。休闲在古希腊时期体现为幸福、自我发展和愉悦；在希腊化时期则是健康、卫生和自我发展；在宗教改革时期是崇拜、劳动和沉思；在文艺复兴时期是公共娱乐、自我发展和沉思；在工业革命后是奢侈、认同和娱乐；进入20世纪后是游戏、内在意义和愉悦；发展至今，休闲代表着幸福、繁荣与康乐[1]。国内学者如李仲广和卢昌崇的《基础休闲学》一书第十一章第一节也对休闲在西方原始社会、古希腊古罗马时期、中世纪、文艺复兴和宗教改革时期、近代以及现代这六个阶段的发展进行了介绍[2]。

论文方面，刘耳在《休闲：一种文化价值的转变》一文中分三个阶段对休闲与工作关系的演变进行了探讨，也对不同阶段人们赋予休闲的意义进行了梳理。上古时期的希伯来宗教文化和古希腊哲学，中世纪的基督教神学和近现代思想文化都深刻影响着当时人们对休闲及其与工作关系的认知，这也体现出不同人类文化价值观的转变[3]。刘慧梅、张彦的《西方休闲伦理的历史演变》同样以休闲与工作关系的变化为视角，探讨了古希腊以来西方休闲伦理的发展和演变：在古希腊与古罗马时期注重人性、提倡自然为主的休闲伦理备受重视；中世纪时期工作伦理开始突显；工业革命时期休闲伦理受到漠视而工作伦理备受推崇；现代社会休闲伦理又重新受到重视[4]。周海荣、姜锡润的《西方休闲观的历史流变》一文也认为不同时代的人们对休闲的理解随着社会文化的发展而不断演化。休闲的历史地位几经起伏，历经了古希腊时期备受推崇，中世纪在对上帝的信仰中变得谦卑和抑制，近现代由于工作至上观念的盛

[1] Bouwer J, Leeuwen M. Philosophy of Leisure: Foundation of the Good Life[M]. London and New York: Routledge, 2017：13–27.

[2] 李仲广，卢昌崇．基础休闲学[M].北京：社会科学文献出版社，2004：244–255.

[3] 刘耳．休闲：一种文化价值观的转变[J].自然辩证法研究，2003，19（5）：75–77，93.

[4] 刘慧梅，张彦．西方休闲伦理的历史演变[J].自然辩证法研究，2006，22（4）：91–95.

行而遭到否定与抵制，最后在休闲产业化时代重新获得重视，这背后有深刻的社会根源[1]。

（二）休闲概念演变的其他角度

希勒米·易卜拉辛（Hilmi Ibrahim）等人在《休闲与娱乐先锋》（*Pioneers in Leisure and Recreation*）一书中介绍了从古至今对休闲有巨大贡献的学者，从古代的亚里士多德、西塞罗（Cicero）、塞涅卡（Seneca），到中世纪的伊本·赫勒敦（Ibn Khaldun），再到19世纪的凡勃伦、约翰·赫伊津哈（Johan Huizinga）等一众学者以及20世纪的布赖特比尔等人，每位学者对休闲都有其独特见解，其见解也反映了其所处社会的思想主流，从一定程度上体现了休闲概念的不断变化[2]。但此书在古代和近现代之间只选取了伊本·赫勒敦一位代表，不足以体现休闲思想在此历史阶段的发展。

格雷·克罗斯（Gray S. Cross）的《17世纪以来的休闲社会史》（*A Social History of Leisure: Since 1600*）一书认为，当代生活对于休闲的态度和定义是模棱两可的，一些人追随亚里士多德，认为休闲能培育人的品格，一些人认为休闲不过是经济和文化力量的产物，另一种观点则认为现代休闲是个人主义的具体形式。为了澄清这一概念，克罗斯以1600年为起点，以美国和英国为代表考察休闲的社会历史。因为很多转变都是从17世纪开始的，而英国和美国的思想文化在现代休闲的历史演变中扮演了重要角色。[3]西尔维斯特的《17世纪英格兰的休闲、科学和宗教》（“Leisure, Science, and Religion in 17th - Century England”）一文也关注了17世纪对于休闲意义转变的重要影响。他在文中指出，工作取代休闲成为生活中心的价值转换主要出现在新教改革时期。除了宗教，弗朗西斯·培根（Francis Bacon）的实验科学在工作

---

[1] 周海荣，姜锡润．西方休闲观的历史流变[J]. 理论月刊，2014（12）：47-52.

[2] Ibrahim H, et al. Pioneer in Leisure and Recreation[M].Reston: AAHPERD Publications, 1989.

[3] Gross G S. A Social History of Leisure: Since 1600[M].Pennsrivania: Venture Publishina Inc.1990.

与休闲关系的变化中也发挥了不可或缺的作用。宗教改革和科学革命都发生在17世纪中叶，它们都颂扬工作同时贬低亚里士多德的休闲概念。然而，在17世纪的英国，科学主要是绅士们在闲暇时从事的业余活动。他们的闲暇状态是基于亚里士多德哲学的阶级特权的结果。此文描述了亚里士多德的休闲观念是如何被清教徒和培根主义的理想所破坏的，这些理想根植于英国新教绅士的信仰体系中，他们在闲暇时进行实验科学。从文中可以窥见17世纪宗教与科学的发展对休闲观念变化的具体影响[1]。

卡伦·福克斯（Karen M. Fox）的《路加福音是否暗示着希腊化罗马存在一种基督教—犹太教化的休闲形式？》（“Does the Gospel of Luke Suggest a Christian–Judaic Form of Leisure in the Graeco–Roman World?”）一文指出，虽然传统的休闲研究认为休闲起源于古希腊 Schole 的概念，但希腊化罗马是一个充满生气的，多样化和商业化的社会，只关注古希腊的休闲概念而排除与之竞争的其他文化会掩盖希腊化罗马世界的其他休闲形式。福克斯提出，路加福音通过描绘“历史上”耶稣在人类世界中的活动，为我们展现了希腊化罗马世界的另一种休闲形式。这也是休闲概念从希腊化罗马时期走向中世纪的一种过渡[2]。

唐纳德·麦克林（Donald Mclean）在《谈德性伦理：休闲发生了什么？》（“Speaking of Virtue Ethics: What Has Happened to Leisure?”）一文中从德性伦理的角度分析了休闲概念发生变化的原因。他认为，当代德性伦理学文献大多借鉴了古代伦理学，尤其是亚里士多德的学说，其伦理学主要涉及了“德性”“实践智慧”“幸福”和“闲暇”四个概念。而现代关于德性伦理的论述通常只使用“德性”“谨慎”和“幸福”，休闲不再是美德伦理思想的必要组成部分。文章对近年来学术界在德性

[1] Sylvester C. Leisure, Science, and Religion in 17th-Century England[J]. Leisure Sciences, 1994, 16(1): 1–16.

[2] Fox K M. Does the Gospel of Luke Suggest a Christian–Judaic Form of Leisure in the Graeco–Roman World?[J]. Leisure/Loisir, 2009, 33(1): 11–30.

伦理研究中对休闲缺失的原因进行了解释，并提出，尽管休闲与当代德性伦理明显缺乏关联性，但德性伦理与休闲研究并不相斥。相反，古代和现代美德伦理的应用与休闲研究有关[1]。

四、文献述评

通过对现有相关文献进行梳理，不难发现，自凡勃伦开启现代休闲研究以来，不断有学者尝试回到古希腊去发掘休闲的价值，并从伦理学、政治学、教育学、美学、音乐学、体育运动学等各个角度对古希腊时期的休闲观念进行了探讨，试图回答“休闲缘何值得追求”的问题。同时，国内外学者也意识到由于社会文化背景不同，现代休闲与古希腊时期的休闲意涵已经有所不同，因此他们对休闲一词的历史演变也进行了一些考察。尽管前人留下了丰富的研究成果，但仍然存在一些不足需要进一步完善。本书的创新点也是基于这些不足而体现的。

聚焦古希腊时期的休闲研究方面，国内外学者都关注到了休闲与善、幸福、德性、教育、城邦政治等概念之间的联系，并以此为基础提出休闲是值得追求的。然而，这部分的研究成果大多是以期刊论文的形式，或是以书中某一个章节的形式出现。由于篇幅所限，学者们或着重分析休闲与善、幸福、德性等伦理概念之间的联系，或着重探讨休闲如何在城邦政治中实现，或着重考察如何通过教育达成休闲。这些内容是相互交叉重合的，但却缺乏一个内在的逻辑理路将它们整合到同一个理论框架内。比如，现有文献不断提出亚里士多德“休闲存在于幸福之中”“休闲需要退入哲学沉思”等论点来说明古希腊时期休闲与幸福、休闲与沉思的联系，但对于三者之间究竟是以何种逻辑联结在一起的却缺乏论证；又比如，诸多学者探讨了休闲所具有的教育、政治意涵，但对于休闲的教育、政治意涵与休闲的哲学意涵如何联系在一起的研究又是缺乏的。

[1] Mclean D. Speaking of Virtue Ethics: What Has Happened to Leisure?[J]. Annals of Leisure Research, 2017, 20(5): 529–545.

本书在整合前人研究成果的基础上，以较为清晰的脉络梳理“休闲”与“善”“幸福”“教育”“政治”等概念之间的联系，指出“善是人的所有行为指向的目标，幸福是最高的善，而幸福又存在于闲暇之中，要实现指向幸福的闲暇，需要接受自由教育，以及参与城邦政治生活”，为古希腊的休闲思想建立了一条有迹可循的内在逻辑线。

在休闲概念的历史流变研究方面，国外学者的研究相对完善，但也存在一些不足。虽然学者们对休闲在人类思想史中的意涵和地位变化进行了梳理，但是他们更注重对当时时代背景和休闲现象的勾勒，而较少回到各时期哲学家、思想家本身的文献中去发掘休闲的意涵。如不少著作中都提及休闲作为一个哲学概念不仅存在于古希腊时期，也存在于古罗马和中世纪时期，但对于这两个时期休闲如何作为一个哲学概念呈现，这两个时期的休闲与古希腊时期的休闲存在着何种联系等问题却没有详细的说明，只是一笔带过。国内学者对于西方休闲思想发展演进的研究较为稀少。从查阅到的文献资料情况来看，仅有《休闲：一种文化价值的转变》《西方休闲伦理的历史演变》《西方休闲观的历史流变》三篇论文对西方休闲思想从古希腊到现代社会的概念的演变以及地位的起伏做了相对系统的论述。他们尝试以宗教与休闲的关系、工作与休闲的关系为出发点梳理西方休闲思想的发展历程。遗憾的是，他们都仅把着眼点放在了描述西方休闲思想的演变过程本身上，而并没有对其背后的思想内核和哲学本质做更为深刻的剖析。可以说，目前国内学者对于这一方面的研究相对缺失，几近空白。因此，本书在已有的西方休闲思想流变研究的基础上，对各个历史时期休闲所呈现的表象背后的哲学内核和社会根源进行了更为深入的研究和分析，以历史的脉络梳理人类文化史上的休闲思想和观点，以休闲的角度观察人类思想与文化的发展脉络，并从文化的角度反观休闲对人类文明所产生的影响，从更全面、更系统的视角呈现了西方休闲思想的流变轨迹。

第三节 研究内容和架构

本书探讨的主要内容是古希腊“休闲”思想及其历史演变，主要的架构如下。

第一章为引言，首先交代了选题缘由，认为古希腊哲学赋予“休闲”的理想性质，有助于回到“休闲缘何值得追求”的问题上，是现代休闲“形而上”研究展开的重要基点，也为“形而下”休闲研究的展开提供了理论指导，以寻找“如何实现（值得追求的）休闲”的具体途径。其次，对国内外古希腊休闲的相关研究和休闲概念的历史流变的相关研究进行文献梳理和简要述评。最后介绍论文的总体架构。

第二章阐述以柏拉图和亚里士多德为代表的古希腊休闲思想。柏拉图认为“好的生活”是能够做出正确的选择和做正确的事情，这就需要人们花费时间去沉思、去研究、去发展自身。他将追求这些活动的时间叫作“休闲”，并认为这些活动就是幸福的组成部分。亚里士多德的休闲观念同样是围绕着对“好的生活”的追求展开的，他认为休闲是参与“好的生活”的首要条件，休闲能创造美德和知识从而加强人类幸福，包含着神的沉思，而工作却会给这种生活带来严重的制约和局限。所以亚里士多德认为休闲与最重要、最优秀的人类生活表达相关，有自由去发展自身的人类特性，并带来主观愉悦和客观幸福。

第三章主要论述希腊化时期的休闲思想，指出其继承了古典时期将休闲与“好的生活”联系在一起的特点，但却转向了更加个人的形式。伊壁鸠鲁学派（The Epicureans）、斯多亚学派（The Stoics）都追求个人价值和对幸福生活的自主选择，这种观点也影响了休闲理论的发展，并延续到了古罗马时期。例如西塞罗认为休闲是从事务中脱离出来去休息和重构自身，它尽管还是一种沉思活动，但却是为了“事务”而非自身；马可·奥勒留（Marcus Aurelius）也信奉休闲是沉思的观念，并认为这种沉思能帮助他更好地统治罗马帝国。这些观点与古典时期的休闲观念已经有了区别，但仍有学者保留着古典时期休闲观念的主体思想，如塞涅卡认为休闲是支撑哲学生活和治疗人类灵魂的一个条件，只有那些有时间学习生活的人才能拥有好的生活。

第四章阐述古希腊“休闲”理论在后世的一些思想遗存。如基督教哲学早期代表圣奥勒留·奥古斯丁（Saint Aurelius Augustinus）肯定了休闲之于追寻上帝从而获得幸福的积极意义；中世纪托马斯·阿奎那提出沉思是生活的最高形式，他认为学习、沉思是高于工作并且能通向智慧的，且没有沉思就无法获得德性，而那些从事科学和艺术而非从事工作的人实际上就是在参与休闲。文艺复兴时期的一些哲学家如弗兰齐斯科·彼特拉克（Francesco Petrarca）、米歇尔·蒙田（Michel de Montaigne）等人也认为休闲是生活的一部分，“以沉思活动培养一个人的思想”就可补救缺点，且花时间反思能激发智力，带来知识智慧、内在转变和生活满意度。古希腊的休闲思想在这一时期也留下了印记：休闲与沉思相关，且应当避免忙碌。

第五章对“休闲”概念的现代演变进行讨论，提出“休闲”的概念发展至今已经和古希腊“休闲”有所不同，主要受到以下几方面的影响。首先，宗教改革时期的文化范式决定了努力工作才具有积极的道德价值，休闲作为懒散的代名词而被拒斥，并退化为工作的预先状态（娱乐）。其次，工业革命后，劳动以其自身创造财富的能力在人类生活中获得了更高的地位，而休闲因其不创造财富且又消耗他人所创造的财富损害他人利益而受到经济层面和道德层面的双重否定，社会地位进一步下降。随后，马克思提出了“自由劳动”的概念，它是“人向自身、向社会的即合乎人性的人的复归”[1]，也是实现“人之为人”的重要途径。在此意义上，“劳动”拥有了与古希腊时期“休闲”的相同意味，“休闲”所拥有的自由和超越性质经由马克思让渡给了“劳动”，而沦为前共产

[1] 马克思.1844年经济学哲学手稿[M].中共中央马克思恩格斯列宁斯大林著作编译局，译.北京：人民出版社，2000：81.

主义社会中为人们重新获取劳动力的补偿性时间。休闲与劳动的地位完成了转变，古希腊休闲就此走向衰落，日益式微。

第六章探讨了休闲对劳动异化的反抗，以及消费对休闲反抗力量的削弱问题。尽管马克思认为真正的劳动是人的自我生成过程，但在现代社会中，劳动异化导致人们无法通过劳动回归自身。所以，劳动无法取代古典休闲成为人们的生活理想。在这种情况下，“休闲”被寄予了克服劳动异化的希望。保尔·拉法格（Paul Lafargue）与伯特兰·罗素（Bertrand Russell）以颂扬“懒惰（lazy）”“悠闲（idleness）”为名，表达了对作为“非劳动”“负劳动”的“休闲”的肯定，想要通过“缩短工时”“明智用闲”等措施让人在异化劳动之外去关注自身的发展、完成人的本质的确认，并以此对抗劳动的异化。然而休闲却逐渐发展成为富裕者的一种“炫耀性消费”，成为一种身份和财富的象征。随着消费社会的到来，休闲作为消费被纳入经济生产的过程中，人不管在生产环节还是非生产环节都沦为了物的奴隶，休闲没有发挥其反抗作用反而沦为资本逻辑的一环。越来越多的学者如享利·列斐伏尔（Henri Lefebvre）、让·鲍德里亚（Jean Baudrillard）等开始意识到，休闲在现代社会中所拥有的“自由”“平等”等积极意义其实都是为了促进消费而精心编织的神话。在此意义上，休闲对抗劳动异化的变革力量被“收编”了，无法发挥其应有的效力。

第七章说明现代休闲研究重新回归古希腊休闲思想的原因以及如何回归的问题。休闲被消费卷入经济生产环节而无法发挥出其应有的变革力量，因此现代社会中人们虽然享有休闲但却难以在休闲中接近自己的本质。古希腊以幸福为导向的休闲思想具有一定的超越性，对这种超越性的追寻有助于恢复休闲对抗劳动异化的力量。这一方面需要恢复对休闲的智性认识；另一方面则要将休闲重新纳入幸福伦理的范畴。现代休闲研究者需要继续发掘古希腊休闲思想的内涵，并结合现代社会的特征进一步发展现代休闲理论。

02

古希腊哲学中的休闲思想

国内外休闲学研究者如约瑟夫·皮珀、罗歇·苏（Roger Sue）、托马斯·古德尔和杰弗瑞·戈比、马惠娣等人在提及“休闲”（leisure）时都提出，“休闲”的含义源于古希腊语 schole 一词[1]。schole 为古希腊语 σχολη 的拉丁文写法，根据罗念生、水建馥编著的《古希腊语汉语词典》，σχολη 的中文释义为：“Ⅰ.①空闲时间，闲暇，悠闲；②摆脱出来，停止；③闲散，懒散。Ⅱ.①悠闲的讨论，讲学；②讲学的地方，学园，学校。其作为副词时，表示‘悠闲地，从容不迫地，缓慢地’。”[2] 虽然在后世的语义转变中，schole 演化成了现代英语中 school（学校）和 scholar（学者）的词源而非 leisure（休闲），但国内外学者依然认可它是最早具备休闲含义的词汇。由此，古希腊一直以来都被看作是休闲观念的起点。也有学者提出异议，宣称“休闲”在此之前就已存在，因为音乐、艺术等活动“在没有文字的原始文化中就已经出现”[3]。但学界对于原始社会中的音乐、艺术活动能否被界定为“休闲”是存疑的。即使有丰富的历史记载和考古证据表明当时存在大量游戏、艺术、音乐、宗教、运动和舞蹈活动，也不能证明其属于“休闲”，因为它们并没有展现出清晰的休闲观念，而更多的是“以生存本能的形式自然融合于原始人的生活之中”[4]。直至古希腊时期，哲学家们才开始有意识地对“休闲”做出思考并尝试将之概念化，真正明确的休闲观念从这一时期开始逐步形成。

靳希平通过对古希腊原文的考察，指出“schole 不是忙于战争、不

---

[1] 约瑟夫·皮珀.闲暇：文化的基础[M].刘森尧，译.北京：新星出版社，2005：6.

罗歇·苏.休闲[M].姜依群，译.北京：商务印书馆，1996：9.

托马斯·古德尔，杰弗瑞·戈比.人类思想史中的休闲[M].成素梅，等译.昆明：云南人民出版社，2000：23.

马惠娣.休闲——文化哲学层面的透视[J].自然辩证法研究，2000（1）：59-64.

[2] 罗念生，水建馥.古希腊语汉语词典[M].北京：商务印书馆，2004：864.

[3] Shivers J S, DeLisle L J. The Story of Leisure: Context, Concepts and Current Controversy[M]. Champaign, IL: Human Kinetics, 1997: 10-11.

Edginton C R. Leisure and Life Satisfaction: Foundational Perspectives[M]. New York: McGraw-Hill, 2002: 54-57.

[4] 周海荣，姜锡润.西方休闲观的历史流变[J].理论月刊，2014（12）：47-52.

是忙于生意或农耕、渔猎，不是为谋生或糊口去努力，也不是从政、关心国家大事。无正事去操心，就是 schole，有了闲暇。所以，非糊口的、自得其乐的琴棋书画，一切与生计无涉的活动，无所事事地消耗时光的状态，性质上都属于 schole，懒散也是，只不过是这种活动的末流而已"[1]。然而，这一时期的哲学家并没有停留在此意义上去理解和讨论"休闲"，而是致力于将"休闲"发展成为一个积极的观念，将之看作是达成生活目的、过上"好的生活"的必要条件。"好的生活"就是一生追求智慧、德性和休闲，而休闲是寻找生活智慧、拥有有价值和有德性的生活方式从而获得幸福的第一原则[2]。这一观点在柏拉图和亚里士多德的学说中都有所体现。柏拉图认为人在不断探寻意义的对话中思考、研究和发展自身，从而达到"好的生活"，而这些活动都在"休闲"中发生。亚里士多德对"休闲"的论述也同样围绕着对"好的生活"的追求，这种"好的生活"能够为人类带来快乐、繁荣和幸福。两者都未直接给出"休闲"的定义，而是在讨论"何为善""何为幸福"这两个问题的过程中逐步勾画出"休闲"的内涵。他们"把休闲观念放置到希腊文化的理想主义情境中去研究"[3]，这背后体现的是对人的本质的关注，也是古希腊时期哲学研究从"自然"转向"人"的一种体现。

"关注人自身（人本质、人存在与发展、人的价值等问题）是古希腊文明的一个古老而伟大的哲学传统。"[4]这种基于对"人"的关注而发展出来的哲学性休闲观念至今仍是休闲理论研究展开的基点，因为它最能解释"缘何追求休闲"的问题，也是人们在休闲实践中应当坚持的原则。只有在了解古希腊时期作为理想生活的"休闲"究竟是什么的基础上，才能搞明白它对现代休闲研究的指导意义何在。因此，本章的主

---

[1] 靳希平. 西方文化史中的休闲与学术——一个西方语文学资料的简单译介 [C]// 上海社会科学院."生活哲学与现代人类生存"学术研讨会暨第十三届《哲学分析》论坛论文集. 上海，2016：1-16.

[2] Bouwer J, Leeuwen M. Philosophy of Leisure: Foundation of the Good Life[M]. London and New York: Routledge, 2017: 16.

[3] 托马斯·古德尔，杰弗瑞·戈比. 人类思想史中的休闲 [M]. 昆明：云南人民出版社，2000：15.

[4] 庞世伟. 论"完整的人"——马克思人学生成论研究 [M]. 北京：中央编译出版社，2009：7.

要内容就是厘清“休闲”与“善”“幸福”之间的内在联系，并探讨这种导向“善”与“幸福”的“休闲”如何实现。需要说明的有：一是国内柏拉图及亚里士多德著作的译介中，schole 多被译为“闲暇”，因此在古希腊文化语境中谈论“休闲”时，都以“闲暇”来代替，以保证行文的一致性；二是鉴于柏拉图论及“闲暇”的内容较为零散，而亚里士多德继承和发展了柏拉图对于“闲暇”的理解，在《尼各马可伦理学》和《政治学》两部著作中对“闲暇”进行了更为深刻和系统的论述，本章以讨论亚里士多德的“闲暇”思想为主。

第一节　善、幸福与闲暇的关系

伦理学是关于个人幸福的科学，而政治学是关于集体幸福的科学，因此，亚里士多德的《尼各马可伦理学》和《政治学》所探究的是“人如何达到幸福”的问题。“闲暇”在这两部著作中被提及得最多，可见“闲暇”与“幸福”关系密切。亚里士多德为“闲暇”与“幸福”的关系梳理了一条相对清晰的逻辑理路：首先，他认为存在一个终极的概念“善”，万事万物包括人在内都以“善”为自身目的；其次，他将“幸福”规定为是最高的善；最后，他指出“幸福”存在于“闲暇”之中。因此，要了解“闲暇”所包含的具体内容以及如何实现“闲暇”，就必须先清楚“善”与“幸福”究竟是什么，“闲暇”与它们又是如何联系起来的。本节的分析将主要基于亚里士多德提出的这一逻辑理路来展开。

一、善：行为的目的

“行为的开始之点，就是行为所为的目的。”[1] 人的任何行为都有想要达成的目的，这一目的同时也是人的行为的起点。亚里士多德将这

---

[1] 亚里士多德. 尼各马可伦理学 [M]// 苗力田. 亚里士多德全集：第八卷. 北京：中国人民大学出版社，1992：125.

种“行为指向的目的”称为“本原和始点”，而“始点或本原是一种在其充分显现后，就不需要再问为什么的东西”[1]。同时，他又在《尼各马可伦理学》开篇指出，“一切技术，一切规划以及一切实践和抉择，都以某种善为目标。因为人们都有个美好的想法，即宇宙万物都是向善的”[2]。因此，“善”就是人的行为的本原和始点。虽然人们行为的过程、所依靠的技艺各不相同，但他们都是向善的。也就是说，“善”是所有行为的终极目的。亚里士多德对“善”的这种认知，是从苏格拉底和柏拉图处继承而来的。

“善”的问题被苏格拉底看作是最重要的，他尝试对“善”的性质和意义做出探索，但由于其“述而不作”的行事特征，并没有形成完整而系统的人生哲学，他关于“善”的性质和意义的论述因柏拉图的对话录和色诺芬（Xenophon）对其言行的记录而为后世所知晓。在《高尔吉亚篇》中他提出：“善是一切行为的目的，一切事物皆为此目的而行事，而非善以其他一切事物为目的。”[3]也就是说，所有社会生活的目的就是“善”，对城邦进行治理也是为了使城邦及其公民达成“善”。色诺芬在《回忆苏格拉底》中提到，苏格拉底认为神正是“为了有益的目的而将那些使人认识不同事物的才能赋予人类”[4]；神创造万物也都是为了人的利益，使它们“为人类服务”[5]，“对任何人有益的东西，对他来说就是善”[6]。在柏拉图的《卡尔米德篇》中，苏格拉底强调关于善和恶的知识比其他任何知识都重要，“只有一种知识使人行为正确和幸福，这就是关于好坏的知识”[7]。若是缺乏这种知识，便无法保证事情

[1] 亚里士多德 . 尼各马可伦理学 [M]// 苗力田 . 亚里士多德全集：第八卷 . 北京：中国人民大学出版社，1992：7.

[2] 亚里士多德 . 尼各马可伦理学 [M]// 苗力田 . 亚里士多德全集：第八卷 . 北京：中国人民大学出版社，1992：1.

[3] 柏拉图 . 高尔吉亚篇 [M]// 王晓朝 . 柏拉图全集：第一卷 . 北京：人民出版社，2002：392.

[4] 色诺芬 . 回忆苏格拉底 [M]. 吴永泉，译 . 北京：商务印书馆，1984：29.

[5] 色诺芬 . 回忆苏格拉底 [M]. 吴永泉，译 . 北京：商务印书馆，1984：156–162.

[6] 色诺芬 . 回忆苏格拉底 [M]. 吴永泉，译 . 北京：商务印书馆，1984：180.

[7] 柏拉图 . 卡尔米德篇 [M]// 王晓朝 . 柏拉图全集：第一卷 . 北京：人民出版社，2002：164.

往有益的方向发展，例如水手若是不具备这种知识就无法保证航海安全，将军若是不具备这种知识就不一定能在战争中取胜。在《普罗泰戈拉篇》中，他又指出“一切行为旨在一个目的，亦即快乐地、无痛苦地生活，为此可采取的良好行为必定是善的和有益的”[1]。可见，在苏格拉底看来，“善”的首要性质是有用的和有益的。但要明确的是，应当是“善”促使事物变得有益和有用的，而不是由于事物的有益和有用而成为“善”。

在进一步探讨“善的生活是怎样的”问题时，苏格拉底给出了两个可能的方向：一是有秩序的安排，“任何事物的美德都是一种有规则有秩序的安排，所以正是这种适合该事物的秩序的出现才能使任何事物成为善的”[2]；二是自由与自制，他指出自由对个人和城邦都是高贵而美好的财产，自由使从事“善”成为可能，而受到阻碍无法从事“善”就是没有自由。同时，他又将这种作为自由的善与智慧、自制联系在一起，他认为“智慧是最大的美德，不能自制就使智慧和人远离，并驱使人走到相反的方向去”[3]。由于“不能自制使人对眼前的快乐流连忘返，常常使那些本来能分辨好坏的人感觉迟钝，以致他们不但不去选择较好的事情，反而去选择较坏的”，因此“健全理智和不能自制这两种行为恰好是相反的”[4]。通过这种方式，苏格拉底构建了道德自由和健全理智之间的关系，使得“善”与自由、理智联系在一起。

柏拉图在苏格拉底“善”的学说的基础上继续探讨“善是什么”“善有哪些性质”等问题。他认为“善”是每个人行动的目的，也是每个灵魂所追求的目标，但他也认识到“善”不像别的东西那样具有充分的信念能让人清楚明白地把握。在《斐莱布篇》中，柏拉图提出了一个识别

[1] 柏拉图．普罗泰戈拉篇 [M]// 王晓朝．柏拉图全集：第一卷．北京：人民出版社，2002：484.
[2] 汪子嵩，范明生，陈村富，等．希腊哲学史：第二卷 [M]. 北京：人民出版社，1993：444.
[3] 色诺芬．回忆苏格拉底 [M]. 吴永泉，译．北京：商务印书馆，1984：172.
[4] 色诺芬．回忆苏格拉底 [M]. 吴永泉，译．北京：商务印书馆，1984：172–173.

善的标准：善是完全的、自足的，即不依赖或无所求于别的东西[1]。他借苏格拉底之口对斐莱布“善是快乐”的观点给予批评，并提出知识比快乐更接近善。因为不是所有快乐都是有益的，激烈的、疯狂的快乐会扰乱人的灵魂，而知识无论是低级或是高级都是有用的，所以知识更符合苏格拉底关于“善的首要特征是有用的和有益的”的论断。之后，柏拉图进一步提出，仅有快乐或是仅有知识都无法实现自足，因为没有人愿意选择没有快乐的智慧或是没有智慧的快乐。只有真正纯洁的快乐以及健康有节制的快乐与知识的结合才能成为善。

尽管柏拉图认为知识只是更接近善而非善本身，但他还是倾向于将善作为一门知识来研究。他无法具体回答作为“善”的知识是什么，只能以现象世界中的“善”来比喻说明真正的“善”，即“善的相”。所谓“相”，即真正的存在，是知识的对象，无法为感觉所把握。真正的“善”就如同太阳，“太阳不仅使可见事物可以被看见，而且也使它们能够出生、成长，并且得到营养”[2]。真正的“善”则将真理赋予知识对象，使认知者拥有认识能力，是“知识和迄今为止所知的一切真理的原因”[3]。也就是说，“善的相”是可知世界的根源，它赋予了人的灵魂以认知能力，也使自身的存在具有了可知性。因此，“善是知识和真理的源泉，而且比二者更加美好”[4]。

亚里士多德同样将“善”看作是一切事物所追求的目标，但他不同意柏拉图关于“善的相”的论点，认为“善”不应该只有一个共同的、普遍的、单一的“相”——“善并不是由单一理念而形成的共同名称”[5]——而应该根据不同的范畴有所区分。例如作为本体的“善”是神或理性，作为性质的“善”是各种品德，作为数量的“善”是适度，作为关系的

[1] 汪子嵩，范明生，陈村富，等．希腊哲学史：第二卷 [M]. 北京：人民出版社，1993：996.

[2] 柏拉图．国家篇 [M]// 王晓朝．柏拉图全集：第二卷．北京：人民出版社，2003：506.

[3] 柏拉图．国家篇 [M]// 王晓朝．柏拉图全集：第二卷．北京：人民出版社，2003：506.

[4] 柏拉图．国家篇 [M]// 王晓朝．柏拉图全集：第二卷．北京：人民出版社，2003：506.

[5] 亚里士多德．尼各马可伦理学 [M]// 苗力田．亚里士多德全集：第八卷．北京：中国人民大学出版社，1992：11.

“善”是有用，作为时间的“善”是好的机遇，作为地点的“善”是好的地方。亚里士多德认为，讨论一个人们无法获得也无法实行的“善的相”是无意义的，只能得到一个空洞的名词，而应当探求那种人能够达到和实行的具体的善。丰富多样的行为目的必然影响到“善”的具体显现，例如医术的善显现为健康，战术的善显现为胜利，而“最高的善”是所有这些具体的善的总和[1]。

二、幸福：最高的善

如前所述，亚里士多德认为“善”应当是具体的而并非飘浮于理念世界的。在各式各样具体的“善”中，他最注重的是“人的善”，也即人的行为及其目的。由于人的一切知识和行为选择都是为了追求某种“善”，而人的行为所能达到的一切善的顶点是“幸福”，因此“幸福”就是最高的“善”，而“生活优裕，行为良好就是幸福”[2]。可见，亚里士多德将“幸福”规定为好的生活和好的行为，是符合最好的、最完善的品德的活动，并且应该终身都合乎品德，因为短暂的合乎品德的行为并不能给人带来幸福[3]。亚里士多德将“善”分为三类，即外在的善、灵魂的善和身体的善，其中灵魂的善是最高的善，也就是“幸福”，因为这种“善”以其自身为目的，不以达成其他目的而存在。最高的善的实现有赖于作为目的的善和作为手段的善的统一，因此他肯定行为的外在手段和行为者的合理欲望，从而为这些善的实现提供可能性。可见，虽然“幸福”的主要内容是灵魂的善，但它的实现也需要外在善的支持，朋友、财富和政治权力都是达成目的必不可少的手段，甚至人的面貌和出身也会影响幸福——“有些事情若缺少好的出身和英俊的面貌也会有

[1] 亚里士多德．尼各马可伦理学 [M]// 苗力田．亚里士多德全集：第八卷．北京：中国人民大学出版社，1992：12.

[2] 亚里士多德．尼各马可伦理学 [M]// 苗力田．亚里士多德全集：第八卷．北京：中国人民大学出版社，1992：6.

[3] 汪子嵩，范明生，陈村富，等．希腊哲学史：第三卷 [M]. 北京：人民出版社，2003：920–921.

损尊荣；丑陋、孤寡和出身卑贱的人不能称为是幸福的”[1]。

“幸福”不仅是个人的目的，也是城邦共同体的目的。因此，“幸福”也是政治学所要达成的目标，它着重于塑造公民善良和美好的行为和品质。作为一种理性动物，“人在本性上是政治的”[2]，人们并不是独自生活的，而是与父母、配偶、女子、朋友以及同邦人共同生活，因而不可能只顾及自身的幸福而不顾及家庭和城邦的幸福。甚至城邦的幸福是先于家庭和个人的幸福的，“一种善即或对于个人和对于城邦来说，都是同一的，然而获得和保持城邦的善显然更为重要，更为完满。一个人获得善值得嘉奖，一个城邦获得善却更加荣耀，更为神圣”[3]。由此可见，城邦的善高于个人的善和家庭的善，只有在城邦政治活动中“最高的善”也就是“幸福”才能实现。

然而，即使论证了“幸福”是“最高的善”，是个人活动与城邦政治的最终目的，也无法明确表达“幸福是什么”。于是，亚里士多德尝试对人的功能和活动进行考察，从而进一步发掘“幸福”的内涵。生命与感觉都是人的功能，但这两者并非人所特有，动植物都拥有生命，动物也拥有感觉。能够体现“人之为人”特质的，只有理性活动。人的灵魂由理性和非理性两部分构成，动物只拥有非理性的部分，因而不能称之为幸福[4]，只有拥有理性的人才能实现幸福。亚里士多德区分了消极的理性活动和积极的理性活动，并认为只有积极主动的理性活动才能展现人的特质。因此，人的功能应当是灵魂按照理性的现实活动，也就是人根据理性在现实生活中作出的行为和选择。柏拉图曾指出，“有理性

[1] 亚里士多德．尼各马可伦理学[M]// 苗力田．亚里士多德全集：第八卷．北京：中国人民大学出版社，1992：16–17.

[2] 亚里士多德．尼各马可伦理学[M]// 苗力田．亚里士多德全集：第八卷．北京：中国人民大学出版社，1992：6.

[3] 亚里士多德．尼各马可伦理学[M]// 苗力田．亚里士多德全集：第八卷．北京：中国人民大学出版社，1992：4.

[4] 亚里士多德．尼各马可伦理学[M]// 苗力田．亚里士多德全集：第八卷．北京：中国人民大学出版社，1992：18.

的生活即有德性的生活，是至善。过这种生活，才有幸福”[1]。亚里士多德继承了这一观点，提出“幸福”是一种“合乎德性的灵魂的现实活动”[2]。作为一种理性动物，人只有通过从事伦理实践、政治实践和理论思辨等需要理性的活动才能达至幸福。其中，理论思辨活动高于伦理实践活动和政治实践活动，因此它能达到最完满的幸福——“可以说合于本己德性的现实活动就是完满的幸福了。像所说的那样，这就是思辨活动”[3]。

将“幸福”规定为好的行为和好的生活，并指出它是“合乎德性的灵魂的现实活动”，是“最高的善”之后，亚里士多德又提出了另一个与“幸福”相关的概念——闲暇。《尼各马可伦理学》最后一卷提及“幸福存在于闲暇之中”[4]；《政治学》中也有“闲暇是全部人生的唯一本原”[5]的论断。既然“善”是人的行为的终极目标，而“幸福”是“最高的善”，且“幸福”是自足且不依赖于他物的，那为何又要说“闲暇是全部人生的唯一本原”？带着这一疑问，下一节将讨论“闲暇”是什么，以及“闲暇”与“幸福”之间的内在联系。

三、闲暇：幸福之所在

亚里士多德认为，“幸福是合乎德性的现实活动”。他将人的灵魂分为非理性和理性两个部分，与此相应的，人的德性也分为“伦理德性”和“理智德性”两个部分。伦理德性是使人的感情、欲望和嗜好等灵魂中非理性的部分服从理性指导的德性，它以求取适度为目的，是一种能

---

[1] 梯利．西方哲学史 [M]．葛力，译．北京：商务印书馆，1995：73.

[2] 亚里士多德．尼各马可伦理学 [M]// 苗力田．亚里士多德全集：第八卷．北京：中国人民大学出版社，1992：24.

[3] 亚里士多德．尼各马可伦理学 [M]// 苗力田．亚里士多德全集：第八卷．北京：中国人民大学出版社，1992：226.

[4] 亚里士多德．尼各马可伦理学 [M]// 苗力田．亚里士多德全集：第八卷．北京：中国人民大学出版社，1992：226–227.

[5] 亚里士多德．政治学 [M]// 苗力田．亚里士多德全集：第九卷．北京：中国人民大学出版社，1994：273.

够做出审慎选择的道德品质。理智德性是灵魂的有理性部分的德性，是一种属于思维的道德品质，包括了对不变存在物的认知和对可变存在物的推理和思考。幸福就是合于这两者的现实活动，是对伦理德性和理智德性的实践。闲暇与伦理德性、理智德性之间的关系，构成了“闲暇”与“幸福”的双重关系：一方面，作为手段的闲暇让人们有可能脱离为生计而忙碌的生活，为两种德性的培育和实践提供机会，是幸福实现的前提，这里称之为“工具性闲暇”；另一方面，作为目的的闲暇以思辨活动的形态存在，是对理智德性的实践，其本身就是幸福，这里称之为“沉思性闲暇”。两者共同构成了亚里士多德伦理学中的“闲暇”概念。

（一）工具性闲暇：幸福存在于闲暇之中

“闲暇”对应的古希腊语为 σχολη（schole），同时拥有空闲时间、懒散、自由、从容等多种意涵，并非单一地与善相关[1]。尽管古希腊哲学家致力于把“闲暇”发展成一个更富积极意味的概念，但“空闲时间”才是“闲暇”最基础的内涵。很多情况下，亚里士多德所提及的“闲暇”都代表着空闲时间，或是空闲时间中所进行的活动。例如，提到“这些卑陋之人在战争时期表现出良好的品质，然而一到和平闲暇时期便沦为奴辈”[2]时，闲暇代表的是某段无须投身于战争的自由时间。他在《形而上学》中提及埃及僧侣阶级因为有闲暇而发展了数学来说明高级知识的产生有赖于闲暇时，闲暇所代表的也是不受其他事务所扰的空闲时间。这些“闲暇”并不必然导致幸福的实现，但却为幸福的实现提供了机会和可能。因此，作为“空闲时间”的“闲暇”具有一定的工具性，体现为从忙于生计的活动中摆脱出来的自由时间和自由状态，它使人们拥有培育并实践自身德性从而实现幸福的机会。

首先，闲暇为培育和实践理智德性提供可能。一方面，理智德性是

[1] O’Leary J F. SKOLE and Plato’s Work Ethic[J]. Journal of Leisure Research, 1973, 5(2): 49–55.

[2] 亚里士多德 . 政治学 [M]// 苗力田 . 亚里士多德全集：第九卷 . 北京：中国人民大学出版社，1994：263.

由教导而生成、培养起来的，而接受教导需要闲暇。亚里士多德在构想公民的理想生活时提出，“称得上公正的公民的城邦中，公民们不会过工匠和商人的生活，因为这样的生活低贱而且不利于获致德性。而且他们也不应是农民，因为德性的生成和政治行为都需要有闲暇”[1]。工匠、商人和农民因缺乏闲暇而没有接受教育的机会，因此无从培育理智德性，可见闲暇是培育理智德性的前提。另一方面，由于理智德性是属于思维的道德品质，因此对理智德性的实践主要表现为思辨活动，思辨活动于生计无涉，在闲暇时间中实现。所以闲暇也是实践理智德性的前提。

其次，运用闲暇本身就是一种伦理德性实践。作为工具的闲暇类似财富、名誉、权力等外在善，是幸福生活的必要条件，但不必然导致幸福生活的实现。正如外在善总是存在“过度”或“不及”的问题而无法成为判断生活幸福与否的决定性因素，工具性休闲也是如此——缺乏闲暇会让人丧失培育德性的机会，而拥有充分的闲暇也并不能保证公民的德性和幸福。亚里士多德在《政治学》中指出，“和平的良辰美景带来的享受和闲暇生活更容易导致人们的放纵”，例如斯巴达人在战乱年代所向披靡，却在国家趋于和平繁盛后走向衰败，其原因就在于他们不懂得如何在和平时期利用“闲暇”来治理国家[2]。因此，在拥有“闲暇”之后还需考虑“如何善用闲暇”，也即“闲暇如何适度”的问题。“适度”是伦理德性所追求的目的，它帮助人们避免陷入“过度”或是“不及”，从而做出审慎的选择。可见，善用闲暇才是通往幸福的具体途径。善用闲暇即在闲暇时做出恰当的选择从而采取恰当的行为，这是伦理德性实践的目标，因此，善用闲暇本身就是一种伦理德性实践。

综上，工具性闲暇，即作为“空闲时间”的闲暇为德性的培育和实践提供可能，是通往幸福的一种手段，而不是幸福本身。对工具性闲暇

---

[1] 亚里士多德 . 政治学 [M]// 苗力田 . 亚里士多德全集：第九卷 . 北京：中国人民大学出版社，1994：247.

[2] 亚里士多德 . 政治学 [M]// 苗力田 . 亚里士多德全集：第九卷 . 北京：中国人民大学出版社，1994：262.

的妥善使用需要伦理德性作出审慎的判断，因而是对伦理德性的实践。这看上去倒像是一种幸福。然而，伦理德性的获得是通过习惯养成的，它需要在不断的实践中积累经验才能获得作出审慎判断的能力，而当德性修养还未达到自觉的程度时，人们通常无法轻易作出正确的选择。因此，伦理德性的实践不足以构成完全的幸福。

（二）沉思性闲暇：闲暇是全部人生的唯一本原

除了工具性闲暇之外，亚里士多德的论述中还存在着另一种“闲暇”。“幸福存在于闲暇之中，我们是为了闲暇而忙碌，为了和平而战斗。”[1]此时，闲暇是一种目的而非手段。亚里士多德在《政治学》中也曾强调，闲暇的德性是最优秀的个人和最优秀的政体的共同目的[2]，他甚至还提出，“人的本性谋求的不仅是能够胜任劳作，而且是能够安然享有闲暇。这里我们要再次强调，闲暇是全部人生的唯一本原”[3]。作为全部人生唯一本原的闲暇显然不能以空闲时间来理解，而应当是人的所有行为所追求的最后目的。亚里士多德说：“既然在全部行为中都存在某种目的，那么这目的就是所谓的善。若目的是众多的，善也就是它的总和。……既然目的是多种多样的，在其中有一些我们是为了其他目的而选取它。……很显然，并非所有目的都是最后的，只有最高的善才是某种最后的东西。”[4]可见，只有那些因自身而被选取，绝不是因他物而被选择的目的，才是最后的目的和最高的善。因为幸福是“行为所能达到的一切善的顶点”[5]，所以幸福就是最高的善，只有幸福才有资格被称为绝对的最后目的。与此同时，幸福也具有作为事物本原的意涵：“幸

---

[1] 亚里士多德．尼各马可伦理学 [M]// 苗力田．亚里士多德全集：第八卷．北京：中国人民大学出版社，1992：227.

[2] 亚里士多德．政治学 [M]// 苗力田．亚里士多德全集：第九卷．北京：中国人民大学出版社，1994：262.

[3] 亚里士多德．政治学 [M]// 苗力田．亚里士多德全集：第九卷．北京：中国人民大学出版社，1994：273.

[4] 亚里士多德．尼各马可伦理学 [M]// 苗力田．亚里士多德全集：第八卷．北京：中国人民大学出版社，1992：12.

[5] 亚里士多德．尼各马可伦理学 [M]// 苗力田．亚里士多德全集：第八卷．北京：中国人民大学出版社，1992：6.

福显然属于完满和荣耀之类。其所以如此，乃由于它就是始点，它就是本原”[1]。

基于以上论述，作为全部人生唯一本原的闲暇与作为最高的善的幸福是相通的，两者都是完全出于自身兴趣的、别无其他目的的活动。只有思辨活动符合这一要求。“如若幸福就是合乎德性的现实活动，那么就很有理由说它是合乎最高善的，也就是人们最高贵部分的德性。不管这东西是理智还是别的什么，它自然地是主宰者和领导者，怀抱着高尚和神圣，或它自身就是神圣的，或是我们各部分中最神圣的。可以说合于本己德性的现实活动就是完满的幸福了。像所说的那样，这就是思辨活动。”[2] 可见，只有在进行纯粹的思辨活动时，人才可能获得最完满的幸福，因为思辨活动是对人的最高贵的德性也即理智德性的实践，是最接近神的活动。这里所谓的神，是指人类的理性。理性使人区别于其他生物而存在，是人之为人最主要的特征。人们进行思辨活动时，实质上是对理性的运用。理性单一不可分，它以自身为对象，是最圆满和最自足的——它若以别的事物为对象，就是不完善的且别有所求。在此意义上，思辨活动是完全以自身为目的的活动，是完满的幸福，也是作为全部人生唯一本原的闲暇的具体呈现。

综上，作为手段的闲暇，为德性的培育和实践提供可能，是实现幸福的前提，而非幸福本身；作为目的的闲暇与幸福相通，是人所追求的最后的目的，以思辨活动为主要形式，它导向灵魂内在善的实现，灵魂的善能超越外物而达到自足，永远是本己的，因而无须限制，总是越多越有益于幸福的实现。不过，作为目的的闲暇也有赖于作为手段的闲暇，在《形而上学》开篇，亚里士多德就以埃及僧人因为有闲暇才能发展数学为例，说明不以实用为目的的知识的产生（即思辨活动）也以拥有空

---

[1] 亚里士多德 . 尼各马可伦理学 [M]// 苗力田 . 亚里士多德全集：第八卷 . 北京：中国人民大学出版社，1992：23–24.

[2] 亚里士多德 . 尼各马可伦理学 [M]// 苗力田 . 亚里士多德全集：第八卷 . 北京：中国人民大学出版社，1992：226.

闲时间为前提[1]。因此，要判断一种闲暇是否为幸福，要看人们如何使用闲暇。人们在闲暇中从事何种活动，决定了此种闲暇是否为幸福。而亚里士多德想要着重讨论的，就是这种具有积极意义的闲暇。当他强调“闲暇是全部人生的唯一本原”[2]时，这里的“闲暇”所指代的应当是能够指向幸福的“闲暇”，也即一种“理想的闲暇”。而能够导向幸福的“理想的闲暇”，与幸福一样，是以自身为目的且合于德性的。因此，应当依据这两点来推导“理想的闲暇”具备哪些具体的内容。

在《形而上学》中，亚里士多德把全部的人类活动分为实践的、创制的和思辨的三种[3]。创制活动不属于闲暇。一方面是因为闲暇是“灵魂合乎德性的现实活动”，而从事创制活动的群体（主要是奴隶、农民、工匠和商人）无法从自身的工作中发展自己的德性；另一方面，由于闲暇是以其自身为目的的，而创制活动以人们所创造的产品为对象，其目的在于产品而不是创制活动本身，从这个意义上来说，创制活动也不属于闲暇。既然涉及劳动的活动被排除在闲暇之外，那么从事劳动的人群自然也就无法享有闲暇。

思辨活动属于闲暇，因为它是自足的，“在自身之外别无目的可追求，它有着本己的快乐，它有着人可能有的自足、闲暇、孜孜不倦，还有一些其他与至福有关的属性，也显然与这种活动有关”[4]。思辨活动除了理论思维之外什么也不生成，完全是因其自身而被热爱，因此它不以外在的财富、名誉、权力为目的。思辨活动的自足还体现在它不依靠外在而自己进行知识探究活动。对知识的探究是对理性本身的思考，理性是单一的不可分的，理性若以别的东西为对象，就说明其是不完善的，

---

[1] 亚里士多德 . 形而上学 [M]// 苗力田 . 亚里士多德全集：第七卷 . 北京：中国人民大学出版社，1993：29.

[2] 亚里士多德 . 政治学 [M]// 苗力田 . 亚里士多德全集：第九卷 . 北京：中国人民大学出版社，1994：273.

[3] 亚里士多德 . 形而上学 [M]// 苗力田 . 亚里士多德全集：第七卷 . 北京：中国人民大学出版社，1993：146.

[4] 亚里士多德 . 尼各马可伦理学 [M]// 苗力田 . 亚里士多德全集：第八卷 . 北京：中国人民大学出版社，1992：226-227.

有所求的。但由于理性是以其自身为对象的，所以它必定是最圆满的，理性的生活也因此是最幸福的。当生活所必需的一切得到充分地供应后，公正的人、节制的人、勇敢的人所从事的活动，都需要一个“承受者”或者“协同者”，而智慧的人靠他自己就能进行思辨，不需要他人从旁协助。当然，如若思辨过程中有人陪伴会更好，但是智慧的人仍然是所有人中最自足的[1]。若一个人的一生都能这样生活，就能得到完满的幸福。因而导向幸福的闲暇中必然包含着思辨活动。

实践活动则需要将其分为伦理实践和政治实践两个方面来考察。所谓伦理实践，即以培育德性为主要内容的实践，而政治实践即军事活动和政治活动。在亚里士多德看来，军事活动和政治活动都不属于闲暇，“各种实践德性的活动在政治活动和战争行为中，有关这一类的实践就不能说是闲暇的”[2]，因为两者都不以自身为目的。军事活动主要以战争的形式体现，而战争不可能以其自身为目的，没有城邦会因为喜好战争而挑起战争，只会为了寻求和平而加入战争，它是以和平为目的的。政治活动也不是闲暇，因为人们选择从事政治活动多数是为了获得权势和荣誉，也存在外在的目的。但若是在政治活动中寻求自身和公民的幸福，那么政治实践事实上也成了一种伦理实践。伦理实践是关于培育德性的实践，而培育德性是善的个人和城邦所共同追求的目标。“最优良的生活对于个人或城邦共同体而言，是具备了足够的需要的德性以至能够拥有适合于德性的行为的生活。”因此，只有伦理实践才是良好的实践，而“良好的实践本身就是目的”[3]，可见闲暇也包含了伦理实践活动。

综上，“理想的闲暇”包含了思辨活动和伦理实践活动，不包含创制活动和政治实践活动。显而易见，亚里士多德想要提倡的“闲暇”，

---

[1] 亚里士多德．尼各马可伦理学 [M]// 苗力田．亚里士多德全集：第八卷．北京：中国人民大学出版社，1992：227.

[2] 亚里士多德．尼各马可伦理学 [M]// 苗力田．亚里士多德全集：第八卷．北京：中国人民大学出版社，1992：227.

[3] 亚里士多德．尼各马可伦理学 [M]// 苗力田．亚里士多德全集：第八卷．北京：中国人民大学出版社，1992：125.

并非现代语义中的“空闲时间”，而是某种“自由生活”，是从生存所必需的活动和关系中摆脱出来去追求自身德性发展的一种生活状态。因此，所有目的是维系自己生存的生活方式都被排除在自由生活之外，而一旦被排除在自由生活之外，也就远离了闲暇生活。奴隶自不必说，他们的生活以劳动为主，受到奴隶主的强迫而不是出于自己的意愿；手工艺人的制作生活和商人的敛财生活也一样，作为一种谋生的手段被认为是不自由的。简单说来，任何人无论是出于自愿还是非自愿，长久地还是短暂地为了自己的生存而丧失了活动的自由，他就不拥有“闲暇”。而要实现这种闲暇，就要引导人们从事思辨活动和伦理实践活动，也就是沉思以及对德性的践行。亚里士多德认为，人既是理性的动物，也是政治的动物。作为理性的动物，人们在闲暇时需要理智德性，因为它能培育人们的智慧，如果埃及僧侣仅有闲暇时间而没有理智德性引导他们探求知识，也就无法发展数学。作为政治的动物，个人的德性必然与城邦的德性相统一，“最优秀的个人和最优秀的整体也具有统一目标，显然，闲暇的德性是二者共有的目的”[1]，要想成为一个幸福而善良的城邦，尤其需要哲学，节制和公正等德性，如若没有这些德性，就可能在闲暇时作出错误的选择而无法实现幸福。因此，作为导向幸福的理想闲暇，就必然合乎勇敢、公正、节制、理智等德性。

第二节　实现闲暇的具体途径

与幸福无关的闲暇如何获得似乎没有具体讨论的必要，因为奴隶阶级的劳动已然为公民阶层创造了享有闲暇的条件，因此本节主要讨论“如何实现以幸福为导向的闲暇”。由于幸福是合乎德性的现实活动，所以导向幸福的闲暇也应当是合于德性的。但德性并非与生俱来，需要后天

[1] 亚里士多德 . 政治学 [M]// 苗力田 . 亚里士多德全集：第九卷 . 北京：中国人民大学出版社，1994：262-263.

培养，因此就需要接受自由教育。同时也要明确，拥有德性和使用德性是两回事，德性只有在实践活动中才能产生好的结果，就如一个运动员拥有夺冠的才能，但若是不参加奥林匹亚赛会夺得名次，其才能就无法显现。因此实现以幸福为导向的闲暇，不仅需要通过教育培养德性，也要身体力行实践德性，而德性的实践则需要通过参与城邦生活来实现。

一、接受自由教育

前文已提及，亚里士多德认为人的灵魂由理性的和非理性的两个部分构成，其中理性的部分又分为两部分，“一部分考察那些具有不变本原的存在物，另一部分考察那些具有可变本原的存在物”[1]。与这两者相对应的德性分别是智慧和明智。智慧又称思辨理性，是对作为本原的事物的思考；明智又称实践理性，与人类生活中的具体事务相关，需要时间和经验的磨炼。无论是思辨理性还是实践理性都是指导人类行为的原则，但思辨理性高于实践理性，因为“思辨知识以真理为目的，实践知识以行动为目的。尽管实践着的人也考虑事物是个什么样子，但他们不在永恒方面进行思辨，只虑及关系和此时”[2]。思辨理性指导思辨活动，而思辨活动属于闲暇，因此思辨理性能够帮助人们获得闲暇。但“不论好行为还是坏行为，都是思考和习惯相结合的产物。思考自身不能使任何事物运动，而只有有所为的思考才是实践的”[3]。所以实现闲暇也需要实践理性来指导具体事物，培养人的德性。而思辨理性和实践理性的实现需要合乎理智德性。从这个意义上来看，“闲暇如何获得”的问题被转化成了“理智德性如何获得”的问题。所谓“理智德性”，即智慧（思辨理性）和明智（实践理性），大多是经由教导而培养起来的。也就是说，

[1] 亚里士多德 . 尼各马可伦理学 [M]// 苗力田 . 亚里士多德全集：第八卷 . 北京：中国人民大学出版社，1992：121.

[2] 亚里士多德 . 形而上学 [M]// 苗力田 . 亚里士多德全集：第七卷 . 北京：中国人民大学出版社，1993：59-60.

[3] 亚里士多德 . 尼各马可伦理学 [M]// 苗力田 . 亚里士多德全集：第八卷 . 北京：中国人民大学出版社，1992：122.

理智、德性需要通过教育来获得，因此闲暇也可以通过教育来实现。

事实上，“闲暇”（schole）的古希腊语释义中就已经包含了教育的意涵。一方面，schole 被认为是现代英语中 school（学校）和 scholar（学者）的词源。“根据《韦氏词典》的解释，school 在中世纪英语中的写法为 scole，来源于古英语的 scol，scol 来源于拉丁语的 schola，而 schola 又源于古希腊语的 schole。”[1] 另一方面，schole 本身就包含了“讲学”“讲学的地方”的意思。可见，“闲暇”与“教育”在古希腊时期是一体的。在古希腊哲学理论中，教育对于实现人的自由发展至关重要。而“闲暇”又是自由的，当其表示“空闲时间”时，意味着个体可以自主地利用空闲时间做某些事情，是一种 free to 的自由；而当它表示“摆脱出来、停止”的意思时，则暗含着一种 free from 的自由，是从外界的某些束缚中脱离出来的自由。因此也可以说，闲暇可以通过自由教育来实现，这也是亚里士多德教育理念的核心。

在亚里士多德之前，柏拉图就指出了教育对于自由而有价值的生活的重要性，因为有理智的人只有在“自由的教育”中才能取得自信[2]。他认为，神先天赋予人的灵魂以各种品质和理念知识，但当人们获得肉体后，这些灵魂原本具有的品质和知识就被现象世界所蒙蔽，因此人们需要接受教育，通过不断地学习去回忆其原本就存在的各种知识。而“教育最重要的任务就是让公民知晓远离闲暇而过度工作有多愚蠢，陷入不必要的奢侈品、权利及娱乐有多悲哀”，因此柏拉图学院的主要课程就是教导人们学会“从财富、奢侈和过度劳作转向自由”。游戏是柏拉图教育理念中的重要概念，在他看来，过上“好的生活”的最佳方式就是通过游戏将生活献给神。因为游戏能够促进自我转化，从一个儿童发展成为一个成人，进而发展成为一名好公民。因此，游戏对儿童的教育至关重要，直接影响到他能否发展成为合格的公民。而作为“成人游戏”

[1] 张永红 . 休闲的词源涵义考 [J]. 湖南工业大学学报（社会科学版），2010，15（4）：130–133.

[2] 陈建华 . 论西方的博雅教育传统及其演变 [J]. 南京社会科学，2016（8）：124–130.

的闲暇，也同样影响着公民的品性，这种“成人游戏”包括哲理思考、公共辩论、体育竞技和音乐鉴赏[1]。而这些正是柏拉图所设计的教育课程的主要内容。

前文分析善为何物时提到，“善的相”是柏拉图学说中最具价值的概念，为了达到“善的相”，人的灵魂应当“从注重感觉经验的虚幻不定的现象世界，转向强调理性思维的永恒不变的理念世界”[2]。然而，人的能力是有限度的，无法凭借自身完成这种灵魂的转向。为了弥补这种能力限度，柏拉图在其《理想国》中设计了一套理想的教育课程，以引导人们去认识“善的相”。这些课程“适用于到二十岁为止的男女，其中包括儿童时期的身体锻炼，涵养德性的神话讲述，增强体质和意志的体育，阅读和书写，激发和谐、调和与美感并鼓舞哲学思维的诗和音乐，诱导精神脱离情欲而追求实在的东西的数学，还有军事训练”[3]。柏拉图认为，可以“借助哲学教育达到对理念，即对现实的真正原型的深刻把握，从而越来越接近真正的真理”[4]，使人的灵魂穿过虚幻的现象世界而达到理念世界。在他所设想的理想国中，哲学性的生活方式才是值得人们选择的。

亚里士多德在此基础上提出了他的自由教育理念。在他看来，世间存在两种自由：第一种是政治家和统治者的自由，这种自由使人可以统治与自己身份平等的自由人，并且使自己免于从事鄙俗、卑贱的工作；第二种是哲学家的自由，这种自由建立在完全“非实用的”“自为目的”的活动之上，与前者相比，它是一种“更为完满、更为彻底的自由”。但他认为两者均属于自由的真正类型[5]。因此，亚里士多德的教育也存

---

[1] Hunnicutt K B. Leisure and Play in Plato's Teaching and Philosophy of Learning[J]. Leisure Sciences, 1990(12): 211–227.

[2] 陈建华．论西方的博雅教育传统及其演变 [J]. 南京社会科学，2016（8）：124–130.

[3] 梯利．西方哲学史 [M]. 葛力，译．北京：商务印书馆，1995：75.

[4] 刘小枫．《王制》要义 [M]. 张映伟，译．北京：华夏出版社，2006：20.

[5] Nightingale A W. Liberal Education in Plato's Republic and Aristotle's Politics[A]//Yun Lee Too. Education in Greek and Roman Antiquity[M]. Leiden/Boston/Koln: Brill Academic Publishers, 2001.

在两种模式：一种是对从事政治者的教育；另一种是对从事哲学者的教育。两者都是对自由人的教育，“真正的自由人不仅区别于奴隶，而且区别于工匠、佣工等普通平民，他们是理想城邦中的理想公民，拥有充分的闲暇从事政治、研究哲学”[1]。可见，自由教育其实是一种政治教育和公民教育。同时，亚里士多德又将教育分为文雅教育和实用教育两种，文雅教育的目的是为受教育者提供心智熏陶，使其适应闲暇的生活，实用教育则针对受教育者未来要从事的职业的要求而提供训练。对自由人而言，任何工作、技术和学识若是会导致其身体和思想无法合于德性，那就会被看作与工匠和商人的营生同类。在理想的城邦中，工匠和商人的生活“低贱而不利于获致德性”[2]。因此，对于自由人来说，追求实用是不相宜的，他们应当选择接受文雅教育，以培育自己高尚的心灵，并促使灵魂在此过程中得到自由发展。

在《政治学》中，亚里士多德为自由人的教育制定了详细的方案。他提出，自由人的初等教育课程（14—17 岁）一般包括读写、体育、绘画和音乐，前三者在某种程度上都属于实用教育，它们在生活中用途甚广[3]，体育有助于促进身体健康。它们并不像形而上学、自然哲学、数学那样是“自为目的”的自由的科学，但自由人也不能以狭隘、功利的态度去学习，因为它们是通往其他知识领域的基石。17—21 岁的自由人还需要接受音乐教育，音乐是一门严格的既非必需也非实用的适合自由人的课程[4]。这里所说的“音乐”不是现在所理解的音乐，它不仅包括器乐，也包括广义的诗歌和文学，尤其是悲剧[5]。音乐教育主要是

[1] 沈文钦．西方博雅教育思想的起源、发展和现代转型：概念史的视角 [M]. 广州：广东高等教育出版社，2011：66.

[2] 亚里士多德．政治学 [M]// 苗力田．亚里士多德全集：第九卷．北京：中国人民大学出版社，1994：247.

[3] 读写在理财、家政、求知和政治活动方面有广泛用途；绘画有助于鉴别各种作品。

[4] 沈文钦．西方博雅教育思想的起源、发展和现代转型：概念史的视角 [M]. 广州：广东高等教育出版社，2011：61.

[5] Lord C. Aristotle and the Idea of Liberal Education[A]//Ober J. et al. Demokratia: A Conversation on Democracies, Ancient and Modern[M]. Princeton, New Jersey: Princeton University Press, 1996.

一种对灵魂的教育，更精确地说，是对灵魂中的非理性部分，而非对理智的教育。音乐教育着力培养的是公民的实践理性，而非理智理性。在理想的城邦中，音乐以闲暇为前提，同时也是全体公民享受闲暇的重要形式。它不仅仅是一种消遣，还以公民德性的培养为旨归。21岁成年后，男性，公民不仅在生理上走向成熟，心智也逐渐定型，因此之后的教育以发展理性灵魂为主。在最佳的政治体制中，并非每个公民都具备追求科学或哲学的能力，但所有具有良好禀赋的公民都可以在21岁之后通过学习哲学和科学来培养理智德性。

无论是柏拉图还是亚里士多德，设计这些自由教育课程的目的就是希望能让公民们在闲暇时间内做出合乎德性的选择，从而拥有好的生活和好的行为，也即幸福。亚里士多德将不擅利用闲暇的人比作“一把尘封的锈剑”。如斯巴达人骁勇善战，在战乱年代所向披靡、雄霸一方，却在国家趋于和平繁盛后开始走向衰弱，这就是由于他们不懂得如何正确地利用闲暇。善用闲暇，是构成城邦优良政治生活的条件，因此对公民的闲暇教育尤为重要。若如斯巴达人般错误地运用闲暇，就会流于放纵，疏于德性的培养，最终导致城邦政治的衰败。所以自由教育应当是城邦立法的重中之重。尽管亚里士多德也承认理论和教育并非对所有人都有效，但他仍认为教育对于形成良好的行为习惯是非常必要的。大多数人，尤其是青年人不喜欢节制的、艰苦的生活，为了使其能够成长为道德高尚的人，就必须在城邦法律的帮助下推行教育。良好的行为习惯一旦形成，便不会觉得这样的生活是一种痛苦了。当然，教育不应该只着眼于青年时期，而应当贯穿人的一生，以确保人们始终能够遵从理性做出合乎德性的选择。

二、参与城邦生活

前文提及，追求荣誉、权利等外在目的的政治生活不属于闲暇，但人作为一种政治动物，其闲暇的实现必然离不开城邦的政治活动，前文讨论的“自由教育”也是如此。除了因为自由教育的实行需要在城邦法律的指导下进行，还因为自由教育是针对“自由人”的教育，而“自由人”是古希腊城邦政制的行使主体，以“民主”闻名后世的雅典也不例外。雅典的政治制度之所以被称为民主政治，是因为政权掌握在全体公民手中[1]。但这里所谓的“全体公民”，实际上特指当时的奴隶主阶层，因为奴隶、异邦人以及女性都无法享有政权。奴隶制为古希腊城邦政治制度的产生和发展提供了必不可少的社会条件，如果没有奴隶劳动提供足够的社会产品来保证全体雅典公民的享用，使其拥有足够的闲暇去参与国家的政治生活，那么雅典城邦的民主制就不可能存在，其公民也就无法享有自由。可见，“自由人”的“自由”体现在拥有闲暇参与政治，并在政治生活中塑造自身的伦理德性。虽然在亚里士多德看来，理智德性是高于伦理德性的，但从现实出发，人生活在城邦中必然需要处理某种人伦关系，“这种人伦关系的原则和规范对人们实际生活中的行为所作出的要求就成了一种道德准则，而当人们自愿遵循并以此来塑造自身时就成为了公民的道德品质即伦理德性”[2]。

与理智德性需要通过教育来获得不同，“伦理德性则是由风俗习惯沿袭而来，因此把‘习惯（ethos）’一词的拼写方法略加改动，就有了‘伦理（ethike）’这个名称”[3]。可见，亚里士多德非常重视人们在共同生活过程中形成的社会习俗对伦理德性的作用。这一点与柏拉图有所不同。柏拉图认为，公共生活形成的风俗习惯存在一定的惰性，其中必然存在迷信的、经不起理性批判的惯例或是成见。这种惯例和成见对教育非常不利，因此他在构建自己的理想国时主张对传统的风俗习惯进行严格审查，甚至要求对作为希腊儿童教育读本的《荷马史诗》也加以删减。其抽象的理性主义思想完全磨灭了人类生活的特点。亚里士多德对

[1] 修昔底德．伯罗奔尼撒战争史 [M]. 谢德风，译．上海：商务印书馆，1960：130.

[2] 邱晓辉．亚里士多德闲暇思想初探 [D]. 呼和浩特：内蒙古大学，2007.

[3] 亚里士多德．尼各马可伦理学 [M]// 苗力田．亚里士多德全集：第八卷．北京：中国人民大学出版社，1992：27.

此提出了异议，他认为社会的风俗习惯是在长期的共同生活中形成的，能一直被践行和维持说明其本身的存在就是合理的。并且，传统的风俗习惯是个人生活的背景，它规定着人的精神的发展方向。共同的行为方式和价值态度是人们获得自我意识的社会环境基础，伦理德性就在其中产生，这些伦理德性包括但不仅限于公正、节制和友爱。因此，闲暇的实现也需要保证整个城邦的活动合乎这些德性。

公民在城邦中一起生活，不可避免地会产生一些摩擦，由这些摩擦所导致的矛盾可能会破坏共同生活的和谐；城邦与城邦之间由于政治利益和经济利益的不同也可能形成敌对性的冲突，甚至引发战争。这两种情况都需要政治与法律的公正以保障双方的利益且不会有所偏颇，从而促成城邦的长治久安。亚里士多德对雅典的政治改革家[1]赞美有加，因为他们打破了贵族专制的传统，消除了对富裕阶层的过度偏向，重新分配了国家权力，为雅典的民主政治奠定了基础[2]，也由此为城邦带来了和睦。可见，公正体现在公民与公民、城邦与城邦的具体关系中，无法离开共同生活的城邦而进行抽象的判断。也就是说，公正作为个体的美德和社会生活的秩序，只有在某个具体城邦的制度形式内才能得以实现[3]。因此，公正能促进良好的城邦生活，而在良好的城邦生活中，导向幸福的闲暇才有可能实现。

除了公正，节制也是城邦在和平时期和战争时期都必须拥有的德性，它体现为一种中庸之道，也即行为的适度。亚里士多德将节制与身体的快乐联系在一起，他认为精神上的快乐无所谓节制和放纵，但基于身体

[1] 公元前 594—593 年，著名政治家梭伦（Solon）进行了政治改革，打破了贵族专制的传统，重新分配了国家权力，奠定了雅典民主政治的基础。公元前 509 年，克里斯提尼（Cleisthenes）改革提出抽签选举，允许所有男性公民参加选举，这使得雅典政治生活进一步民主化。伯里克利（Pericles）时代，雅典政治达到最民主的程度，只要符合公民身份标准，无论是最贫穷还是最富有的人都可享受全部城邦生活。

[2] Sylvester C. The Classical Idea of Leisure: Cultural Ideal or Class Prejudice?[J]. Leisure Sciences, 1999, 21(1): 3-16.

[3] 阿拉斯戴尔·麦金太尔 . 谁之正义？何种合理性？[M]. 万俊人，等译 . 北京：当代中国出版社，1996：174.

感觉尤其是触觉和味觉方面的快乐容易出现放纵的行为，因此需要节制。放纵是出于人的欲望的不满足，而一个缺乏理性的人对快乐的欲望是永远不会满足的，一旦缺乏约束，欲望就会不断膨胀而推翻理性。而节制就是以适度的方式去追求那些健康，同时又能令人感到快乐，对情感和欲望都加以控制，不要让其超出理性所许可的范围。理想城邦生活的实现也需要节制，“城邦不以其过强的公共性要求损害个体生活的正当性，个体也不为满足自己的自足性而将共同体置于欲望的非正义要求之中”[1]。前文已述，闲暇以其自身为目的，尽管它和幸福一样需要财富等外在善作为补充，但并不以追求财富为目的。因此，要实现闲暇也需要控制对财富的过度欲望，因为享有大量的物质并不能让其更幸福，反而容易在享受的过程中迷失自我。所以，闲暇也需要节制的约束，万不可如斯巴达人般错用闲暇而疏于德性的培养，最终导致城邦政治的衰败。

理想的城邦需要全体公民一起追求幸福才能得以形成，而这共同的目标是在人们共同生活、相互交往的过程中形成的。共同生活与相互交往需要“友爱”这一德性，因为是“友爱把城邦联系起来，与公正相比，立法者更重视友爱”[2]。亚里士多德提出存在三种友爱：一种是希望对方过得好；一种是为了相互利用；还有一种是为了快乐。他认为后两种都不是为了友爱自身，而是为了有用和快乐，这样的友爱并不持久。只有第一种以善为目的的友爱才是公民应该追求的德性，因为这种对朋友的善是无条件的、绝对的，它可以使朋友之间相互得益，也能够让彼此在交往中获得快乐。它是人与人交往的纽带，能促进良好的公共生活，使城邦更加稳定，也可以让公民在城邦中过上自足而至善的生活。这种友爱是真正的德性之交，人们因此能够在相互信赖和相互帮助的城邦生活中进一步发展自身。

---

[1] 石敏敏．希腊人文主义：论德性、教育与人的福祉 [M]. 上海：上海人民出版社，2003：289.

[2] 亚里士多德．尼各马可伦理学 [M]// 苗力田．亚里士多德全集：第八卷．北京：中国人民大学出版社，1992：166.

公正、节制和友爱，都能通过习惯来养成，“立法者通过习惯造成善良的公民”[1]。也就是说，“德性是一种习性，它通过实践在我们身上产生”[2]。在习惯的熏陶下，人类灵魂中的非理性部分就会受到教化，不再放纵自身的情感和欲望。作为一种政治动物，人无法离开城邦而独自生活，只有合乎伦理德性的城邦生活，才能让人从中获得对自我的认可，并最终实现以幸福为导向的理想闲暇。

第三节　本章小结

“苏格拉底为了服从特尔斐神的要求，为了履行自我审查和自我认识的宗教义务，专事探讨个体的人。”[3]也就是说，从苏格拉底开始，古希腊哲学研究的内容实现了从“自然”到“人”的转向，开始践行特尔斐神庙“认识你自己”的神谕。西塞罗曾指出“苏格拉底之所以受到特别尊敬，是因为他把哲学从天上带到人间，使它立足城邦、关注生活”[4]。柏拉图和亚里士多德正是遵循了这一方向并继续深化，最终提出应当从政治生活和社会生活而非个人生活的角度去观察和研究“人”。罗歇·苏认为，“柏拉图和亚里士多德的学说确定了一个能在哲学、艺术或体育的自觉实践中自由发展的人的原型”[5]。在此学说土壤滋养下发展起来的休闲观也同样是为实现人的自由发展而服务的，这就是“休闲”值得追求的理论根源所在。

本章从苏格拉底、柏拉图和亚里士多德的学说出发，探讨了古希腊哲学中“闲暇”与“善”“幸福”之间的内在联系，并详细阐述了亚

[1] 亚里士多德．尼各马可伦理学[M]// 苗力田．亚里士多德全集：第八卷．北京：中国人民大学出版社，1992：28.

[2] 大卫・福莱．从亚里士多德到奥古斯丁[M]. 冯俊，等译．北京：中国人民大学出版社，2004：142.

[3] 恩斯特・卡西尔．人论[M]. 甘阳，译．上海：上海译文出版社，1985：81.

[4] 王善超．论亚里士多德关于人的本质的三个论断[J]. 北京大学学报（哲学社会科学版），2000，37（1）：114–122.

[5] 罗歇・苏．休闲[M]. 姜依群，译．上海：商务印书馆，1996：8.

里士多德在这三者之间建立的逻辑理路，即“善是所有行为的终极目的”——“幸福是最高的善”——“幸福存在于闲暇之中”，因而幸福一定是闲暇的，但闲暇不一定是幸福。理想的闲暇和幸福一样，是“合乎德性的灵魂的现实活动”，是“最高的善”。它包括了思辨活动（沉思）和伦理实践活动（德性实践），需要通过接受自由教育和参与城邦生活来实现。幸福是有德性的活动，而德性关乎人性的完善，因此，对幸福的追求就是为了人性的完善，也就是自我的实现。又因为“幸福存在于闲暇之中”，所以闲暇也与人性的完善和自我的实现相关。

然而，要形成对“善”的正确认识并非易事，正如柏拉图所说，“被大众称为善的东西，实际上并非真正配得上这个名称。健康、美貌、财富、敏锐的视力、听力以及其他感觉等，尽管所有这些官能对正义的人和宗教来说都是大善，但对不正义的人来说，从健康开始的所有这些东西都是恶。如果一个人享有所有这些所谓的善，而没有正义和美德的陪伴，那么视、听、感觉、生命本身，都是最大的恶”[1]。“幸福”以及“闲暇”也是一样，要达到人的完满状态，必然要借助德性的力量，而德性正是定义“人之为人”的特定功能。人的本性是求知的、理性的、政治的，这是亚里士多德关于人的本质的三个论断[2]。闲暇的内容及其实现过程都体现了这三点。思辨活动以真理为对象，是对人的灵魂中理性部分的实践，体现了人的求知和理性本性；而伦理实践活动需要在城邦生活中践行，体现了人的政治本性。可见，这一时期的闲暇观始终是基于人的本质来展开的，其目的是寻找人的真实而完整的自我。

考虑到柏拉图与亚里士多德所处的时代，他们的学说不免带有贵族话语的特性。雅典的“民主政治”事实上是一种贵族政制，尽管梭伦（Solon）和克里斯提尼（Cleisthenes）的政治改革使得普通民众获得了

---

[1] 柏拉图．法篇[M]// 王晓朝．柏拉图全集：第三卷．北京：人民出版社，2003：409.

[2] 王善超．论亚里士多德关于人的本质的三个论断[J]. 北京大学学报（哲学社会科学版），2000，37（1）：114–122.

少量的政治权利，但大部分权力还留在贵族手里。也就是说，即便古希腊时期的哲学家开始关注“人”的本质，但“这里的‘人’只能是奴隶主贵族；而占雅典人口70%以上的奴隶就不是‘人’，他们只是会说话的‘工具’和‘物品’；并且，异邦人也被排除在‘人’的概念之外，即使是一般自由民，也没有多少真正的‘人’的地位和权利”[1]。因而他们所讨论的休闲也限定在很小的范围内，只属于男性城邦公民而非全体人类。可见，他们的休闲观念无法直接指导现代社会的休闲活动。但基于对“人”的关注而发展出来的哲学性休闲观作为一种理想，在经历了希腊化时期的发展、中世纪神学统治的压制、文艺复兴时期的重现、宗教改革和产业革命后的贬抑后，一直顽强地存续到了现在。对古希腊时期的休闲观的追溯并非要将之作为现代休闲研究的权威，而是要通过细心的解读去洞察其对于“人”的关注，为重新发现“现代人”的意义寻找理论资源。

[1] 庞世伟. 论“完整的人”——马克思人学生成论研究[M]. 北京：中央编译出版社，2009：8.

03

希腊化时期古希腊休闲思想的演进

"希腊化（hellenistic）源自希腊文 Ελληνιστικής（hellenizo），意思是 behave like a Greek（我的行为举止像个希腊人），I adopt Greek ways（我采取希腊人的生活方式）或 I speak Greek（我说希腊语）。"[1] 历史学家用这一词汇来指公元前 334 年（马其顿王亚历山大东征）至公元前 31 年（罗马帝国征服希腊世界）期间希腊政治制度和科学文化在非希腊世界传播的历史阶段。但希腊化哲学的发展并未停留于此，而是一直延续到了罗马帝国时代。它虽然继承了古希腊时期的哲学传统，但在后期却越来越显示出其不同于古希腊哲学的特质，即对个体的关注。这是因为，"对希腊人而言，以往不熟悉的异族人及其生活习惯和观念意识闯入自己的视野，城邦之间亲密的同胞情谊消失了，公民与自由民面临着前所未有的、多种多样的生活状态的选择。罗马帝国只凭借着庞大、陌生的行政机器进行管理，疏远了城邦居民与政治共同体的联系。罗马国家逐渐扩展世俗公民权，进一步淡化了人们对国家的认同意识以及国家可能含有的道德意义"[2]。在此背景下，远离世俗事务、偏于个体精神一隅的哲学追求逐渐成为主流，哲学范式在这一时期发生了转移。

古希腊哲学以形而上学为第一哲学，"整个古典希腊哲学传统都遵循着形而上学的求知传统，追问理性所能表述和呈现存在（是 / 真理）的可能"[3]。尽管苏格拉底、柏拉图和亚里士多德也关注伦理，并对个人和城邦的幸福问题进行了探讨，但他们的伦理学是以形而上学为中心的。所谓"形而上"，即超越对象世界而进入理念世界，从日常生活中抽象出"幸福生活"的模样。希腊化哲学转而以伦理学为第一哲学，以伦理探究为主要目的。在希腊化时期，由于城邦沦为被统治的对象，社会政治动荡，曾经安稳、富足、自由的生活一去不复返，哲学家们所关注的问题开始转变为对个人如何获得安宁幸福的探讨。如伊壁鸠鲁学派

[1] 汪子嵩，陈村富，包利民，等 . 希腊哲学史：第四卷 [M]. 北京：人民出版社，2010：38.

[2] 王乐理 . 西方政治思想史（第一卷）：古希腊、罗马 [M]. 天津：天津人民出版社，2005：353.

[3] 章雪富，石敏敏 . 伦理学作为第一哲学——希腊化哲学的范式转移 [J]. 中国社会科学，2011（1）：47-57.

以寻求美好生活为准则，着重探讨个人生活幸福的实现；斯多亚学派认为顺应自然的生活才是最好的生活，应当轻视物欲，以避免让自己陷入由于过度的欲望而造成的冲突和混乱。这些学派都追求个人价值的实现和对幸福生活的自主选择，这也是希腊化时期伦理学的核心。

根据前一章的论证，在古希腊哲学的逻辑理路中，幸福是“最高的善”，存在于闲暇之中。而幸福又是“合乎德性的现实活动”，因此必然存在一种以幸福为导向的“理想闲暇”，它代表着一种“合乎德性的生活方式”。希腊化时期的哲学流派虽然都表达了对现实生活秩序的不满，但他们也都倡导符合德性的生活方式以实现幸福，这一点与古希腊哲学的主张是一致的。希腊化哲学对闲暇也有所追求，同样将之与“幸福”“好的生活”联系在一起。不同的是，在古希腊哲学中，休闲的实现有赖于城邦，它不仅是个人的理想，也是政治共同体的理想，指向社会的整体幸福；而在希腊化哲学中，由于“个体性生存成为哲学性生活方式的新问题”[1]，休闲也变成了一个个体性生存问题。在此演变过程中，人们对休闲概念的理解也在发生变化，到了古罗马时期，休闲的意涵已经与古希腊哲学中的休闲意涵有所不同了。

在古罗马的通用语言拉丁文中，休闲常以 otium 一词出现，表示一种闲逸的状态，与其对立的词 negotium 则表示事务、商业与劳动。休闲所涵盖的内容不再仅仅是哲学沉思和伦理实践，而包括了更多日常生活的内容。在此时期，休闲是有外在目的的，如体育运动是为了保持身体健康以及为投入战争做准备，澡堂、露天剧场和竞技场都是为了让广大民众受益而建造的[2]。可见，这一时期的休闲与古希腊时期的 schole 的含义已经产生了差异。但闲暇作为沉思、作为哲学生活的性质还是得到了一定的传承，主要体现在西塞罗、塞涅卡和马可·奥勒留的作品中。

---

[1] 章雪富．斯多亚主义的治疗性哲学和自我的观念 [J]. 现代哲学，2009（2）：38，85–90.

[2] Torkildsen G. Leisure and Recreation Management: 5th edn[M]. London and New York: Routledge, Taylor & Francis Group, 2005: 14.

西塞罗认为休闲是从事务中脱离出来去重新构建自身的沉思活动，但它并不以自身为目的，而是为了更好地投身于公共事务；马可·奥勒留同样信奉休闲是沉思的观念，并在统治罗马帝国的过程中践行这一观念。相比之下，塞涅卡对古希腊时期的休闲观念的继承相对完整，他认为休闲是展开哲学生活和治疗人类灵魂的必要条件。尽管罗马哲学家也像希腊哲学家一样为了实现休闲而筹谋，但他们，尤其是斯多亚主义者，更多的是将之作为一种政治手段而非学习、发现和启迪[1]。因此，“休闲”已开始失去作为“最终目的”的崇高地位。

本章选取希腊化及古罗马时期影响最广的两个学派——伊壁鸠鲁学派和斯多亚学派，探讨古希腊哲学中的休闲观念在他们那里是如何得以承继和演化的。

第一节　伊壁鸠鲁学派：快乐与闲暇

伊壁鸠鲁及其后继学者所遗留的著作中并未直接提及“休闲”，但在其以“快乐”为中心的幸福论中可以窥见他们对于“休闲”的认知。这种“休闲”与古罗马时期民众对“休闲”的认知是不同的，但与古希腊哲学中的“休闲”是一致的。本节首先讨论伊壁鸠鲁学派关于“快乐”与“幸福”之间的理论联系，并结合古希腊时期“幸福存在于闲暇之中”的论断，论证“快乐”与“闲暇”之间的内在联系，并讨论在“闲暇”中实现以“快乐”为中心的“幸福”的途径。

一、寓于快乐的幸福

伊壁鸠鲁同样认为最高的善就是幸福，而“生活的目标就是追求‘幸

[1] Torkildsen G. Leisure and Recreation Management: 5th edn[M]. London and New York: Routledge, Taylor & Francis Group, 2005: 15.

福'，这是人们心灵深处最隐秘的表白和行为的明确动机"[1]。"对于那些导致幸福的东西，我们应当努力钻研；如果幸福已经降临，那我们就拥有了一切；如果它尚未降临，那我们就要尽一切努力去赢得它。"[2]在伊壁鸠鲁学派看来，"幸福"是与"快乐"紧密相关的。正是因为这一点，伊壁鸠鲁在哲学史上饱受毁誉，他被认为是享乐主义风潮的开创者。德尼·狄德罗（Denis Diderot）曾为其申辩，"他在生活中行为始终高尚，并能够做到克制自我"[3]。伊壁鸠鲁虽然将快乐作为善的标准，认为"快乐是幸福生活的开端和终点，因为我们认为它是首要的和天生的善，我们对一切事物的选择和规避，都从它出发，又回到它"；但同时又指出"所有的快乐就其自身的本性而言都是善的，但并不全都值得选择，就像所有的痛苦都是恶的，但并不是全部都必须加以规避"[4]。如果某种快乐会带来烦恼，那么这种快乐就不会被选择。可见，在伊壁鸠鲁看来，存在着不同种类的快乐，且并不是每一种快乐都与幸福相关。

"较高层次的快乐是一种自我完善，一般来说是指沉思、欣赏和开发智力所带来的快乐；较低层次的快乐可粗略地等同于一种周期性的、对天生嗜好做出的反应。"[5]前者是精神上的快乐，后者是身体上的快乐。"所谓身体快乐是指维持人的生命所必需的物质条件得到满足。"[6]伊壁鸠鲁认为，"在各种欲望中，有些是自然的，有些则是虚妄的。在自然的欲望中，有些是必要的，有些则仅仅是自然的而已。在必要的欲望中，有些是为了获得幸福所必需的，有些是为了摆脱身体的痛苦所必需的，有些是为了生活本身所必需的"[7]。他将人的所有欲望分为三类：一类是自然的和必要的，是为了维持人的基本生存和健康所必需的，如吃饱

---

[1] 狄德罗．狄德罗经典文存[M]. 李瑜青，主编．上海：上海大学出版社，2002：293.
[2] 第欧根尼·拉尔修．名哲言行录[M]. 徐开来，溥林，译．桂林：广西师范大学出版社，2010：534.
[3] 狄德罗．狄德罗经典文存[M]. 李瑜青，主编．上海：上海大学出版社，2002：290.
[4] 第欧根尼·拉尔修．名哲言行录[M]. 徐开来，溥林，译．桂林：广西师范大学出版社，2010：535.
[5] 托马斯·古德尔，杰弗瑞·戈比．人类思想史中的休闲[M]. 成素梅，等译．昆明：云南人民出版社，2000：33.
[6] 唐土红，喻权良．伊壁鸠鲁的快乐论及其伦理反思[J]. 伦理学研究，2006（3）：71-75.
[7] 第欧根尼·拉尔修．名哲言行录[M]. 徐开来，溥林，译．桂林：广西师范大学出版社，2010：535.

穿暖，其目的是消除身体的痛苦。“一切善的根源都是口腹的快乐；哪怕是智慧与文化也必须根植于此。”[1]一类是自然的但非必要的，如贪食、狂欢等过于奢侈的欲求。伊壁鸠鲁认为基本的物质需要得到满足就已足够了，过度的物质享受是不必要的。还有一类是既非自然的也非必要的，即那些习以为常的但又是虚假观念所诱使的欲念，如对财富、权力、荣誉的贪念。这些欲望是人为制造的，违背了人的自然本性，纯粹是虚妄的。人的痛苦源于欲望的不能满足，而快乐在于将自身欲望减少到最低限度，即自然而必要的欲望。而精神快乐则是不喜不惧的泰然，是免除痛苦、担忧、焦虑后的静思与静观。只有对不同的欲望有了真切的认识，人们才能摒弃那些非自然、非必要的欲望，才能在生活中做出正确的选择，以达成幸福生活的目的——“身体的无痛苦和灵魂的无纷扰”[2]。

综上可知，伊壁鸠鲁所提倡的快乐并非欲望的餍足，反倒是对欲望的适度把持，以达到精神上的自适[3]。因此，“当我们说快乐就是目的的时候，我们指的并非那种荒淫无度的快乐，或沉溺于感官享受的快乐——就像那些对我们的看法无知、反对或恶意曲解的人所认为的那样；相反，我们指的是身体的无痛苦和灵魂的无纷扰。因为快乐不是无止境的狂欢滥饮，也不是沉溺于娈童和女人的美色，也不是享受鱼肉和餐桌上其他带来甜美生活的美味佳肴，而是冷静的推理，找出我们进行所有选择和规避的原因，将那些让灵魂陷入最大纷乱的观念赶走”[4]。

二、快乐与闲暇的关系

伊壁鸠鲁学派将“快乐”（精神的而非身体的）看作是“首要的天生的善”，也是幸福生活得以实现的中心。既然在伊壁鸠鲁学派看来“幸福”寓于“快乐”，而古希腊哲学认为“幸福是最高的善”且“幸福存

[1] 罗素．西方哲学史：上卷[M]. 何兆武，李约瑟，译．北京：商务印书馆，1963：312.
[2] 第欧根尼・拉尔修．名哲言行录[M]. 徐开来，溥林，译．桂林：广西师范大学出版社，2010：535.
[3] 王乐理．西方政治思想史（第一卷）：古希腊、罗马[M]. 天津：天津人民出版社，2005：361.
[4] 第欧根尼・拉尔修．名哲言行录[M]. 徐开来，溥林，译．桂林：广西师范大学出版社，2010：536.

在于闲暇之中”，同时两者又都认为“幸福”是人们在生活中所追求的目标，那么“快乐”与古希腊哲学中的“闲暇”之间必然存在着某种联系。

首先，伊壁鸠鲁学派理论中“快乐”与“善”的关系是对古希腊时期快乐与善的关系的延续。柏拉图与亚里士多德都曾对“快乐是不是善”的问题进行探讨。柏拉图在《斐莱布篇》中提出智慧和快乐二者各自都不能成为善，只有二者结合起来才是善，且智慧比快乐更接近善。也就是说，只有带有智慧的快乐才是善。亚里士多德也认可善是一种快乐，善的东西总是令人欢喜的，但并非一切快乐都是善的[1]。他将快乐分为两种类型。一种是回复性的快乐，它“是灵魂的某种运动，是迅速的和可以感觉到的使灵魂回复其自然本性的运动”[2]，主要是与身体本能相关的快乐，比如对饥渴的补足而产生的快乐。这种快乐并非核心意义上的快乐，其自身并不令人快乐，而需要外界力量的加持。而另一种是非回复性的快乐，“指一个人处于正常状态而不存在任何匮乏情况下的快乐，例如学习与沉思的快乐”[3]，这种快乐本身就是完满的，不会增加也不会减少。可见，伊壁鸠鲁学派对于“快乐”的认知与柏拉图及亚里士多德是相似的，都认为只有沉思的快乐和适度满足欲望后得到的快乐才是值得选择的善，才能导向生活的幸福。

其次，学习与沉思等思辨活动能带来较高层级的快乐并最终通向幸福，而思辨活动是古希腊哲学中闲暇观念的重要组成部分，在此意义上，“快乐”与“闲暇”是相通的。从“寓于快乐的幸福”一节的论证可知，在伊壁鸠鲁学派看来，沉思、欣赏和开发智力等活动所带来的快乐是较高层级的快乐，能让人免除痛苦、担忧和焦虑，回归到一种不喜不惧、灵魂无纷扰的状态，并在其中达成自我完善。沉思、欣赏和开发智力等

---

[1] 汪子嵩，陈村富，包利民，等．希腊哲学史：第四卷 [M]. 北京：人民出版社，2010：1021.

[2] 亚里士多德．修辞术 [M]// 苗力田．亚里士多德全集：第九卷．北京：中国人民大学出版社，1994：382.

[3] 郝亿春．快乐的本性及其在好生活中的位置——从德性伦理学的视域看 [J]. 现代哲学，2012（5）：9–15，34.

活动都属于思辨活动，而根据前一章的论述可知，思辨活动正是理想意义上的“闲暇”的重要构成要素，且与“快乐”密切相关：“思辨活动是最强大的（因为理智在我们中是最高贵的，理智所关涉的事物具有最大的可知性），而且它持续得最久。我们的思辨比任何行为都更能持续不断。我们认为幸福应伴随着快乐，而德性活动的最大快乐也就是合于智慧的活动。所以，哲学因其纯洁和经久而具有惊人的快乐。”[1]因此可以说，伊壁鸠鲁学派对精神上的高层级快乐的追求就是对古希腊哲学中“闲暇”的理想状态的追求。“快乐”与“闲暇”的内在联系就此被构建。

然而，在古罗马社会的现实生活中，无论是“快乐”还是“闲暇”，都以截然不同的面貌存在着，两者都以娱乐活动为具体的实现途径。罗马帝国取得统治权后，统治者将休闲当作政治工具加以利用，为人民制定休闲计划，并开发休闲设施，其中大部分为公共设施。因此，古罗马的澡堂、室外剧场、运动竞技场、公园、游园等建设比较突出，作为社交活动场所的大众浴池更是享有盛名[2]。古罗马的城市为人民提供了空前丰富的休闲选择，即使是较不富裕的阶层也同样享有如此丰富的休闲选择。这类休闲活动显然与古希腊哲学中提倡的作为思辨活动和伦理实践的“闲暇”不同。学习和创造的休闲活动不被重视，消费型的休闲活动却急剧扩张，休闲开始呈现出更大众化，更接近享乐的一面，以至于谈及古罗马人的日常生活时，总是留有“无所事事、游手好闲、东游西荡”的印象。造成这种结果是因为大多数人“由于天性使然，不够理性，被安逸生活的美丽外表蒙蔽了，总以为享乐需求能随时得到满足，就是获得了幸福。殊不知生活中的欢娱有好多种，有高雅的欢娱，有低俗的欢娱，有精神欢娱，还有肉体欢娱，但无论哪种欢娱，都是肤浅的，是人们的

[1] 亚里士多德．尼各马可伦理学[M]// 苗力田．亚里士多德全集：第八卷．北京：中国人民大学出版社，1992：227.

[2] 李仲广，卢昌崇．基础休闲学[M]. 北京：社会科学文献出版社，2004：248.

简单感受和瞬间体验。生活欢娱只不过是一连串独立的瞬间的单个欢娱，而潇洒生活倒很有典型性，其存在本身堪称欢娱之大成。欢娱之风盛行，幸福不存在的事实被掩盖了，人们产生了错觉，幻想幸福的存在而放弃追求。因此，欢娱不仅能让一般人陶醉，也能冲昏走投无路者的头脑"[1]。

正是因为"欢娱"，也就是"快乐"所造成的"虚幻幸福"的存在，导致人们停下了对真正幸福的追求。对欲望和金钱堆砌出来的"虚幻幸福"的不断追求也最终让古罗马帝国陷入了危机。也正是因为意识到这种潜在的危机，伊壁鸠鲁学派才号召人们认清"作为目的的快乐"和"沉浸于感官享受的快乐"，不要被狂欢滥饮、超出自己欲求的美味佳肴、女人的美色所淹没，而要学会冷静地思考，将有碍于灵魂清净无纷扰的观念清除，去寻求真正的幸福。在伊壁鸠鲁看来，真正的"快乐"一是在于对自然而必要的欲望的满足，二是在于对沉思、欣赏、开发智力等活动的参与，两者都达成的情况下，"快乐"才能导向内心真正的幸福。为了破除"虚幻幸福"的假象，伊壁鸠鲁学派对如何获得真正的"快乐"提出了建议。这些建议也是达成古希腊哲学中理想"闲暇"的重要途径。

三、以"快乐"致"闲暇"

正如西塞罗所说，伊壁鸠鲁学派一直被误传为讲究感官享受、纪律松弛、生活奢侈，事实上却是严肃而自制的[2]。他们的理论实际上是想要破除讲究感官享受的享乐主义，以真正的快乐填补人们的闲暇时间。从"寓于快乐的幸福"一节对"快乐"的阐释可知，"伊壁鸠鲁的快乐主义实际上只是一种不纵欲的节制主义，从其所追求的'身体无痛苦和灵魂无纷扰'的整体目标来看，他的哲学并非'快乐论'而是'幸福论'"[3]，

---

[1] 让－诺埃尔·罗伯特．古罗马人的欢娱[M].王长明，等译．桂林：广西师范大学出版社，2005：引言 3. 另注：此书法文原文为"les Plaisirs a Rome"，Plaisirs 亦可译为"快乐"，因此此处虽然讨论"欢娱"，实际上也是讨论"快乐"。

[2] 西塞罗．论至善和至恶 [M]. 石敏敏，译．北京：中国社会科学出版社，2005：20.

[3] 刘良华．伊壁鸠鲁的生命教育及其哲学治疗 [J]. 上海师范大学学报（哲学社会科学版），2014，43（4）：138–145.

也就是对人的美好生活的探讨。古希腊哲学中的“闲暇”作为一种理想的生活状态，同样表达了那时哲人美好的生活愿望。因此，实现伊壁鸠鲁以“快乐”为中心的美好生活，也是对“闲暇”的实现。而要实现这种以“快乐”为中心的美好生活，主要通过两种途径，一是通过德性，二是通过理性。

（一）通过德性

伊壁鸠鲁指出，“所有这一切中首要和最大的善是明智（实践智慧），因而，明智甚至比哲学更为可贵，所有其他的德性都是从它那里产生出来的。它教导我们，一个人不可能快乐地生活，除非他明智、美好而正义地活着；一个人也不可能明智、美好而正义地生活，除非他快乐地生活着。因为德性同快乐地生活结合为一，而快乐地生活也同德性不相分离。”[1] 在他看来，拥有德性并实践德性是实现快乐的前提，“快乐不能靠肉体享受和恣情纵欲来实现，快乐是同柏拉图、亚里士多德和斯多亚学派都推崇的德性，即聪慧、勇敢、节制和正直联系在一起的”[2]。

因此，“快乐”的实现首先需要的德性就是节制。前文已论证，伊壁鸠鲁学派的“快乐”是对欲望的适度把持，将自身的欲望克制在最低限度，即只满足自然而必要的欲望，才能达到“身体无痛苦和灵魂无纷扰”。这种适度正是节制的体现。失去节制的“快乐”将发展成为古罗马现实社会中所流行的状态：追求享乐而远离真正的幸福。其次，友爱也是实现“快乐”所需要的一种德性。在伊壁鸠鲁学派看来，“友谊与快乐是分不开的，因为这种缘故所以就必须培养友谊，因为没有友谊我们就不能安然无惧地生活，也不能快乐地生活”[3]。人与人之间相互信任、友好相待，让人们在身处乱世之中也可以安身立命。最后，“快乐”的实现需要正义。因为维系友谊需要正义，“自然的正义，是人们相互间

[1] 第欧根尼·拉尔修．名哲言行录 [M]. 徐开来，溥林，译．桂林：广西师范大学出版社，2010：536.

[2] 梯利．西方哲学史 [M]. 葛力，译．北京：商务印书馆，1995：109.

[3] 罗素．西方哲学史：上卷 [M]. 何兆武，李约瑟，译．北京：商务印书馆，1963：314.

的一种约定——不伤害他人，也不被他人伤害”[1]。人们聚在一起，组成社会，只有每个人心存公正，才能免除纷争，安抚心灵，达到快乐的目的；反之则会互相侵害，无快乐可言。综上，节制、友爱和公正是达到“快乐”所必需的德性。

（二）通过理性

除了德性之外，伊壁鸠鲁也很重视理性的作用，他认为人应当以理性来指导自身的行动，因为无论是对欲望的克制还是对快乐的取舍，都需要理性的帮助以作出审慎的选择。此外，理性还能“使人正确认识宇宙和人生，消除神、死、欲望在灵魂中造成的纷扰”[2]，帮助消除导致灵魂紊乱的根源——对神和死亡的恐惧，从根本上获得心灵的宁静和快乐。

伊壁鸠鲁承认神的存在，认为真正的神一定是快乐的，他们“以平静的行为快乐地生活着；地上的一切都不会打扰和影响他们”[3]。他们不干涉人事，也不扰乱人们的生活，“凡是幸福者和不灭者（即神）自身既无烦恼，也不使任何他物烦恼”[4]。因此，神与人的世俗生活无涉。伊壁鸠鲁通过理性将大众所信服的神排除在世俗生活之外，因此人们不需要恐惧神可能给予的惩罚，可以自己把握生活，保持心灵的宁静和快乐。同时，伊壁鸠鲁也主张理性地对待死亡，他认为死亡就是感觉的丧失，为死后的情况担忧是不明智的。“死亡——诸恶中最令人恐惧的东西，与我们无关；因为，当我们在的时候，死亡尚未来临，而当死亡来临时，我们已经不在了。”[5]于是，“心灵用理性的思考去把握身体的目的和限度，让人摆脱对于永恒的恐惧，获得完满的生活，从而不再需要无限的时间。然而，心灵并不逃避快乐，即使因碰上一些事情而面临生命的终结，它

[1] 第欧根尼·拉尔修．名哲言行录 [M]. 徐开来，溥林，译．桂林：广西师范大学出版社，2010：543.
[2] 唐土红，喻权良．伊壁鸠鲁的快乐论及其伦理反思 [J]. 伦理学研究，2006，3（23）：71–75.
[3] 狄德罗．狄德罗经典文存 [M]. 李瑜青，主编．上海：上海大学出版社，2002：292.
[4] 唐土红，喻权良．伊壁鸠鲁的快乐论及其伦理反思 [J]. 伦理学研究，2006，3（23）：71–75.
[5] 第欧根尼·拉尔修．名哲言行录 [M]. 徐开来，溥林，译．桂林：广西师范大学出版社，2010：534.

也不缺乏对最好生活的享受”[1]。

理性帮助人们从对神和死亡的恐惧中解脱，是对外在恐惧的否定，但要真正达到“灵魂的无纷扰”，还需要个体自身的“内部觉醒”。这一过程需要通过哲学研究来完成，因为“精神安定所需要的恰恰是对灵魂和死亡本性，对诸神本性，以及天体现象的正确知识”[2]，而哲学研究就是对正确知识，也即对真理的不断探索。同时，“人活着就需要思考和行动，而哲学的目的，就是指导人的理解与约束人的行为。所有脱离这个目的的，都是无关宏旨的。人可以通过使用理智，力行善事，节制纵乐而求得幸福”[3]。正如西塞罗所记载的，伊壁鸠鲁主义者认为“无知和错谬导致整个生活混乱一团，唯有智慧才能使我们免受欲望的攻击，恐惧的威胁，教导我们坦然忍受命运的侮辱，指示我们通向宁静、和平的道路”[4]。他们认为哲学是医治人类精神痛苦的良药，哲学家的首要任务就是“治疗”，即帮助人们摆脱精神的痛苦和虚妄的欲念，教导人们过上真正快乐的生活，并强调“无论是年轻人还是老年人，都应研究哲学”[5]，以解除心灵的痛苦，达到真正的快乐。

综上，伊壁鸠鲁学派所论“快乐”的达成需要明智以进行哲学沉思，从而正确认识宇宙、世界以及自身；也需要公正、节制和友爱等德性作为支撑，以免除纷争，实现心灵的宁静。在亚里士多德的观点中，“闲暇”包含了思辨活动和伦理实践活动，思辨活动即哲学沉思，是对智慧的追求，伦理实践活动即对德性的培育，可见，伊壁鸠鲁学派所提倡的实现“快乐”的途径同样是实现古希腊哲学中理想“闲暇”的途径。与此不同的是，古希腊伦理学普遍关注人与人之间的利益共识，即城邦共同体的幸福的实现，而伊壁鸠鲁关于“幸福”和“快乐”的讨论都基于个人

---

[1] 第欧根尼・拉尔修．名哲言行录 [M]. 徐开来，溥林，译．桂林：广西师范大学出版社，2010：541.

[2] 诺尔曼・李莱佳德．伊壁鸠鲁 [M]. 王利，译．北京：中华书局，2005：34.

[3] 狄德罗．狄德罗经典文存 [M]. 李瑜青，主编．上海：上海大学出版社，2002：290.

[4] 西塞罗．论至善和至恶 [M]. 石敏敏，译．北京：中国社会科学出版社，2005：23.

[5] 第欧根尼・拉尔修．名哲言行录 [M]. 徐开来，溥林，译．桂林：广西师范大学出版社，2010：532–534.

自身。在个人如何实现自身幸福的问题上，他诉诸哲学，认为“智慧的人不会热衷于城邦事务”[1]，而是要“从日常责任和政治事务的牢房中逃离出去”[2]。这种哲学不再与政治相关，也不必然在城邦共同体中实现。作为理想生活方式的闲暇虽然需要友爱的支撑，但这种友爱已转向更加个人的形式，依托于更私人的交往而不再以城邦共同体为基础。

第二节　斯多亚学派：德性与闲暇

斯多亚学派的伦理学更大程度地延续了古希腊时期的德性传统，主张“善即是德”，并对伊壁鸠鲁学派“快乐即幸福”的观点提出了批评，认为其所提倡的“快乐”是一种追求物质享受的享乐主义。例如晚期斯多亚学派代表塞涅卡就认为，“快乐对于你们伊壁鸠鲁主义者们来说就是使你们体软、懒惰、舒适、休闲，追求一种类似麻木状态的宁静，用你们称之为‘宁静’的软体思想来欺骗垂丧的、麻木的心灵。在你们的花园里什么事都不做，就是吃喝”[3]。这种批判从某种角度来说是正确的，尽管伊壁鸠鲁学派的“快乐”观念另有所指，但他们对“快乐”的推崇为那些追逐享乐的人提供了理论支持，非但没能阻止享乐主义，反而成为了享乐主义的助力。斯多亚主义者正是因为这一点才反对伊壁鸠鲁学派的理念，并提出了以“德性”为中心的幸福论。然而，这其实是对伊壁鸠鲁学派“快乐”观念的误解，他们实际提倡的是一种简朴的快乐论，与德性不相分离，和斯多亚学派继承自古希腊伦理学的“幸福论”有许多相似之处。只不过伊壁鸠鲁学派将“快乐”放在第一位，而“德性”只是辅助快乐实现的一种技艺；而斯多亚学派则认为“德性”是先于“快

[1] 第欧根尼·拉尔修．名哲言行录 [M]. 徐开来，溥林，译．桂林：广西师范大学出版社，2010：531.
[2] 伊壁鸠鲁，卢克来修．自然与快乐——伊壁鸠鲁的哲学 [M]. 包利民，等译．北京：中国社会科学出版社，2004：49.
[3] 丁智琼．“快乐即幸福”与“有德即幸福”——伊壁鸠鲁学派与斯多亚学派幸福观之比较 [J]. 安徽大学学报（哲学社会科学版），2009，33（3）：32–35.

乐”的，“快乐本身是无关紧要的东西，而德性自身对于幸福而言是充足的”[1]。斯多亚主义者的闲暇观也是在此认知上形成的。本节主要介绍斯多亚学派以德性为中心的幸福论，并对在此基础上产生的闲暇思想进行分析，最终探讨如何实现此类闲暇。

一、寓于德性的幸福

与伊壁鸠鲁学派以快乐为人生的最终目的不同，斯多亚学派将德性看作是人应当毕生追求的，而这种德性寓于自然之中。斯多亚学派奠基者芝诺（Zeno）在《论人的本性》中说，“人的目的就是要与自然相一致地生活，也即依照德性而生活”[2]。前期斯多亚学派代表之一克律希珀斯（Chrysippus）在《论目的》中也提出，“所谓依照德性而生活，也就是依照与自然相符合的经验而生活，因为我们自身的自然乃整个自然的一个部分”[3]。由于人是自然界的产物，天然具有自然的本性，因此要获得真正的幸福就必须“遵循自然本性而生活”。这里所说的“自然”并非客观存在的自然，而是由理性和神所决定的世界。在斯多亚主义者看来，人是小宇宙，是大宇宙的一部分，因而人与大宇宙具有相同的本性——理性。“遵循自然本性而生活”就是要顺从宇宙的普遍法则，“这普遍法则就是那渗透万物的正确理性，也即那统治、主宰万物的宙斯”[4]。也就是说，顺从自然就是顺从理性和神的支配。每个个体的命运都是万物主宰者的意愿，当所有的事情都根据这样一种和谐而被完成的时候，它自身就成了幸福之人的德性和幸福生活本身。因此，德性就是顺从自然的和谐状态，“我们是因为它自身而选择它，不是出于某种恐惧、希望或任何其他外在的动机”[5]。而幸福就在德性之中，正是通过德性，

[1] 第欧根尼·拉尔修．名哲言行录[M]. 徐开来，溥林，译．桂林：广西师范大学出版社，2010：383.
[2] 第欧根尼·拉尔修．名哲言行录[M]. 徐开来，溥林，译．桂林：广西师范大学出版社，2010：340.
[3] 第欧根尼·拉尔修．名哲言行录[M]. 徐开来，溥林，译．桂林：广西师范大学出版社，2010：340.
[4] 第欧根尼·拉尔修．名哲言行录[M]. 徐开来，溥林，译．桂林：广西师范大学出版社，2010：340.
[5] 第欧根尼·拉尔修．名哲言行录[M]. 徐开来，溥林，译．桂林：广西师范大学出版社，2010：341.

人才能在灵魂中产生出整个生命的和谐。

“幸福”关乎生活目的，而任何指向目的的行为都必然合乎理性，“完善的或健康的理性所追求的美德是唯一真正意义上的善（至善）”[1]。在这一点上，斯多亚学派与亚里士多德代表的古典伦理具有相似之处。然而，亚里士多德是从形而上学和政治学角度来定义伦理学的“幸福”的，因此他的“幸福”被视为普遍的理智的德性生活，同时也不可避免地存在对外的诉求，需要一定的外在善（例如财富和健康的身体）才能实现。幸福需要这些外在事物，这些外在事物就被认为是好的，幸福由此具有某种外在因素。可见，“虽然亚里士多德认为幸福是理性的自足，然而这种理性的内在性仍有所保留”[2]。而斯多亚学派则从个体的“善”讨论幸福，“幸福不是基于‘存在’（是）的普遍理性的形而上学承诺，而是个体之于个体之实的‘现在时’把握”[3]。斯多亚学派关于人的观念“使人既深深感到他与自然的和谐相一致，又深深感到他在道德上独立于自然”，而“维护人的绝对独立性，被看成是人的最基本的美德”[4]。从个体的“善”关联幸福时，是基于个体的内在性意愿而非外在性因素。但这并不意味着个体的“善”与社会整体的“善”毫无联系。相反，“斯多亚学派的哲学家都是重视整体，重视义务的。他们认为，人不能脱离社会、脱离整体而存在”[5]。只是他们更关注个体幸福的实现，认为个体从自爱开始才能导向真正健全的社群，才能保证社会整体幸福的实现。“自爱与自私无关，自爱指理性地指涉自身，是群己的观念”，其目的是实践“好”，而这个“好”就是幸福[6]。自爱的正确方式是“不动心”，个体的幸福也以“不动心”的方式呈现。

斯多亚学派从个体出发对幸福生活的判断让人联想到亚里士多德在

[1] 王来法．前期斯多亚学派研究 [M]. 杭州：浙江大学出版社，2004：189.
[2] 石敏敏，章雪富．斯多亚主义：Ⅱ [M]. 北京：中国社会科学出版社，2009：导言 9.
[3] 石敏敏，章雪富．斯多亚主义：Ⅱ [M]. 北京：中国社会科学出版社，2009：209.
[4] 恩斯特・卡西尔．人论 [M]. 甘阳，译．上海：上海译文出版社，1985：12.
[5] 马可・奥勒留．沉思录 [M]. 何怀宏，译．北京：中央编译出版社，2014：译者前言 5.
[6] 石敏敏，章雪富．斯多亚主义：Ⅱ [M]. 北京：中国社会科学出版社，2009：导言 8.

《尼各马可伦理学》中对生活的三种分类，享乐生活、政治生活，和思辨的、静观的生活，它们分别对应的人群为城邦普通公民、政治家和哲学家[1]。哲学家认为思辨的、静观的生活才是幸福的；政治家认为参与政治的生活是幸福的；而普通公民作为最平庸的人，“将幸福与普通的快乐相等同，以享受生活为满足”[2]，在他们眼中，享乐生活就是幸福。享乐生活是现实生活中大多数人（仅指城邦公民，奴隶不包含在内）的生活，古罗马的现实社会中更是如此，但从他们对被大众化了的伊壁鸠鲁“快乐”论的反对就可得知，此种生活并不被斯多亚主义者所接受。因此，他们在讨论人的生活方式时，直接将享乐生活排除在外，而将人的生活划分为沉思生活、理性生活和实践生活。由于理性需通过学习和沉思实现，因此理性生活和沉思生活都属于亚里士多德所论的第三种生活，即思辨的、静观的生活。由此可知，在斯多亚主义者眼中，只有政治实践生活和哲学沉思生活是值得探讨的。从事政治实践的生活与从事哲学研究的“闲暇”生活孰优孰劣，是斯多亚主义者始终在探讨的问题[3]。

二、斯多亚学派的闲暇观

与伊壁鸠鲁学派未留下关于休闲的直接论述不同，斯多亚主义者都在其幸福伦理的构建中不同程度地提及了“闲暇”。与伊壁鸠鲁学派“除非情况紧急，贤哲不会参与公共事务”的观点不同，斯多亚学派认为“除非有什么事情阻止，否则就会参与到公共事务中去”[4]。前者以坚定的决心追求闲暇，后者则因特定的原因寻求闲暇。斯多亚学派的幸福伦理

[1] 亚里士多德．尼各马可伦理学 [M]// 苗力田．亚里士多德全集：第八卷．北京：中国人民大学出版社，1992：7.

[2] 亚里士多德．尼各马可伦理学 [M]// 苗力田．亚里士多德全集：第八卷．北京：中国人民大学出版社，1992：7.

[3] 肖剑．罗马哲人的闲暇观——塞涅卡作品中的闲暇问题 [J]. 西北师范大学学报（社会科学版），2009，46（3）：14–18.

[4] 塞涅卡．哲学的治疗 [M]. 吴欲波，译．北京：中国社会科学出版社，2007：69.

"试图使哲学重新成为生活的一种形式，即不是把哲学视为生活的抽象并且予以价值化，不试图去构成生活之上的哲学，而是要让生活回到生活的自我呈现"[1]。从这个意义来说，斯多亚学派与伊壁鸠鲁学派一样注意到了现实生活中"虚幻幸福"的存在，它被人们视为医治百病的灵丹妙药，实际上却引诱人们坠入腐化堕落的深渊，它是使人们无法真正实现内心所需的根源所在。"斯多亚学派其实意识到了希腊化罗马时期人们生活的危机，即外在生活不是内心所需要的，而内心生活又无法表现为实践，无法成为生活的实际。这也就是说人已经不能自由地生活，进而人已经不在自由之中了。这种人处在奴役之中并且面对自由的严峻性使得斯多亚主义充满了使命和生机，就是学习如何重新'生活'。"[2]斯多亚主义者的闲暇观念正是在重新学习"生活"的过程中形成的，并渗透着政治生活与哲学生活之间的张力，主要体现在塞涅卡、西塞罗和马可·奥勒留三位古罗马思想家的学说中。

（一）西塞罗：作为理性与智慧的闲暇

尽管西塞罗在认识论和宇宙论上与斯多亚学派有所不同，但其伦理学和自然法思想却与之一脉相承[3]，而"闲暇"从古希腊哲学开始就被置于伦理学语境中讨论，因此其关于闲暇的思想也被列入斯多亚学派闲暇观的讨论之中。

受古希腊文化的影响，西塞罗提出了学术性休闲的理想。他认为，"理性使人产生思考真理的欲望。这最明显地体现在我们闲暇的时候：当我们的思想处于闲暇状态时，我们渴望获得知识"[4]。生活就像是一个盛大的公共节日，在节日中，一些人参与体育运动，一些人辩论和讨论，还有一些人只是观察和沉思，"沉思造物和诸神的活动能激发心灵

---

[1] 石敏敏，章雪富．斯多亚主义：Ⅱ [M]. 北京：中国社会科学出版社，2009：导言：3.

[2] 章雪富．斯多亚主义的治疗性哲学和自我的观念 [J]. 现代哲学，2009（2）：38，85–90.

[3] 石敏敏，章雪富．斯多亚主义：Ⅱ [M]. 北京：中国社会科学出版社，2009：68.
冯契．哲学大辞典 [M]. 上海：上海辞书出版社，2007：1588.

[4] 西塞罗．论至善和至恶 [M]. 石敏敏，译．北京：中国社会科学出版社，2005：59.

的升华”[1]。不同的人对于生活的追求也有所不同，有些人为荣誉而奋斗，有些人寻找优越感，而智慧的人不屑于这些追求而将自己投入到思考和学习中去。西塞罗将这种生活称为“otium cum dignitate”，即“有尊严的闲暇”，这种闲暇致力于追求智慧、寻找志趣相投的友谊，以及培养身前与身后之名誉[2]，它是从军事、商务、政治活动相关的事务中脱离出来，通过修辞、哲学和辩论等活动去修养和重构自身。对于西塞罗来说，伟大的人通常能熟练地运用哲学和修辞学。哲学提供知识，修辞提供劝导，两者都是有效利用知识的工具，而辩论则是前两者得以实现的途径。这也是指导人类事务的唯一方法[3]。

西塞罗还提出，“哲学的整个目的和目标就是获得幸福；渴望幸福是引导人从事这种学习的唯一动机”[4]。他对智力工作大加赞赏：“没有比做学问更美妙的职业了：做学问就是使我们在今世了解物质的无限，了解自然、天、地、海洋的无比伟大；做学问教给我们虔诚、克己、心胸宽大，它把我们的灵魂从黑暗中拉出来，让它检视万物——最高的、最低的、最先的、最后的，以及所有在两端中间的；做学问给我们以过美好幸福生活的手段，它教给我们如何无怨无惑地度过一生。”[5]因此，拥有闲暇的人应当记住，学习的生活远比为国家服务的生活舒适和幸福，也更少受到嫉妒[6]。“研究自然哲学还基于人获得知识的无尽愉悦，唯有这种追求才是人们在做完事务之后的闲暇时间所从事的崇高而高雅的职业。”[7]他们也应该知道，知识生活如果脱离了行动就是残缺的和不完整的。因此，在西塞罗看来，闲暇也与幸福相关，并且是对哲学研究的具体实践。

---

[1] 西塞罗．论至善和至恶[M]．石敏敏，译．北京：中国社会科学出版社，2005：136.

[2] Petersson T. Cicero: A Biography[M]. California: Berkeley University of California Press, 1920: 291-292.

[3] Ibrahim H, et al. Pioneer in Leisure and Recreation[M]. Reston: AAHPERD Publications, 1989: 11.

[4] 西塞罗．论至善和至恶[M]．石敏敏，译．北京：中国社会科学出版社，2005：78.

[5] 阿兰·德波顿．哲学的慰藉[M]．资中筠，译．上海：上海译文出版社，2010：125.

[6] Ibrahim H, et al. Pioneer in Leisure and Recreation[M]. Reston: AAHPERD Publications, 1989: 12.

[7] 西塞罗．论至善和至恶[M]．石敏敏，译，北京：中国社会科学出版社，2005：136.

然而，根据托尔斯滕·彼得森（Torsten Peterson）的传记，西塞罗在政治上怀抱着很大的野心，“当其他人喧闹地庆祝公共假日、举办各种晚宴、赌博或者打球时，他却一直在思考如何为自己的家乡服务”[1]。因此，西塞罗“将闲暇构想为一种静修，一种工作之后的休息，一种让人更好地应对城邦生活所作的准备”[2]，这种准备以哲学沉思为主要内容，它虽然比为国家服务的生活更让人觉得舒适，但其最终还是要回到为国家服务的主旨中。可见，西塞罗陷入了闲暇生活与政治生活所形成的某种矛盾之中：闲暇是他的精神寄托，但同时又让他深感拖累。虚荣心和责任感让他不得不处理政治上的诸多事务，政务的忙碌让其渴望闲暇，但又承受着持续的懒散（不从事政务）带来的罪恶感。塞涅卡犀利地指出了产生这种矛盾的原因，他认为西塞罗是因为在政治上遇到了困难，或是因为没有得到同事们应有的赏识，才将目光转向闲暇。从这个意义上来说，西塞罗寻求闲暇并不是为了闲暇本身，而是因为他厌倦了处理事务的忙碌状态[3]。

（二）塞涅卡：作为沉思与行动的闲暇

虽然斯多亚学派的伦理学更关注个体幸福，但他们也承认个体的幸福离不开社会共同体的幸福。“人不可能没有社群而能够是幸福的，人也不可能在他伤害社群的时候是幸福的。幸福生活宣称了个体与社群之间的冲突是不正当的。”[4]因此一些斯多亚学派的学者认为，“为了公共利益，一个人应该坚持国家事务直至生命尽头，在死之前不应该享有闲暇”[5]。但塞涅卡却提出了不同观点，他认为“不管你愿意与否，你必须寻找闲暇”[6]，因为“惟有在闲暇时，我们才可能坚持做我们立志

---

[1] Petersson T. Cicero: A Biography[M]. California: Berkeley University of California Press, 1920: 218.

[2] Ibrahim H, et al. Pioneer in Leisure and Recreation[M]. Reston: AAHPERD Publications, 1989: 13.

[3] Grazia S. Of Time, Work, and Leisure[M]. Garden City, New York: Anchor Books, Doubleday & Company, Inc, 1964: 19.

[4] 石敏敏，章雪富．斯多亚主义：Ⅱ [M]．北京：中国社会科学出版社，2009：导言 9.

[5] Ibrahim H, et al. Pioneer in Leisure and Recreation[M]. Reston: AAHPERD Publications, 1989: 17.

[6] 塞涅卡．哲学的治疗 [M]．吴欲波，译．北京：中国社会科学出版社，2007：12.

要做的人，……也没人可让我们的决心转向；惟有在闲暇时，生活才可能沿着一条单一平坦的路径进展，我们现在生活中有太多杂乱的目标让我们分心”。[1] 即使是那些从事政治的位高权重者，从他们的话语中也能发现，“他们渴望闲暇、赞赏闲暇、喜爱闲暇胜过喜爱他们的一切幸运之事”[2]。可见，塞涅卡对“闲暇”持有相对肯定的态度。

然而，拥有闲暇并不等于实现幸福。塞涅卡指出，“就某些人而言，甚至闲暇也让他们杂务缠身；在他们郊外的住宅中或在他们的长椅上，在他们的赌局中，尽管他们已经从所有其他人中抽身出来，但是他们自己就是他们自身之焦虑的来源；我们要说，这些人不是在闲暇中生活，而是在繁忙的无所事事中生活”[3]。“在所有人中，惟有那些把时间花在哲学上的人是闲适从容的，惟有他们是真正地活着。”[4] 可见，“闲暇”在塞涅卡看来也是有不同层级的，真正的“闲暇”应当将时间用于学习哲学，这种闲暇生活才是可欲求的，而那些追求奢华与快乐（并非伊壁鸠鲁意义上的快乐）的世俗的“闲暇”应当被弃绝。但塞涅卡对闲暇生活的推崇并不意味着放弃政治生活，与此相反，政治共同体的幸福始终是他所关心的话题。他认为个人在闲暇时充实自己、培育自己的美德是为了更好地为国家的公共事务服务。“个人可以通过闲暇专注于自由学习来服务他的同胞，如果他无法造福于他的同胞，也能使少数人受益；如果无法使少数人受益，也会使他近旁的人受益；如果不能让近旁的人受益，那就使自己受益。”[5] 也就是说，以个体幸福的实现来导向真正健全的社群，并最终实现社会整体的幸福。因此，塞涅卡宣称自己并没有背叛自己的哲学取向而成为一名伊壁鸠鲁主义者，因为他并没有因为赞美闲暇而反对斯多亚学派“为国家公共利益服务”的总体教义。

---

[1] 塞涅卡 . 哲学的治疗 [M]. 吴欲波，译 . 北京：中国社会科学出版社，2007：67.

[2] 塞涅卡 . 哲学的治疗 [M]. 吴欲波，译 . 北京：中国社会科学出版社，2007：5.

[3] 塞涅卡 . 哲学的治疗 [M]. 吴欲波，译 . 北京：中国社会科学出版社，2007：21.

[4] 塞涅卡 . 哲学的治疗 [M]. 吴欲波，译 . 北京：中国社会科学出版社，2007：16.

[5] Ibrahim H, et al. Pioneer in Leisure and Recreation[M]. Reston: AAHPERD Publications, 1989: 17.

前文已论证，斯多亚学派的幸福是顺应自然而生活，达到“不动心”的状态，塞涅卡闲暇生活与政治生活兼顾的主张也可以在这种顺应自然的幸福观中得以体现。他认为自然要求人们在生活中既能够沉思也能够行动：“如果我将自己整个地奉献给自然，如果我成为她的赞美者和信奉者，我就是在顺应自然而生活了。然而，自然规定我二者都要做——既要活跃行动，又要有闲暇沉思。”[1] 又因为“无闲暇的活动就如无美德的财富，所有这些都必须结合在一起，携手并进”[2]，所以行动也与闲暇相关。自然要求人们有活跃行动和闲暇沉思，而行动也与闲暇相关，因此闲暇生活就是符合自然要求的生活，能够达到幸福。

在此基础上，塞涅卡将生活分为三类，第一种生活致力于快乐，第二种生活致力于沉思，第三种生活致力于行动[3]。它们的名目各不相同，存在巨大差别，但任何一种都不能离开另外一种而独存。因为致力于快乐的人并非没有沉思，他们不会只认同闲散的快乐；致力于沉思的人并非没有快乐，愉悦始终伴随着沉思；致力于行动的人也不会只爱行动而没有沉思。显然，沉思受到那些寻求快乐和采取行动的人的青睐，包含着沉思与行动的闲暇也因此成为幸福生活得以实现的前提条件。可见，只有哲学沉思的闲暇也是不足以达成幸福的，还需要实际行动的支撑，而政治生活正是哲学沉思的成果被付诸行动的重要场所。因此塞涅卡说，沉思只是一个停泊处，而非最后停靠的港湾。也就是说，闲暇时的哲学沉思并不是最终的目的，只是通往幸福生活的一个站点。

综上，塞涅卡对“闲暇”的理解在很大程度上继承了古希腊哲学中“闲暇”的理想性质。两者都包含着哲学沉思，并都着眼于个体和政治共同体的幸福。不同的是，“闲暇”从本身包含着“幸福”变成了达成“幸福”的一种途径。尽管闲暇生活才是最可欲求的，但若无外在因素

---

[1] 塞涅卡．哲学的治疗 [M]. 吴欲波，译．北京：中国社会科学出版社，2007：73.

[2] Ibrahim H, et al. Pioneer in Leisure and Recreation, Reston: AAHPERD Publications, 1989: 18.

[3] 塞涅卡．哲学的治疗 [M]. 吴欲波，译．北京：中国社会科学出版社，2007：74，75.

的影响，哲人还是应当投入政治生活，闲暇时的哲学沉思也是为更好地从事政治服务的。然而，只有优秀的政治才值得闲暇生活为其服务，古罗马帝国所呈现出来的政治腐败让塞涅卡丧失了继续投身政治的信心，转而呼喊哲人们将闲暇生活作为本质的生活——“如果我们梦想的政府无处可寻，闲暇就开始成为我们所有人的必需品了，因为那有可能比闲暇更为可取的事物，根本就不存在于任何地方”[1]。但此时“闲暇”又成了一种逃避的选择，丧失了其曾经作为最终目的的崇高地位。

（三）奥勒留：作为自省与规劝的闲暇

马可·奥勒留也是斯多亚主义的拥戴者，他认为幸福在于依循人的本性生活，保持心灵的宁静，并在其著作《沉思录》中留下了关于闲暇的论述。他提出，如果你想要获得心灵的宁静，那就做很少的事情，且只做必要的事情。所谓“必要的事情”，就是人的理性所要求做的事情。在现实生活中，人们所做的大部分事情都是不必要的，如果放弃这些不必要的事情，人们就能拥有更多闲暇[2]。可见，在奥勒留看来，保持心灵的宁静需要闲暇，而获得闲暇需要远离那些不必要的事情。“你的行动不要迟缓呆滞，你的谈话不要缺乏条理，你的思想不要漫无秩序，不要让你的灵魂产生内部的纷纭和向外的迸发，也不要在生活中如此忙碌以致没有闲暇。”[3]所有这些都需要哲学的指引。因为人们的生活总是处于流动之中，一切都转瞬即逝，“属于身体的一切只是一道激流，属于灵魂的只是一个梦幻，生命是一场战争，一个过客的旅居，身后的名声也迅速落入忘川”[4]。这样的境况下，只有哲学才能指引人们通往幸福，不让人偏离至懒惰或是骄傲的道路。

奥勒留同样关注个体德性的完善。在他看来，个体德性的完善直接影响到人的生存状态，这是环境、他人等外在因素所不能决定的。因此，

[1] 塞涅卡 . 哲学的治疗 [M]. 吴欲波，译 . 北京：中国社会科学出版社，2007：76.
[2] 马可·奥勒留 . 沉思录 [M]. 何怀宏，译 . 北京：中央编译出版社，2014：44.
[3] 马可·奥勒留 . 沉思录 [M]. 何怀宏，译 . 北京：中央编译出版社，2014：134.
[4] 马可·奥勒留 . 沉思录 [M]. 何怀宏，译 . 北京：中央编译出版社，2014：21.

“他把个体德性的塑造置于人们一切活动的最高位置，以哲学的手段，通过自我分析、自我省察、自我反思、自我规劝，不断督促自身心性的修养”[1]。而闲暇正是对这种自省的哲学生活的践行。他说，“你没有闲空或能力阅读，但你有闲空或能力防止傲慢，你有闲空超越快乐和痛苦，你有闲空超越对虚名的热爱，不要烦恼于愚蠢和忘恩负义的人们，甚至不要理会他们”[2]。对傲慢、快乐、痛苦，以及对虚名的热爱的超越无一不需要哲学的指引，而所有这些都是在“闲空”中完成的，可见闲暇与哲学之间的紧密联系。而哲学本身是自足的，因为“它们是从一个属于它们自己的第一原则起动的，它们开辟它们的道路直到那规定给它们的终点”，始终沿着正确的道路行进，而“如果你能走正确的道路，正确地思考和行动，你就能在一种幸福的平静流动中度过一生”[3]。因此，闲暇也是个体的幸福生活的践行，与个体的行为密切相关。

作为罗马帝国的皇帝，马可・奥勒留不可能不关心政治，事实上，他认为每个人都应该遵循一个共同的目标而不是各自为政。因为那些在生活中缺乏统一目标的人，也无法实现自我的统一，一旦无法实现自我的统一，就容易受到外界事物的动摇，而失去获得内心宁静的可能。至于这个共同的目标是什么，奥勒留说，“正像在所有被多数人以这种或那种方式考虑为是善的事物上并没有一致意见，而只是对某些关系到共同利益的事物有一致意见一样，我们也应当在我们的面前放置一个具有共同性质（社会性）和政治性质的目标。因为那使他自己的所有努力均指向这一目标的人，将使他所有的行为都相似，这样就将始终保持一致”[4]。可见，奥勒留与西塞罗、塞涅卡一样，虽然他认为闲暇事关个体幸福，但也并非与公共事务无关——“我们做的事，都应当仅仅指向

[1] 孙慧玲，李阳．论马可・奥勒留的道德自觉思想 [J]. 理论探索，2009（4）：23-25，47.
[2] 马可・奥勒留．沉思录 [M]. 何怀宏，译．北京：中央编译出版社，2014：121.
[3] 马可・奥勒留．沉思录 [M]. 何怀宏，译．北京：中央编译出版社，2014：64，71-72.
[4] 马可・奥勒留．沉思录 [M]. 何怀宏，译．北京：中央编译出版社，2014：191.

那对社会有用和适合于社会的事”[1]。在闲暇中进行自我省察，有助于他更好地治理国家。对闲暇的追寻，其实是对某种“能力”的追寻，这种能力能帮助接近自己的内心，同时也维护好政治统治。因此，奥勒留的闲暇也已经偏离了亚里士多德赋予的“最终目的”的崇高地位，而成为了实现其良好政治统治的一种手段。

三、以“德性”致“闲暇”

葛拉齐亚认为塞涅卡是唯一一个将这种从古希腊承继而来的理想性休闲发扬光大的罗马人[2]，但事实并非如此。通过上文的分析可以发现，西塞罗和奥勒留也同样承认哲学性休闲在人类生活中的重要价值。三者都认为闲暇生活是可欲求的生活，它应当是哲学沉思、知识追求和自我省察，是培育个体德性，获得心灵安宁并通往幸福的重要途径。与此同时，三者也都注意到了闲暇生活对政治生活的影响，他们认为个体在闲暇中对自我的完善是为了能够更好地投身于政治生活。从这个角度来看，斯多亚学派的闲暇观已经偏离了古希腊的闲暇观，它将闲暇作为政治生活服务的手段而不将其本身看作是目的。但在古罗马社会中，可欲求的闲暇生活也只是作为一种理想的状态，普通大众在闲暇中所追求的是无止境的奢靡和享乐，即使是西塞罗、塞涅卡等人，也被围困在享乐主义所导致的腐败政治中难以实现真正的闲暇。因此，要实现斯多亚学派的闲暇观，实现真正的幸福，还需从个体出发遵循以下两点。

（一）治疗“意愿”

斯多亚学派认为，“幸福在于做人的本性所要求的事情”，也即依照人的本性而生活，而“对于理性的动物来说，依据本性和依据理智是一回事”。[3] 这种基于自身本性而做出的理性选择被称为“意愿”，斯

[1] 马可·奥勒留．沉思录[M]．何怀宏，译．北京：中央编译出版社，2014：97.

[2] Grazia S. Of Time, Work, and Leisure[M]. Garden City, New York: Anchor Books, Doubleday & Company, Inc, 1964: 19.

[3] 马可·奥勒留．沉思录[M]．何怀宏，译．北京：中央编译出版社，2014：98，118.

多亚学派正是从“意愿”出发论述幸福生活的，他们认为“幸福乃是意愿的发动”，“达成意愿的自由，才是幸福生活的起点”。[1] 幸福所指向的宁静和自由是指心灵的意愿已经消除了冲突和不一致性，而冲突的心灵和不一致的意愿就是不幸福。然而，处在运动和变化状态之中的意愿经常失去方向和目的，这也是人们会被“虚幻幸福”引诱而失去真正幸福的主要原因。因此，要想获得幸福，就要对失去方向和目的的意愿进行治疗，以恢复理性选择。

哲学被认为具有治疗灵魂的功能，能够“发展灵魂的力量，帮助他更有效地使用自身的能力”[2]，而理性正是人的灵魂的重要功能。斯多亚主义者以这种方式来公正地对待一些关于理性的强有力的信念。理性之为意愿，指的是理性的自然性，而不是理性摆脱了自然性。在古希腊哲学的框架下，理性的推己及人以及超越性向度通常被看作是非自然性的特征，斯多亚学派却不这么认为，他们认为理性的自然性就有着关联他者的特性，这就是“自爱”。自爱是理性原始的自然，这种自然属性透过建立一个个体自我的律令自然地对于他者有着关联，这就是人存在为这个人的“意愿”[3]。因此对意愿的治疗需要先达成“自爱”。自爱与自私无关，是理性地指涉自身。自然的自爱必然是不动心的，当其陷于激情时，自爱就转化为了自私，远离了人的自然本性，也就远离了幸福。因此，“在任何时候都要依赖理性，而不依赖任何别的东西”[4]。与古希腊时期的哲学框架不同，斯多亚主义者要求把一切合乎理性的人性都包含在哲学中，不管它出现在什么地方（出现在世界上什么阶级、什么身份、什么性别、什么地方的人那里）[5]。

---

[1] 石敏敏，章雪富．斯多亚主义：Ⅱ [M]. 北京：中国社会科学出版社，2009：210.

[2] 玛莎・努斯鲍姆．欲望的治疗：希腊化时期的伦理理论与实践 [M]. 徐向东，陈玮，译．北京：北京大学出版社，2018：326.

[3] 石敏敏，章雪富．斯多亚主义：Ⅱ [M]. 北京：中国社会科学出版社，2009：209–210.

[4] 马可・奥勒留．沉思录 [M]. 何怀宏，译．北京：中央编译出版社，2014：3.

[5] 玛莎・努斯鲍姆．欲望的治疗：希腊化时期的伦理理论与实践 [M]. 徐向东，陈玮，译．北京：北京大学出版社，2018：326.

（二）节制激情和欲望

斯多亚学派在认可“人是有理性的动物”的同时也承认“人是具有激情和欲望的非理性动物”。由于激情和欲望在斯多亚学派看来是不合理的，因此他们主张以理性控制激情和欲望，使自己的行动符合自然本性的要求，这样才能让自己处于“不动心”的状态，过上幸福生活。激情是人类的疾病之源，正是由于受到激情的支配，人的存在状态才会陷入冲突和混乱。如芝诺将激情或情绪定义为灵魂的非理性和非自然的运动，是从错误的判断中产生出来的，而从错误中产生的悖谬行为会扩展到心灵，造成心灵的不稳定[1]。塞涅卡则指出激情会使人失去准确判断，背离自然理性。如果生活依赖于激情的支撑，欲望就会以自然理性为伪装，向人们呈现出一种虚假的自由。并且，“自然的欲望是有限的，由错误观念激发起来的欲望则永无止境，因为错误是没有终点的”[2]。因此，必须对激情和欲望进行节制。相比之下，欲望比激情更需要控制，“因欲望而引起的犯罪比那些因愤怒而引起的犯罪更应该受谴责。因为因愤怒而犯罪的人看来是因某种痛苦和不自觉的患病而失去了理智，但因欲望而犯罪的人却是被快乐所压倒，他的犯罪看来更是放纵和懦弱”[3]。

节制被斯多亚学派列为四种美德之一。智慧、勇敢、正义、节制这四种美德是不可分割的整体，智慧使人辨别善恶，勇敢使人遇情欲不乱，正义使人知晓自己行为的对错，而有节制的人就是具备了智慧、勇敢、正义等品质的人，这样的人可以通过节制使自己达到“不动心”的理想境界。但与犬儒学派要求人们将自己的物质欲望降低到“像狗一样”的极端禁欲主义相比，斯多亚学派的节制是以保障生活必需品为前提的。“让我们养成抛弃我们身上的炫耀习气的习惯吧，让我们养成以事物的用处来衡量事物，而非以事物的装饰性质来衡量事物的习惯吧。让食物

[1] 章雪富．斯多亚主义的治疗性哲学和自我的观念 [J]. 现代哲学，2009，2（103）：38，85-90.

[2] 塞涅卡．幸福而短促的人身——塞涅卡道德书简 [M]. 赵又春，张建军，译．北京：生活·读书·新知三联书店，1989：50.

[3] 马可·奥勒留．沉思录 [M]. 何怀宏，译．北京：中央编译出版社，2014：17.

仅作缓和饥饿之用，饮品只作解除干渴之用；让欲求遵从自然的路线：让我们学着依赖我们自己的双手生活，让我们的衣着和生活方式遵守我们的祖先所首肯的风俗习惯，而非新的流行时尚。让我们学着增强我们的自制力，学着克制奢华、节制野心、缓和愤怒；学着以不带偏见的眼光看待贫穷；学着培养节俭，即使许多人羞于这样做，我们却更加要将这花费甚微的治疗方法应用于自然之需求上，更加要将那难以驾驭的希望、那企划着未来的心灵拴上链条，更加要决心从我们自身而非命运之神那里寻求我们的财富。……让我们习惯于在没有众人陪同的情况下进餐吧，让我们习惯于只有比较少的奴隶服侍吧，让我们习惯于为了衣服当初设计时所为的目的着衣吧，让我们习惯于在较少的住处生活吧。”[1]塞涅卡的这段论述体现了斯多亚学派的普遍意见，即节制而简朴地生活以控制激情和欲望的泛滥，从而达到依照自然本性而生活的幸福。

对欲望和激情的节制也被带入对闲暇时间的使用中。“大多数人都是把闲暇时分用来思考我们想要而又没有的东西。如果把时间花在念及所有那些我们已经拥有的东西，并且反省失去了它们我们会多么想念它们，那么我们就会富裕得多。”[2]可见，闲暇时间不应当被用于追逐额外的欲望，而应当用于享受事物原本的面目，以避免搅扰内心的安宁和幸福。

第三节　本章小结

本章选取了希腊化哲学的代表伊壁鸠鲁学派和斯多亚学派，在梳理两者幸福伦理的基础上探讨了他们的闲暇观，因为这两者共同分享了一种深厚的兴趣，“即对于人的自足和安宁、对于利用哲学来促成这种幸

[1]　塞涅卡 . 哲学的治疗 [M]. 吴欲波，译 . 北京：中国社会科学出版社，2007：49.

[2]　威廉・B. 欧文 . 像哲学家一样生活：斯多葛哲学的生活艺术 [M]. 胡晓阳，芮欣，译 . 上海：上海社会科学院出版社，2018：71.

福状况的兴趣”[1]。根据亚里士多德“幸福存在于闲暇之中”的论断可推断出伊壁鸠鲁学派以快乐为中心的幸福也与闲暇相联系，主要体现在两者的达成都需要明智以进行哲学沉思，也需要公正、节制和友爱等德性作为支撑。斯多亚学派的闲暇观念则是在学习重新生活的过程中形成的，主要代表观点体现在塞涅卡、西塞罗和马可·奥勒留的学说中。塞涅卡认为自然要求人们在生活中“既要有活跃行动，又要有闲暇沉思”。西塞罗认为智慧的人通过哲学学习和思考来修养自身以获得幸福，而这种生活被其称为“有尊严的闲暇”。马可·奥勒留将个体德性的发展置于人们一切活动的最高位置，以哲学的手段不断自省，而闲暇是对这种自省的哲学生活的践行。

上述观点都在一定程度上继承了古希腊哲学中的闲暇观，保留了闲暇与幸福之间的紧密联系，但也已经开始呈现出新的特征。一是闲暇作为生活最终目的的崇高地位有所动摇，尤其体现在斯多亚学派的思想中。斯多亚学派有学者认为，为了公共利益，一个人应当毕生服务于国家事务而不应该享有闲暇，也就是说，闲暇不再是政治共同体的理想。即便塞涅卡、西塞罗、马可·奥勒留等人肯定闲暇的价值，但闲暇不再是其自身的目的，而是为了更好地服务于国家、更好地实现幸福生活的一种方式。二是闲暇的实现对城邦共同体的依赖也开始减弱，闲暇转向更加个人的形式。伊壁鸠鲁主张“从日常责任和政治事务的牢房中脱离出去”，而斯多亚学派的学者虽然主张个体的幸福离不开社会共同体的幸福，但也从更加个人的角度讨论了如何在生活中实现闲暇，涉及了休闲主体的意愿问题。这种个人化的倾向是人的自我意识进一步觉醒的体现。这一点也为后世学者所发现，如查尔斯·卡恩（Charles H. Kahn）、安东尼·朗格（Anthony A. Long）以及米歇尔·福柯（Michel Foucault）都认为，希腊化时期的人们更加关注自我意识，这种自我意识涉及独特的个人或

[1] 玛莎·努斯鲍姆.欲望的治疗：希腊化时期的伦理理论与实践[M].徐向东，陈玮，译.北京：北京大学出版社，2018：325.

第一人称视角[1]。

追问自我问题，其实就是对人的真实本质的探究。因此，希腊化哲学中的闲暇观同样是基于人的本质而展开的。这是对古希腊哲学中闲暇观念的最大继承，也是希腊化罗马时期伦理学核心的具体呈现，即追求个人价值的实现和对幸福生活的自主选择。在这种"幸福伦理"的影响下，这一时期的闲暇以一种更加内化的形式关注人的真实自我的实现问题。相比古典希腊时期的哲学家如亚里士多德缺乏人格平等的基本理念，只关注男性公民整全人生观的构建，斯多亚学派关注到了每一个人内在拥有的伦理能力，"在理想的城邦中，一切有美德的人都有平等的公民身份，甚至性别的区分也会被消除，因为那是由穿着上的差异产生的"[2]。"无论是男性还是女性、奴隶还是自由人、天生高贵者还是出身低微者、富人还是穷人，他们的'内心神灵'都应当得到无限的尊重，而由社会造就的人为差异应被看作是琐碎的、无意义的。"[3]从爱比克泰德出身奴隶而成为斯多亚学派的代表学者之一这一事实可以看到这种平等思想的切实存在。正因为这种平等思想的存在，休闲活动才有可能在这一时期推广到普通民众。然而，古罗马社会实行的依然是奴隶制，仍存在一定的时代局限性，那些作为哲学沉思、知识追求和自我省察的闲暇依然只面向上层阶级。但无论如何，其保留了古希腊闲暇观念的理想性质，使"闲暇"有可能在后来的历史中继续散发自身的魅力。

---

[1] Gill C. The Structured Self in Hellenistic and Roman Thought[M]. Oxford: Oxford University Press, 2006: ch.6.

[2] 玛莎·努斯鲍姆.欲望的治疗：希腊化时期的伦理理论与实践[M].徐向东，陈玮，译.北京：北京大学出版社，2018：330.

[3] 玛莎·C.纳斯鲍姆.寻求有尊严的生活——正义的能力理论[M].田雷，译.北京：中国人民大学出版社，2016：130.

04

中古时期古希腊休闲思想的遗存

古希腊时期，以亚里士多德为代表的哲学家将休闲视为崇高的目的，他们从理性，以及追求至福的角度给予了休闲高度评价，认为休闲包含了思辨活动与伦理实践活动，也即沉思和德性的实践，人在这些活动中趋向完善，实现幸福。休闲因而与幸福拥有同等崇高的地位。希腊化罗马时期，沉思与德性的实践依然是休闲的重要内容，但也产生了些微变化：伊壁鸠鲁学派倾向于将休闲与实现个体生活幸福的快乐联系起来，斯多亚学派则将休闲看作是为公共事务服务的一种手段。休闲在此时期已不再作为人类生活的最终目的，但它依然是达成幸福生活的重要途径，人在休闲中实现自我。然而，随着历史的发展，休闲所具有的理想色彩开始逐渐褪色，其内涵的转变也使得它不复拥有曾经的地位。

从罗马帝国晚期基督教神学在思想领域占据主导地位开始，休闲便与世俗快乐画上了等号，被认为有碍于人的灵魂向上帝靠近。同时，劳动的价值被肯定，劳动逐渐取代休闲成为一种受人推崇的道德行为。宗教改革后，劳动的崇高地位进一步得以确立。比较具有代表性的就是马丁·路德（Martin Luther）和约翰·加尔文（John Calvin）的观点，他们认为对上帝的信仰号召人们将生命奉献给劳动，因而劳动才是生活的主要目的。真正好的行为应当从世俗快乐中剥离，也就是对休闲的远离。工业革命开展后，“工作伦理”开始盛行并持续贯穿了整个20世纪，彻底改变了人们对于劳动和休闲的看法。城市生活的工业化不仅使劳动的本质发生了变化，也改变了休闲的面貌，越来越多的人信奉休闲是对不满意的工作环境的补偿。文艺复兴后，新兴阶层的人民转而追求实际的幸福，休闲也因此发展成为一种带有娱乐性质的商品，为实际幸福的实现而服务。这一观点的影响力持续到了现在，尽管不断有学者提出要重新发现休闲的意义，但大众对休闲的认知始终停留在这一阶段。

休闲地位的这种转变将在下一章展开具体讨论，本章想要探索的是：古希腊崇高的休闲理想在经历此种变化的过程中是否已彻底消失殆尽？答案是否定的，它并没有悄无声息地消失在历史的长河中，而是在后世学说的发展中留下了自己的印记。例如基督教哲学的早期代表奥古斯丁肯定了闲暇之于追寻上帝从而获得幸福的积极意义；中世纪晚期的神学家托马斯·阿奎那重新论述了休闲与沉思、德性、幸福之间的关系[1]。文艺复兴时期涌现的一些哲学家也认同休闲是生活的一部分，它与沉思相关，且应当避免忙碌[2]。如人文主义的奠基人之一的彼特拉克不认同“休闲即是懒散”的观点，他指出，休闲应当是令人快乐且具有变革力量的，能够帮助人们恢复和重构内在的自我。文艺复兴后期法国人文主义作家蒙田也提出，通过休闲对生活和自我进行反思，能够滋养人类的心灵，从而远离奢侈和欲望的诱惑。这些学者都从古希腊哲学和希腊化哲学中撷取营养，因而也承继了古希腊休闲思想的理想性质。本章主要对古希腊休闲思想在这两个时期的遗存进行介绍和分析。

第一节　中世纪基督教哲学体系中的休闲

古罗马帝国后期，欧洲社会长时间处于动荡之中，城市文明遭受了毁灭性的破坏，人民生活困苦不堪。在此境况下，古希腊时期颇具创造性的智性思维失去了滋养，愚昧日益增长，人们开始将美好生活的希望寄托于天国和来世，从宗教中寻求安慰。公元 392 年，基督教正式成为古罗马帝国的国教，并迅速发展成为全欧洲、全世界性质的宗教，宗教精神在思想领域的统治地位得以确立。而后，从西罗马帝国灭亡（476 年）到英国资产阶级革命开始（1640 年）的 1000 多年里，以基督教为中心的神学哲学成为中世纪欧洲社会的主流思想。这意味着西方哲学进入了第二个时期，它不像希腊哲学那样完全由哲学本身规定自己的方向，而是和基督教信仰共同塑造了这一时期的哲学形态。早期的教父哲学着重

[1] 梯利．西方哲学史 [M]. 葛力，译．北京：商务印书馆，1995：221.

[2] Bouwer J, Leeuwen M. Philosophy of Leisure: Foundation of the Good Life[M]. London and New York: Routledge, 2017: 20.

于创立教义，希望能使信仰和哲学达成统一，在教父哲学家们的努力下，基督教“教义、教规涵盖了人间道德、人类的希望以及宇宙的过去和未来的历史等关于人类生存的所有领域”[1]。后期的经院哲学则主要以解释和论证教义为主，并在此基础上构建系统的宇宙观和人生观以指导人们的生活。

休闲在此时期的呈现也因此与宗教精神密切相关，休闲活动只有在与宗教信仰以及其他的宗教责任相关时才能获得认可，正如周海荣等人提出的，“基督教以教义和宗教律令的形式规定了休闲的意义和合法地位”[2]。僧侣们为了过上神圣而纯粹的生活主张禁欲苦行，而禁欲主义的盛行，导致与宗教信仰无关的休闲行为被认为是可耻的，人们普遍认可“休闲是人类灵魂的敌人”，无益于自我的完善，与此同时，工作被赋予更高的地位。哲学性的休闲理想似乎“随着古希腊的圣哲们一起成了久被遗忘的往昔”[3]。然而，由于基督教哲学在建立之初吸收了以柏拉图为代表的希腊古典哲学以及希腊化时期哲学[4]，希腊古典哲学中与人们的幸福生活紧密相关的闲暇观念还是在这一时期得到了一定的延续，主要体现在奥古斯丁（作为早期教父哲学的代表）和阿奎那（作为后期经院哲学的代表）的学说中。根据前两章内容可知，无论是古希腊时期的柏拉图、亚里士多德，还是希腊化时期的伊壁鸠鲁学派和斯多亚学派都认可闲暇应用于沉思，因为沉思使人区别于动物，使人无限趋近于善，并最终通往幸福。“善”是一个永恒的，也是一个流动的概念。说它是永恒的，是因为无论什么时代，它都是人们追求的目标；说它是流动的，是因为不同时期、不同的学者赋予其的内涵始终是变化的。在

[1] 周海荣．论中世纪的休闲观 [J]. 内蒙古民族大学学报（社会科学版），2014，40（6）：79–81.
周海荣，姜锡润．西方休闲观的历史流变 [J]. 理论月刊，2014（12）：47–52.

[2] 周海荣．论中世纪的休闲观 [J]. 内蒙古民族大学学报（社会科学版），2014，40（6）：79–81.
周海荣，姜锡润．西方休闲观的历史流变 [J]. 理论月刊，2014（12）：47–52.

[3] 托马斯·古德尔，杰弗瑞·戈比．人类思想史中的休闲 [M]. 成素梅，等译．昆明：云南人民出版社，2000：41.

[4] 范明生．晚期希腊哲学和基督教神学 [M]. 上海：上海人民出版社，1993：12.

奥古斯丁及阿奎那的学说中，“善”即“上帝”，他们对休闲的态度，也始终是围绕着“上帝”展开的。本节主要探讨休闲在基督教哲学中的具体呈现，以及它与古希腊时期闲暇观念之间的联系与区别。

一、奥古斯丁：作为宗教冥想的休闲

中世纪是指公元 5 世纪—15 世纪这一历史阶段，而奥古斯丁生活在公元 354—430 年。就历史分期而言，他应当是一位古罗马学者。作为早期教父哲学的标志性人物，奥古斯丁一生在多个领域构成了西方思想史的新起点。尽管教父哲学从历史阶段上看属于古罗马晚期的思想，但从哲学思想史角度而言，它是一般意义上“中世纪哲学”的直接源头，更重要的是，教父哲学所处的精神境遇是与中世纪哲学史完全相同的，即哲学遭遇信仰，信仰遭遇哲学。这样的精神境遇使得教父哲学家和中世纪哲学家的努力都被看作是信仰在寻求哲学的理解和解释，哲学在寻求信仰的支持和提升。因此，在哲学思想史上，教父哲学一般被纳入中世纪哲学，也是在此意义上，奥古斯丁的哲学被作为中世纪哲学来讨论。

奥古斯丁是中世纪哲学的先驱者，是基督教教义学的奠基人，但与此同时他的思想也深受希腊哲学传统的影响。作为一名柏拉图理念论的追随者，他认为“在理论哲学上，柏拉图哲学最接近基督教”[1]，并承认是柏拉图派学者的著作使他“懂得在物质世界之外找寻真理”，“只有柏拉图的理念世界才能引导人们摆脱现世，进入来世，从而获得幸福”。[2] 柏拉图是从知识论的角度去讨论的善与幸福的关系的，是否拥有幸福的评判标准在于人们是否获得善或者关于善的知识。奥古斯丁延续了这一思想，但他的“善”始终与“上帝”相关。他将上帝比作“至善”之光，认为它“至高、至美、至能、无所不能、至仁、至义、至隐、无往而不在，至美、至坚、至定、但又无所执持，不变而变化一切，无

[1] 张荣．奥古斯丁的基督教幸福观辨正 [J]. 哲学研究，2003（5）：76-82.
[2] 奥古斯丁．忏悔录 [M]. 周士良，译．北京：商务印书馆，1963：133.

新无故而更新一切；‘使骄傲者不自知地走向衰亡’；行而不息，晏然常寂，总持万机，而一无所需；负荷一切，充裕一切，维护一切，创造一切，养育一切，改进一切；虽万物皆备，而仍不弃置”[1]。因而“上帝”是最完满的存在，是所有活动，也包括休闲活动的焦点。

在《上帝之城》中，奥古斯丁提出，人既是他所出生的城市的公民，也是上帝之城的公民，因此人的本性也具有肉体和精神的双重性质。根据这两种不同的性质，人的生活也被划分为以肉体为中心的现世生活和以灵魂为中心的彼岸生活[2]。这也是其基督教伦理的思想之根。由于尘世生活受肉体欲望支配而无法实现“至善”，所以奥古斯丁选择弃绝尘世的修道生活，以个人意志对自身欲望进行全面的控制，时刻忏悔和反省，以求在来世进入“上帝之城”。但他“并没有因为修道的需要而否认人追求幸福、至善的目标和欲求”[3]，反而认为“最幸福的生活便是遵循理性。人正当的生活目标或目的是通过追求真理来‘喜爱上帝’，我们所有的道德选择都应当由这一根本目标来决定”[4]。他在《上帝之城》卷十九中讨论了属地之城和属天之城这两座城市的目的，考察了之前的哲学家关于至善的观点，以及他们为达到这种至善所付出的努力，但同时他又指出这种努力是徒劳的，因为不论是现在还是将来，幸福只属于上帝之城。

奥古斯丁指出，在他之前的哲学家们给予了善恶问题可能有的最大关注，不断进行论证，试图发现什么使人最幸福。大多数哲学家都继承了亚里士多德的观点，认为“我们想要得到其他事物的目的就是我们最终的善，而人们想要得到最终的善则是由于它自身的缘故；我们想要回避其他事物的目的就是最终的恶，而最终的恶被回避则是由于它自身的

[1] 奥古斯丁．忏悔录 [M]. 周士良，译．北京：商务印书馆，1963：5.

[2] 乔治・萨拜因．政治学说史：上卷 [M]. 邓正来，译．上海：上海人民出版社，2008：237.

[3] 栾广君．唯物史观视域下的生活方式理论研究 [D]. 哈尔滨：黑龙江大学，2016.

[4] 大卫・福莱．从亚里士多德到奥古斯丁 [M]. 冯俊，等译．北京：中国人民大学出版社，2004：470.

缘故”[1]。这种最终目的的善与恶，即至善和至恶。马库斯·瓦罗（Marcus Varro）在《论哲学》中对各个哲学派别进行了分类[2]，将抵达至善的生活分为三类：“第一种生活，尽管不是懒散的，但却是有闲暇的，把时间花在对真理的沉思或探索上。第二种生活，从事各种人的事务。第三种生活是前两种生活的明智的结合。”[3]但在奥古斯丁看来，这三种生活哪种更有价值的问题无法涉及至善的问题，因为“一旦抵达至善，人马上就成为幸福的，他并不仅仅因为过着有闲暇的生活，或者过着处理公共事务的生活，或者过着一种二者结合的生活，而成为幸福的。确实，过着这三种生活之一的人，在寻求使人幸福的至善中也会偏离正确的道路”[4]。哲学家们想要在今生获得至善、回避至恶，他们凭借自己的努力去获得幸福，奥古斯丁却借由上帝之口指出“人的意念是虚妄的”，说明了这种努力是徒劳的。但基督徒依然可以过这三种生活中的任何一种，只要他所选择的生活没有损害他的信仰。同时，热爱真理和履行仁慈的义务也是非常重要的，“因为没有人可以过闲暇的生活，以至于在闲暇中根本不考虑他的邻人的利益，也没有人可以过一种行动的生活，以至于感觉不到有沉思上帝的需要。有闲暇的生活提供的快乐一定不会在愚蠢的懒惰之中存在，而会在寻求真理的机会中存在，所以在这方面

[1] 奥古斯丁．上帝之城[M]．王晓朝，译．北京：人民出版社，2006：895.

[2] 马库斯·瓦罗在《论哲学》中谈道：“人依据本性想要得到四样东西，这种向往不需要教师，不需要任何学说的帮助，不需要做任何努力，也不需要获得我们称作‘美德’的生存技艺，而美德无疑是习得的。这四样东西是：快乐，是身体感觉到的一种令人愉快的运动；安宁，是身体没有痛苦的状况；快乐与安宁的结合（伊壁鸠鲁把这种结合称为快乐，就好像它们是一样东西似的）；本性所向往的一般对象。最后这样东西包括已经提到的这些东西和其他一些东西，比如正直、身体的健康和安全，或者可以在人的灵魂中看到的大大小小的精神能力。为了获得这些东西我们必须要求有美德（这是后来通过教育植入我们心中的），或者说我们为了美德的缘故必须要有这些东西，或者说我们为了他们自身的缘故，既要这些东西，又要美德。由此可以衍生出哲学的许多派别，所有这些派别中的任何一个学派都可以被热爱闲暇生活的人接受，就像有些人既不愿也不能把时间花在任何事情上，除了研究他们的学说；或者被那些热爱实际生活的人接受，就像有些人尽管是哲学家，但却热衷于管理国家和处理公共事务；或者被那些把两种生活方式结合在一起的人接受，就像有些人用部分时间做学问，用部分时间处理其他事务。”详见：奥古斯丁．上帝之城[M]．王晓朝，译．北京：人民出版社，2006：896-898.

[3] 奥古斯丁．上帝之城[M]．王晓朝，译．北京：人民出版社，2006：900.

[4] 奥古斯丁．上帝之城[M]．王晓朝，译．北京：人民出版社，2006：900.

取得进步的任何人都不会由于小心眼而隐藏他的发现。另一方面，在行动的生活中，我们爱的不是由这种生活提供的荣誉或权力，因为‘日光之下所做的一切事，都是虚空’。我们应当按照上帝的意志，为处在我们之下的人公义地、有益地使用这些荣誉或权力”[1]。

如果说古希腊罗马哲学家所寻求的至善是现世生活中个人的自我实现和城邦的合理呈现，奥古斯丁所描绘的上帝之城的至善就是“凡人在不朽中安息、不再受到邪恶侵害的和平”[2]。这需要不断追寻上帝，将幸福着眼于来世。尽管这是一种对来世的期盼而非现实，但是“没有这种期盼的现实是一种虚假的幸福和巨大的不幸，因为在这种情况下，灵魂并没有享有真正的幸福。一种智慧如果不能指引它所有的审慎、坚忍、节制、正义去实现上帝为万物之主的、永恒完善的和平这一目的，那么它就不是真正的智慧”[3]。因此，奥古斯丁认为受祝福的生命就是拥有上帝，也就是知晓上帝，对上帝的追求和渴慕是获得真理必经的途径，人们所习得的所有有用知识，也都是为上帝服务的。他在《忏悔录》中说，“幸福生活就是在你（上帝）左右，对于你（上帝）、为了你（上帝）而快乐；这才是幸福，此外没有其他幸福生活”[4]。因此，追随上帝、爱上帝才能达到善，从而获得幸福。

当然，“没有任何人被禁止寻求真理的知识，以这种方式度过闲暇是值得赞扬的。但它不是对高位的贪求，尽管这种地位似乎也是管理民众所必需的。因此，对真理的热爱在寻找神圣的闲暇，而在爱的推动下，我们从事公义的事业。如果后一种责任没有落在我们肩上，我们就应当把我们的自由献给对真理的沉思和探索。但若责任落到了我们肩上，我们就要在爱的推动下加以承担，但此时追求真理的快乐仍不应完全抛弃。

[1] 奥古斯丁．上帝之城 [M]. 王晓朝，译．北京：人民出版社，2006：934.
[2] 奥古斯丁．上帝之城 [M]. 王晓朝，译．北京：人民出版社，2006：935.
[3] 奥古斯丁．上帝之城 [M]. 王晓朝，译．北京：人民出版社，2006：934–935.
[4] 奥古斯丁．忏悔录 [M]. 周士良，译．北京：商务印书馆，1963：206.

如果这种快乐完全离开我们，那么我们的责任就太沉重了”[1]。上帝即绝对的存在，是纯粹的精神体，人们只能通过思辨去直观和认识它，人的自我存在也同样由于思辨的确切性而得到证实，而思辨的确切性最终有赖于上帝给人的灵魂以直接观照。于是，希腊人在闲暇中对真理的思考和探索在此时演化为对上帝的冥想，这种冥想是一种对“宗教真理”的追求，而“宗教真理”即“善的知识”。

由此可见，尽管奥古斯丁与古希腊哲学家赋予“善”的内涵有所不同，他们理想的幸福状态也有所区别，但他们在实现幸福的过程中同样坚持对真理的追求，并认为这种追求需要通过闲暇时的沉思来实现。尽管不是每个人都有天赋去达到最高的境界，但所有人都应当试着去思考，因为沉思是所有活动中最高的，也是最接近上帝的活动。只不过在柏拉图及亚里士多德看来，沉思是理想闲暇的具体内容，而理想闲暇具有和幸福同等的崇高地位；而在奥古斯丁看来，闲暇一方面为冥想上帝提供了时间条件，他将“全心全意地追求神，用真正的虔诚寻找真正的神”的行为称作“闲暇”，且这种“闲暇”是由诸神创造的，人们越是“闲暇”就越能引起神的注意[2]，另一方面，“闲暇”提供了学习知识和追求真理的机会，但这种对知识和真理的学习并非出于自身而是出于对上帝的信仰和热爱。因此，对这种“闲暇”的追求只是为了成就对上帝的侍奉，其本身不作为人生的最终目的而存在。

二、阿奎那：作为知识研究的休闲

奥古斯丁去世后的几个世纪，历史的车轮驶入了“黑暗时代”，“这个时代里西欧的精神活动几乎绝迹”[3]，直至中世纪晚期托马斯·阿奎那的出现，基督教哲学才又焕发出光彩。与奥古斯丁受希腊－罗马哲学

[1] 奥古斯丁．上帝之城[M]．王晓朝，译．北京：人民出版社，2006：934–935.

[2] 奥古斯丁．上帝之城[M]．王晓朝，译．北京：人民出版社，2006：100.

[3] 罗素．西方哲学史：上卷[M]．何兆武，李约瑟，译．北京：商务印书馆，1963：387.

影响而为基督教哲学奠基不同，阿奎那对古希腊哲学，尤其是亚里士多德学说的吸收是为了拯救基督教神学的统治地位。黑暗时代连年的战争使人们从蒙昧中苏醒，并对宗教信仰所许诺的来世幸福产生了怀疑。因此，人们又重新燃起了解自然、理解自身的渴望，而作为古希腊哲学和科学知识集大成者的亚里士多德也再次成为人们学习的对象。阿奎那通过对亚里士多德伦理学思想的诠释，在原有的基督教神学基础上建立了新的神学伦理体系，以此巩固基督教的思想统治地位。在幸福问题上，他将奥古斯丁"幸福在于爱上帝""幸福在于来世"的思想与亚里士多德宣扬的"善"进行了结合。他认同亚里士多德的观点，认为幸福就是至善，人在实现真正自我的过程中达成至善；同时他又提出，上司是思索的最高目标，人在认识上帝中实现其真正的自我。[1] 因此，对上帝的认知成为通往幸福的必经之路。

托马斯·阿奎那在分析人类对上帝的爱时，提到了"闲暇"。他认为"人们对于上帝的爱可以分为三类：一些人心甘情愿、毫不费力地将自己从沉思上帝的闲暇中脱离出来，以便投身于世俗事务，这些人很少或根本不具有对上帝的爱；另一些人在沉思上帝的闲暇中获得了如此多的快乐，以至于他们不愿放弃这种闲暇，甚至不愿意献身于对上帝的服务以拯救他们的同胞；还有一些人对上帝的爱达到了顶峰，尽管沉思上帝能给他们带来极大的快乐，但他们也会克制自己不去沉思上帝，转而为上帝服务去拯救他们的同胞"[2]。因此，在阿奎那看来，"闲暇"是对上帝的沉思，能给人带来极大的快乐，而是否处在"闲暇"（也就是对上帝的沉思）之中是衡量人们对上帝的爱的一个标准。尽管最爱上帝的人会克制自己而投身于公共事务以完成对上帝的服务，但仍不能否认"闲暇"本身是对上帝的思索和静观。这种对"闲暇"的理解是对亚里士多

---

[1] 梯利．西方哲学史 [M]. 葛力，译．北京：商务印书馆，1995：219.

[2] Atkins E.M, Williams T.Aquinas: Disputed Questions on the Virtues[M].London: Cambridge University Press, 2005: 176.

德和奥古斯丁闲暇观念的继承和结合。

亚里士多德认为，人的至善或者说幸福在于实现真正的自我，这种幸福寓于闲暇之中，闲暇活动又由思辨活动（沉思）和伦理实践活动（德性实践）构成，也就是说，“闲暇”包含了对真理的沉思。而奥古斯丁认为，“闲暇是一种智慧的活动”[1]，同时他也指出“学习知识和追求真理的最终目标不在于自身，而在于对上帝的信仰和热爱”[2]。阿奎那正是对这两者进行了结合，提出“行动的最高形式是思索或沉思，思索的最高目标是上帝。人在认识上帝中实现其真正的自我，即他的完善性和最大的幸福”[3]，而休闲作为沉思得以进行的载体，也就与生活的最高目的相关，与神圣的智慧相关。阿奎那认为，要想获得终极的幸福、达到理想的生存状态就必须服从上帝所制定的永恒法则。“这种法则是神性知识在现实生活中的具体体现，同时也是人的生存状态的一种规定。休闲作为人的终极价值的实现所表现出来的自由维度就在对神学知识的观照中得到了体现。”[4]一般的知识存在着形式与质料的分别，而神性知识是两者的统一，是“所有事物之总体的最高原因——这样说的意思就是去认识‘从哪里来’和‘往哪里去’，亦即‘来源’和‘目标’，同时认识‘构造原理’和‘结构’，以及‘意义’和‘现世世界的秩序法则’”[5]，也是对“这个世界”的最终意义的认识。这样的知识只有上帝才能够拥有，因为只有上帝才能“从一个统一观点”去了解这个世界。所以，真正的休闲只有在上帝的指引下进行神性知识的探究时才能实现。

因此，在阿奎那看来，当人们花费时间进行知识研究的时候就是在体验休闲，因为这一行为能将人们从俗尘凡事中解放出来，以更好地对上帝进行沉思。从本质上来说，那些从事艺术和科学研究的人就是在从

---

[1] Atkins E.M, Williams T.Aquinas: Disputed Questions on the Virtues[M].London: Cambridge University Press, 2005: 271.

[2] 栾广君 . 唯物史观视域下的生活方式理论研究 [D]. 哈尔滨：黑龙江大学，2016.

[3] 梯利 . 西方哲学史 [M]. 葛力，译 . 北京：商务印书馆，1995.

[4] 黄达安 . 超越工作至上的世界——论休闲的本质及其当代意义 [D]. 长春：吉林大学，2011.

[5] 约瑟夫 . 皮珀 . 闲暇：文化的基础 [M]. 刘森尧，译 . 北京：新星出版社，2005：142.

事休闲，因为他们不需要参与工作，从工作中脱离出来让他们有机会去学习知识、获得智慧，从而在精神上更接近上帝。这种研究性的休闲活动无疑是优于工作的，它能够引导人们到达真正的智慧，并获得德性。由于“经过思考和选择的行为叫作有道德的行为”[1]，而繁忙的工作总使人不经思考而行动，没有思考就无法获得德性。可见，休闲不仅能使人获得智慧，也是通往德性之路的必要途径。当然，阿奎那也承认，“工作依然是生活中不可缺少的部分，但若人们在可以维持生计的情况下不必过于劳苦，因为工作只占据了世界的一小部分，而沉思能使人看到宇宙的神性”[2]。此外，他还提出，致力于艺术和学术研究的休闲“能培养思想并为我们提供分享这些思想的能力”[3]，而这是人作为自由而有理性的动物能够达成自我完整性的必要条件。

综上，由于阿奎那的思想结合了亚里士多德和奥古斯丁的理论，在他的学说中存在着两种幸福，一种属于现世，另一种属于来世。现世的幸福可以通过伦理德性和理智德性的培养和实践来获得，这与亚里士多德的幸福论是一致的，但它并不是最完满的幸福。来世的幸福属于上帝，需要神学的加持才能实现，这种幸福才是最完满的幸福。因此在阿奎那看来，休闲的概念虽然与知识研究、获得智慧相联系，以“沉思”的形式出现，但他和奥古斯丁一样，认为这种休闲需要在信仰上帝的过程中进行才能达到完满。因此，这里所说的“沉思”已不再是建立在哲学思辨基础上的沉思，而是对上帝、对神性知识的永恒直观。这正是他与古希腊时期休闲的不同之处。不过，阿奎那还是认可哲学，尤其是形而上学认识最高知识，也就是神性知识的希望——“这样微末的希望，也许可以由形而上学达到，这至少比由其他学科去得到别的东西，要重要

---

[1] 梯利．西方哲学史 [M]. 葛力，译．北京：商务印书馆，1995：220.

[2] Grazia S. Of Time, Work, and Leisure[M]. Garden City, New York: Anchor Books, Doubleday & Company, Inc., 1964: 25.

[3] Holba A. Philosophical Leisure: Recuperative Praxis for Human Communication[M]. Milwaukee, Wisconsin: Marquette University Press, 2007: 60.

得多”[1]。

综上所述，虽然奥古斯丁延续的是柏拉图的理论传统，阿奎那的学说源自亚里士多德的思想，两者都在一定程度上受到了古希腊哲学的影响，但我们也应当认识到，两者的哲学都是为了维护教权至高无上的地位而服务的，哲学只作为神学的婢女而存在。“与古希腊休闲注重对宇宙与人生的惊奇与探索不同，中世纪的休闲更多是以谦卑的顺从和谨慎的企望为特点。可以说，这时候的休闲丢失了对自然与科学的好奇心与勇气，不再成为激发探索与创造精神的动力，不再作为好的生活与目的本身被有德之人倾力追求，而是在上帝之光的笼慑和教会文化的束缚下成为按照教义、教规潜心侍奉上帝的一种手段或途径。”[2]人的完整性的实现被寄希望于来世，休闲便不再是人们所追求的最终目的。但不可否认的是，正是在他们的努力之下，古希腊时期的学说得以保存和传播，带有理想性质的休闲观念也得到了延续，没有完全被宗教统治的黑暗所吞噬。

第二节　文艺复兴人文主义思潮下的休闲

“古代世界以罗马帝国结束了混乱状态，但是罗马帝国乃是一个冷酷的事实，并不是人的理想。旧教世界从教会谋求结束混乱状态，这倒是一个理想，但是从未在事实中充分体现出来。”[3]中世纪晚期，基督教神学在思想领域的崇高地位开始动摇，它成了追求思想独立的欧洲人民急于摆脱的精神枷锁。人们急需一种新的哲学来实现人的理想。文艺复兴运动便由此诞生。这期间涌现的思想家们不再将目光专注于不可触及的“上帝之城”，转而投向俗世，他们试图通过回归古希腊及罗马时

[1]　约瑟夫．皮珀．闲暇：文化的基础 [M]. 刘森尧，译．北京：新星出版社，2005：143.
[2]　周海荣，姜锡润．西方休闲观的历史流变 [J]. 理论月刊，2014（12）：47-52.
[3]　罗素．西方哲学史：下卷 [M]. 马元德，译．北京：商务印书馆，1976：5.

期留存下来的灿烂文化，通过对当时重要哲学家的思想文化遗产进行整理和注释，重新发掘被神学压抑的人性光辉。罗素认为，文艺复兴的主要目的是获得精神上的愉快，是对艺术和思考中业已丧失的某种丰富性和自由的恢复，使当时被愚昧和迷信蒙蔽的人的心灵重见天日[1]。因而，这一时期的哲学具体表现为与宗教的分离，例如以培根为代表的经验主义哲学家以及以笛卡尔为代表的理性主义哲学家都拒绝接受以教会教条作为知识来源的权威，而提出理性才是真实知识的源泉。以人为本，对人的关爱，人与人、人与自然的和谐关系等问题逐渐成为哲学关心的主题，"人类"本身取代"上帝"成为沉思的对象。人文主义思潮开始掀起，并成为文艺复兴运动的指导思想，以对抗中世纪以来的神学观念，为人们的精神生活注入了新的活力。

人文主义思潮的兴起对各阶层人民的生活观产生了潜移默化的影响。首先，它对人性、人权的宣扬，对个人精神世界的富足的强调，使得个体幸福重新成为人们追逐的理想；其次，人文主义主张直面现世生活，正视自身的欲望，放弃了对来世生活的向往而形成了积极入世的生活伦理；再次，理性的重新萌芽破除了教会统治下的蒙昧，对自然的尊重、对科学与文明的崇尚开始复苏，促进了个性的自由和解放。在此背景下，休闲也染上了浓厚的人文主义色彩，它与沉思的自由相关，而对生活及人自身进行反思"能激发智力、获得知识、促进内在转变并提高生活满意度"[2]，也有益于理性的培养，这些都是个人丰富精神世界、实现自我完善的必要条件。同时，休闲也被认为是区别于懒散、娱乐活动和其他消遣活动的，休闲借由沉思培养人的灵魂，它是一种相对积极的生活方式，而懒惰会消耗人的灵魂。这些论点都与以亚里士多德为代表的古典闲暇观相一致，可见古希腊、罗马时期的休闲思想在这一时期

---

[1] 伯特兰·罗素.悠闲颂[M].李金波，蔡晓，译.北京：中国工人出版社，1993：17.

[2] Bouwer J, Leeuwen M. Philosophy of Leisure: Foundation of the Good Life[M]. London and New York: Routledge, 2017: 20.

也留下了印记。本节以文艺复兴初期的意大利思想家彼特拉克和后期的法国学者蒙田为例，探讨带有理想性质的休闲在此时期的具体呈现。

一、彼特拉克：作为独处生活的休闲

彼特拉克是文艺复兴时期人文主义的奠基人之一，与但丁·阿利吉耶里（Dante Alighieri）、乔凡尼·薄伽丘（Giovanni Boccaccio）一起被称为“文艺复兴的三颗巨星”[1]。他的作品蕴含着两个主题，一是人文主义哲学，二是自我的概念，两者的提出都是基于对人自身的关心[2]。与此同时，其作品也反映出对于宗教能否控制人类全部生活的一丝怀疑，“人学”与“神学”对立的迹象开始慢慢显现。这一点在彼特拉克对幸福生活的诉求中可以体现：“我不想变成上帝，或者居住在永恒中，或者把天地抱在怀里。属于人的那种光荣对我就够了。这是我所祈求的一切。我自己是凡人，我只要求凡人的幸福。”[3] 在教廷供职的经历让彼特拉克目睹了教会的黑暗、腐败、贪婪和虚伪，为了消除信仰与现实反差所造成的分裂感，他转向古典哲学，期望能够通过阅读经典文献和进行文学创作来修持精神，并以此寻求生命的和谐和灵魂的完整。而其对于休闲的理解，正是在此基础上提出的，主要体现在《论隐居生活》（*De Vita Solitaria*）和《论宗教休闲》（*De Otio Religioso*）两部著作中。

前文提及，在古罗马时期，休闲常以拉丁文 otium 一词出现，其含义与古希腊语 schole 已然有了区别，但在西塞罗、塞涅卡、马可·奥勒留等学者的著作中仍延续了休闲作为沉思、作为哲学生活的性质。发展至 13 世纪，otium（休闲）开始脱离亚里士多德的影响，变成一个不受

---

[1] 文艺复兴运动主要集中在天文、艺术和文学三大领域，各自领域均有三位杰出代表人物。天文领域的代表为哥白尼、布鲁诺和伽利略；艺术领域的代表为达·芬奇、米开朗琪罗和拉斐尔；文学领域的代表为但丁、彼特拉克和薄伽丘。此处特指文学领域代表。

[2] Zak G. Petrarch's Humanism and the Care of the Self[M]. New York: Cambridge University Press, 2010: Preface.

[3] 北京大学西语系资料组 . 从文艺复兴到十九世纪资产阶级文学家艺术家有关人道主义人性论言论选辑 [M]. 北京：商务印书馆，1971：11.

欢迎的概念。根据彼特拉克的记载，一些修道士开始认为 otium（休闲）是愚蠢的和浪费的，因为它不会产生立竿见影的效果，不能让人马上体会到在其中取得的进步。到了 14 世纪末，otium（休闲）的负面影响更是占得上风，休闲的崇高地位一落千丈，它被认为是懒散的代名词。例如在拉丁文本的圣经中，圣杰罗姆（St. Jerome）就以 otium 来描述懒散，并对此发出了猛烈的抨击[1]。彼特拉克并不认同“休闲等于懒散”的观点，他在《论隐居生活》和《论宗教休闲》中所做的努力，就是尝试将大众对 otium（休闲）的理解拉回休闲的哲学理想境界。

在《论宗教生活》中，彼特拉克明确提出，要“从那些消耗我们身体和灵魂的多余工作、那些玷污和削弱我们作为人的整体性的肉体欲望、那些使我们偏离知识获取的视觉欲望、那些这个时代用以缠住我们野心的利爪和枷锁、那些以看不见的火炬烧灼我们心灵的无用的忧虑，以及那些所有折磨、压迫和毁灭我们灵魂的罪恶中脱离出来，享受休闲”[2]。可见，彼特拉克所提倡的休闲，是一种从多余工作、过度欲望、无用焦虑和罪恶行为中逃离出来的理想状态。这种理想的休闲是基于沉思和反思的，因为人类只有在知晓自身立场和能力的基础上才能选择恰当的生活方式，从而达到培育自己心灵的目的。如果人们不参与此类休闲，他们选择“善的生活”的能力就会被掩盖。因此，他呼吁人们将闲暇用于沉思，并在沉思中实现休闲，以此恢复和重构内在的自我。与此相对，彼特拉克也指出存在一种松懈状态的“休闲”，这种“休闲”等同于放松、娱乐和消遣，但对此种休闲的过度参与会引起无用的焦虑和担心、削弱人们的心灵，从而使人们误解休闲真正的目的和价值。因此，彼特拉克将此种休闲称为“恶魔”。在他看来，好的休闲应当是令人快乐且具有变革力量的，它始于沉思，并远离日常工作的繁忙；它不像 negotio

[1] Vickers B. Leisure and Idleness in the Renaissance: The Ambivalence of Otium[J]. Renaissance Studies, 1990, 4(1): 1–37.

[2] Petrarch F. On Religious Leisure[M]. New York: Italica Press, 2002: 14.

（非休闲的事务或工作）是根植于世俗欲望的，这些欲望会通过视觉和语言的轰炸来玷污和削弱整个“自我”，将人们的注意力从对知识和智慧的获取上转移到对欲望的满足上[1]。在此基础上，彼特拉克指出，“拥有非凡才能的人在处理事务的同时也应当注意自己的休闲”[2]，他以此劝告人们要明智地管理闲暇时间，否则人类的心灵就会被幻象和不满足的欲望所充斥。

隐居生活是实现休闲理想状态的具体途径。在《论隐居生活》中，彼特拉克颂扬了涉及休闲的隐居：“与其说是隐居时的休息，不如说是存在于其中的休闲使我高兴。自由是隐居的重要益处，它使人摆脱城市的动荡和人群的喧嚣，获得一种宁静有序的休闲，从而帮助人恢复智力、调节灵魂、培养道德，并激励伟大的创作”[3]。在隐居生活的基础上，彼特拉克为受过良好教育的精英们构造了一种理想的休闲模式，即通过研究古希腊、古罗马的经典文献和进行文学创作去超越身为俗人在身体、道德和智力上的限制，从而获得精神上的不朽。与那些被感官支配，背负着物质负担的劳累而烦躁的城市居民不同，僻居乡间并享有休闲的人更能平静地控制自己的欲望和激情，从而投入到高尚的文学研究中去。然而这种隐居并非绝对的独处，休闲也并不与极端的孤独相联系。为了达到理想的休闲，好的书籍和好的朋友都必不可少。志趣相投的伙伴能为隐居生活带来安慰和鼓励，从而使勤勉的休闲更容易实现，彼特拉克甚至提出，“如果只能二选其一，我宁愿被剥夺孤独，而非朋友”[4]。他认识到，一味地在孤独中自我沉湎并无益于自我的发展，从象牙塔中走出来与朋友们进行交流才能更好地发挥休闲的价值。由此可见，彼特拉克将休闲看作是一种致力于学术研究和增进友谊的有价值的隐居

---

[1] Holba A. Philosophical Leisure: Recuperative Praxis for Human Communication[M]. Milwaukee, Wisconsin: Marquette University Press, 2007: 63.

[2] Zeitlin J. The Life of Solitude by Francis Petrarch[M]. Westport, CT: Hyperion Press, 1978: 99.

[3] Zeitlin J. The Life of Solitude by Francis Petrarch[M]. Westport, CT: Hyperion Press, 1978: 202.

[4] Zeitlin J. The Life of Solitude by Francis Petrarch[M]. Westport, CT: Hyperion Press, 1978: 164.

生活。

彼特拉克推进了以古希腊为起点的休闲传统，他认为休闲既不是懒散也不是无益的，而是获取德性以带来个人幸福并有益于社会的机会。在休闲时参与智力劳动（文献研究和文学创作），并将习得的知识运用于实际，能使个人更富有成效地参与到世界当中。由于其思想不仅受到西塞罗、塞涅卡等古罗马学者的影响，也受到奥古斯丁学说的影响，因此他认为理想的休闲包含的不仅是哲学沉思和文学创作，还有和上帝的神圣对话。在《论宗教休闲》中，彼特拉克以其弟弟盖尔多（Gherardo）[1]的生活为例描绘了宗教休闲的图景，他认为“宗教生活的恬淡与闲适比尘世间任何欲望都更令人向往”[2]，因为它能协调灵魂中的冲突，增加永恒生命的机会。但他不认可中世纪教会对人类生活指导的权威，并意识到他不能屈服于修道院生活对于他的约束，这会影响他探索自我主体性的自由[3]。由此可见，彼特拉克的思想更偏向古典主义的气质，这也是其作为文艺复兴时期代表学者的原因所在。同时，他的学说也透出了对中世纪以来神权统治的一丝怀疑。但与古希腊时期将休闲作为全体公民的生活理想不同，彼特拉克并不幻想自己的建议能适用于所有人，他反而指出，让所有人过同一种生活是不合理的，尤其是隐居生活。

综上，彼特拉克对休闲的认识是在其人文主义哲学基础上诞生的，他认为哲学的真正目的是对自我心灵的关怀和对人自身的认识，其真正的内容不在于追求抽象知识，而在于通过德性的培养促使人们形成正确的生活和行为[4]。特尔斐神庙“认识你自己”的箴言曾经将古希腊哲学

---

[1] 盖尔多为彼特拉克的弟弟，是卡尔特教团的修道士。卡尔特教团成立于 1086 年，提倡苦修冥思。公元 1351 年，彼特拉克在写给奥古斯丁修会的圣赛波尔克洛（San Sepolcro）的信中记载了他与弟弟盖尔多登旺图峰的经历，他总是被身边的美景吸引而停留，弟弟却一鼓作气率先登上了山顶。他以此经历来说明世俗生活让自己三心二意，而盖尔多则在苦修冥思的道路上义无反顾，努力攀登，比他更早获得了成功。

[2] 尼古拉斯・曼 . 彼特拉克 [M]. 江力，译 . 北京：中国社会科学出版社，1992：101.

[3] Petrarch F. On Religious Leisure[M]. New York: Italica Press, 2002: 7.

[4] Zak G. Petrarch's Humanism and the Care of the Self[M]. New York: Cambridge University Press, 2010: 79–80.

从自然科学拉回人间，去关注“人”的问题，而这一问题在彼特拉克处又被重新提出：“如果一个人获得物质世界，却在此过程中失去了精神自我，于他又有什么益处？”[1]长久以来，这个问题都被上帝的光芒遮掩了，现世生活的意义变得模糊不清。彼特拉克借由对古希腊、古罗马时期文献的重新发掘，再次直视了这个问题，也由此将休闲问题重新拉回到了哲学的高度。但我们也应当认识到他的主张更强调个人，“对他而言，哲学仅仅意味着教导美好与幸福生活之艺术的实践训练”[2]，他允许个人以其他形式去培养德性以实现更高的精神生活。正是这一点，体现了彼特拉克思想中更现代的一面。

二、蒙田：作为自我思考的休闲

蒙田是法国文艺复兴后期一位重要的人文主义作家、思想家，以其哲学随笔留名于后世。与其他人文主义者一样，蒙田认为人类研究的重点不在于对物质世界的研究，而在于对“人的状况”的研究。因此，人的本性是蒙田哲学所关注的最主要的话题，他毕生所做的工作就是对人性的种种形态进行审视和研究，剥去人为的乔装和粉饰，以让人的本性显现。而他对人的本性的发现是在思考自我的过程中实现的。尽管蒙田认为人的思想总是随着新事物的不断涌现而发生着变化，但“自我意识”始终是人类思想中恒定不变的部分，因此对自我的思考格外重要。他认为，“我们的头脑最主要、最辛勤的工作便是研究自己”，而“对善于探索自我、开发自我的人而言，思考自我是一种强度大、内涵丰富的研究。我喜欢磨砺我的头脑，而不是把它填满。根据自己的心情进行思考，是一种最不费劲又是一种最费精力的事，没有一种工作能与之相比。历来人们都把这事作为每日的功课，对于他们，‘生活即思想’。故而，

[1] Petrarch F. On Religious Leisure[M]. New York: Italica Press, 2002: 16.

[2] 弗兰齐斯科・彼特拉克. 论自己和大众的无知 [M]. 张沛，译. 上海：华东师范大学出版社，2021：14.

我们的思想活动有一种得天独厚的优越性，那就是：没有一种活动能像思想活动进行得那么长久，那么经常，那么方便”。[1] 在蒙田看来，这种对于自我的思考，只有在休闲生活中才能实现。

文艺复兴时期的欧洲名士都认为乡村富有饱学之士那种优游闲暇的情调，而城市则是商业和政治的天下[2]。彼特拉克强调隐居生活对休闲的重要性，蒙田也一样。他于38岁时辞去最高法院的工作退隐至自己的庄园，并在书房留下一则题词，以示自己已疲于应对法庭诉讼和公众事务，希望在有生之年投入缪斯女神的怀抱，过一种自由、宁静而休闲的生活[3]。这种对社会事务的逃离和对优游闲暇的向往是蒙田休闲思想的基础所在。他认为，在世俗生活中，人们不可避免地会被卷入到国家、社会与家庭的纠葛之中，想要脱离这一切成为完全自由的人无疑是一种幻想，但“我们可以在极少数的场合把我们的内心自由藏起来，不借用出去——如果我们清楚地认为这样做是正确的话”[4]。当然，他也承认“真正的隐居”应当是一种心灵的状态，即使置身于尘世或是朝堂之中也能享受到隐居的快乐，但远离世俗生活更能臻于此境，至少不能把自己完全投入到公共事务中去，而应当有完全属于自己的、完全自由的情境。“我们为他人活够了，让我们至少留一点生命为了自己而活。安然安排我们退隐后的生活不是一件小事，因为上帝给了我们闲暇去这么做。”[5] 可见，在蒙田看来，正是退隐后的休闲生活为人们提供了将自身从社会事务中脱离出来并投入自我思考的理想情境。

由于“生活即思想”，而休闲为思考自我提供了可能，所以休闲是

---

[1] 蒙田．蒙田随笔全集：下卷[M]. 陆秉慧，刘方，译．南京：译林出版社，1996：35.

[2] 彼得·博克．蒙田[M]. 孙乃修，译．北京：中国社会科学出版社，1992：23.

[3] 题词全文为：“公元1571年，三月朔日前夕，时值38岁生日，米歇尔·德·蒙田长久以来已厌倦朝廷之苦差使与公职之重负，决定趁尚有精力之际，隐退至缪斯之怀抱，在平静与安稳之中度过所剩无几之余年。生命之大部业已流逝。期盼命运之神允其保住这一处曾献予自由、安宁、悠闲之栖身地——祖先留下之静谧隐庐。”原文为拉丁文，中文参考：斯蒂芬·茨威格．蒙田[M]. 舒昌善，译．北京：生活·读书·新知三联书店，2008：53.

[4] 斯蒂芬·茨威格．蒙田[M]. 舒昌善，译．北京：生活·读书·新知三联书店，2008：80.

[5] Frame D M. Montaigene’s Discovery of Man: The Humanization of a Humanist[M]. New York: Columbia University Press, 1955: 40.

生活的一部分。在休闲生活中进行自我反思能够滋养人类的心灵；而如果缺乏休闲时的自我反思，邪恶就会侵蚀人类的心灵。思考自我是一种孤独的行为，但却能够捕捉和修复一个人的心灵，使其免于奢侈和欲望的诱惑而获得更为持久的益处。人的心灵若远离孤独和沉思，便会陷入一种“醉酒”的状态，一旦如此，身体的狂喜就会遮蔽心灵，人们也就无法清楚地认识自我。同时，《蒙田随笔集》中还提及，“如果不让大脑有事可做，有所制约，它就会在想象的旷野中驰骋，有时就会迷失方向”[1]。由于被身体的狂喜遮蔽和在想象中迷失方向都会导致自我无法实现，因此会引发这两种情况的休闲并不被蒙田所提倡。他提倡一种哲学性的休闲，这是一种基于内在自我的沉思活动，这种活动是看不见也无法测量的[2]。然而，正是休闲的这种看不见也无法测量的特质，导致其非常容易被误解——人们在真正从事休闲时看起来像是无所事事，而看上去在休闲的时候却并不总是真正地参与休闲。这种情况导致人们总是无法以恰当的方式去过值得追求的休闲生活。蒙田指出，人们常常会有一种幻觉，“当他们仅仅改变了工作的形式，就以为已经把工作抛在脑后了”[3]。也就是说，人们会以为自己的行为是在参与休闲，但其实他们只是毫无反思地以一个行动替代了另一个行动，实质上并没有产生变化。例如人们在参与社会事务之余的娱乐消遣，看上去是非工作状态，实际上却是为重新投入工作做准备。娱乐消遣中的轻松感欺骗了人们，也阻碍了人们对真正有变革潜力和创造力的休闲的参与。而在退隐生活中不断思考自身、认识自我，无疑能帮助人们消除对休闲的这种误解，并实现真正有益的休闲。

古希腊以来的思想家们都认可：思辨活动是休闲的组成部分，是实现人的幸福的重要路径。即使在黑暗蒙昧的中世纪，也有学者如阿奎那

---

[1] 蒙田．蒙田随笔全集：上卷[M]．潘丽珍，等译．南京：译林出版社，1996：32.

[2] Holba A. Philosophical Leisure: Recuperative Praxis for Human Communication[M]. Milwaukee, Wisconsin: Marquette University Press, 2007: 62.

[3] Montaigne M.The Complete Essays[M]. New York: Penguin Books, 2001: 267.

等人不断强调休闲与沉思的力量。但正如蒙田所指出的，“休闲”始终是一个容易被误读的名词。对此，蒙田认为得承认“我们离古代大多数思想家以为的那种理性的、宁静的生物有多远。我们的心灵多半是歇斯底里、胡言乱语、粗鲁而躁动的”[1]，因此往往会曲解身边的事物。但同时蒙田又提出，“造物主赋予所有人的头脑足够的智力供它使用，并给它足够的课题让它施展创造力和判断力”[2]。休闲便是其中的一项课题，它需要人们运用自身的判断力和创造力去认识和实践，并从中不断思考自我。不过，蒙田自我思考的乐趣在于“寻找”而不在于“找到”，由于“人的思想是脆弱的，不稳定的，经常改变的，人与人之间的意见总是有分歧的”[3]，因此他无意于告诉世人一条亘古不变的真理，也无意于劝诫世人如何去生活，只是留下一个任务，即不断地接近最真实的自我。在这一点上，蒙田与彼特拉克是一致的。

综上，蒙田所提倡的休闲生活是以自我思考为主要内容的，那些“以身体的狂喜遮蔽心灵”的休闲并不为他所推崇，但他并不否认此种休闲的存在。正是为了将心灵从各种奢侈和欲望的包围中解救出来，也为了让人们过上真正有益的休闲生活，蒙田才如此强调对“人的状况”的研究，想要人们通过闲暇时对自我的思考去接近和认识最真实的自我。蒙田自小接受拉丁文教育，其知识传统与古希腊、古罗马文化有着深厚的渊源，他的世界观就是在这种文化中形成的，因此其休闲思想也继承了古希腊以来在休闲中寻找自我的传统。与此同时，蒙田也对人类理性的力量产生了怀疑，他认为不存在一种统摄全部人类思想的理性。从这一点来说，蒙田的休闲思想也展现出了新的时代特征。

本节论述的两位学者分别代表了文艺复兴早期意大利与文艺复兴晚期法国的人本主义思想，其中心是破除宗教精神统摄下的愚昧，重新发

---

[1] 阿兰・德波顿．哲学的慰藉 [M]. 资中筠，译．上海：上海译文出版社，2004：129.

[2] 蒙田．蒙田随笔全集：下卷 [M]. 陆秉慧，刘方，译．南京：译林出版社，1996：35.

[3] 北京大学西语系资料组．从文艺复兴到十九世纪资产阶级文学家艺术家有关人道主义人性论言论选辑 [M]. 北京：商务印书馆，1971：43.

掘人性、重新认识自我，而休闲就是在此基础上被赋予积极意义的。这与以寻找人真实而完整的自我为目的的古希腊休闲观是相契合的，可以说文艺复兴时期的休闲思想是对古代休闲观念的一种复兴。然而，作为欧洲古代史和近代史的分界线，文艺复兴是一个承前启后的时代，这就决定了它在继承古希腊、古罗马时期文化遗产的同时也在推动新的哲学产生。此时涌现的休闲思想自然也具有了新的时代特征，主要体现在三个方面。第一，与古希腊、古罗马时期将休闲与娱乐进行严格区分的理论不同的是，放松、娱乐、消遣等作为休闲的具体内容开始被逐渐接受——尽管依然不被拥有真知灼见的思想家们所倡导，因为此种休闲只能让人迷失其中而无益于发现真实的自我。如彼特拉克称之为“恶魔”；蒙田也认为“‘消遣’不是努力回到我们自己”，而是“回避思考自己本身”[1]，实际是精神方向的转移和改道，是对自身内心世界的疏远。第二，彼特拉克和蒙田都继承了古希腊以来在“休闲”中寻找“自我”的传统，但这两者的休闲思想都不再具有政治意味。无论在古希腊还是在古罗马，“休闲”与“自我”的实现都与城邦政治不可分割，彼时的学者们是在构建理想城邦中人们的理想生活的过程中思考“休闲”和“自我”。但在彼特拉克和蒙田看来，“休闲”与“自我”的实现变成了一种更加私人的目标，而不是为了实现政治共同体的利益。第三，两者都强调知识探究和哲学沉思对于自我发展的重要作用，但他们仅出于自身的考虑而不强求将之推己及人，而非像古希腊时期那样将休闲作为全体公民的生活理想。彼特拉克并不幻想自己的休闲主张能够适用于所有人，他认为人们应当根据自己的偏好作出选择；蒙田也无意于劝诫人们如何生活，只是希望人们能不断地靠近真实的自我。从这三点而言，文艺复兴时期的休闲已经开始远离具有古典哲学意味的理想状态，而展现出时代所赋予的现代气质。

---

[1] 尚杰．私人生活高于社会生活——再读蒙田的《随笔录》[J]．党政干部学刊，2009（9）：7-10.

第三节 本章小结

本章讨论了古希腊时期作为人类生活理想的休闲观念在中世纪以及文艺复兴时期的遗存。中世纪时期的哲学主要是基督教哲学，休闲的呈现也因此与宗教精神密切相关。在奥古斯丁看来，闲暇对于人们追寻上帝从而获得幸福具有积极意义；托马斯·阿奎那则认为“沉思的生活是至高无上、最幸福和最快乐的生活”[1]，没有沉思便无法获得德性、通向智慧，而参与休闲是沉思生活的具体体现。两者对于休闲与沉思、幸福等概念的联系的看法都不同程度地受到了柏拉图以及亚里士多德的影响，但由于中世纪时期哲学只作为神学的婢女而存在，因此他们所认可的休闲在本质上还是被认为是对上帝的侍奉。不过，古希腊时期带有理想性质的闲暇观念还是在这一时期得到了一定的保存，这也为文艺复兴时期人本主义者对古希腊哲学的复苏奠定了基础。

文艺复兴时期人本主义思想的代表们如彼特拉克、蒙田等均认可休闲是生活的一部分，在休闲中进行沉思、从事学术研究能够帮助人们重构内在自我。人本主义思想的中心是破除宗教精神统摄下的愚昧，重新发掘人性、重新认识自我，这与以寻找人真实而完整的自我为目的的古希腊休闲观是契合的。因而文艺复兴时期的闲暇观念可以说是对古希腊闲暇观念的一种复兴。然而，与古希腊、罗马时期将休闲与娱乐进行严格区分的理论不同的是，放松、娱乐和消遣等作为休闲的具体内容还不被彼得拉克、蒙田等人所提倡，但已在大众层面开始被逐渐接受。同时，此时的“休闲”不再具有古希腊时期那么强的政治意味，而是成为了一种更加私人的生活目标。因此彼特拉克和蒙田并没有将之作为人类生活的共同理想，只是建议人们出于自身的考虑而践行。从这些方面来看，休闲在此时期已与古希腊休闲思想有了很大的区别。

虽然中古时期的哲学家、思想家都从古希腊哲学和希腊化哲学中撷

[1] 梯利．西方哲学史 [M]. 葛力，译．北京：商务印书馆，1995：221.

取营养，从而承继了古希腊休闲思想的理想性质，但也未能阻止休闲地位的下降，而这一过程是与劳动地位的上升联系在一起的。不难发现，无论是古希腊，希腊化－古罗马，中世纪，还是文艺复兴时期，能够将闲暇用于探索自我、发展自身的人从来都不需要劳动和工作。古希腊、古罗马时期的奴隶主贵族，中世纪时期的僧侣阶层，以及文艺复兴时期的上层阶级，他们都不在劳动的社会分工和社会实践之内，且都直接或间接、有意识或无意识地在意识形态层面发挥着作用。他们从自身和阶级的角度出发号召人们投身于闲暇必然导致这种闲暇是处于劳动之外的。而随着劳动作为一种有价值的活动进入人们的视野后，从古希腊传承而来的属于精英阶层的“休闲理想”也就开始慢慢消退。下一章将基于劳动地位的上升路径讨论古希腊的休闲理想在近现代社会发展中日益式微的过程。

05

近现代古希腊休闲思想的式微

休闲与劳动，是休闲学研究展开的一对重要范畴。无论是古希腊还是古罗马，所实行的政治体制都是奴隶制，即使是以“民主政治”闻名于后世的雅典城邦，实行的也是奴隶主占统治地位的贵族政治体制。在此时期，劳动主要由奴隶承担，他们为奴隶主贵族创造了享有闲暇的可能，而自身却被排除在闲暇生活之外。高兹沃斯·狄金森（Goldsworthy L. Dickinson）认为，“希腊人的幸福观念是要使一个美的灵魂寄存于一个美的身体当中，并用外面种种有利益的事体来补充，使二者结合更为永久；因为用手做事或在账本上写账是于身体有碍，为面包问题终日忧愁是于灵魂有损，所以凡是从事于工商业的人均为希腊人所极端轻视”[1]。以亚里士多德为代表的古希腊哲学认为，劳动的生活不足以构成自主的、完整的和真正属于人的生活，因为劳动是为了创造生活所需，无法独立于人的需求而存在。唯有合于理性的生活才是幸福的所在，而沉思作为探索真理、思考人的本质的活动是最理想的休闲形式。阿伦特认为，“沉思”是关于永恒体验的描述，而永恒体验“只能发生于人类事务领域之外和人的复数性之外”[2]，劳动及其他事务性活动都应当为“沉思”，也即理想休闲的实现做准备。希腊化罗马时期，休闲开始呈现出功利的性质，逐渐失去了“人的最终目的”的崇高地位，但人们对于沉思的爱好并没有消退。这一时期的大部分哲学流派都主张在个人的沉思中寻求心灵的宁静和幸福，延续了古希腊时期关于休闲是一种哲学沉思的认知，休闲依然与幸福生活的实现相关，是对人的自我的内在观照。可见在古希腊哲学和希腊化哲学中，休闲始终占据着比劳动更高的地位。

然而，从罗马帝国晚期开始，随着基督教神学在欧洲思想领域占据主导地位，休闲与劳动的地位便逐渐发生了转变。霍尔巴提出，“早在12世纪—13世纪时，人们对休闲的理解就开始逐渐脱离亚里士多德的影响。修道士们普遍认为休闲是缺乏理智的，无益于追寻上帝。发展到

[1] 狄金森. 希腊的生活观 [M]. 彭基相，译. 上海：华东师范大学出版社，2006：107.

[2] 汉娜·阿伦特. 人的境况 [M]. 王寅丽，译. 上海：上海人民出版社，2009：11.

14世纪末时，休闲的消极意义压过了积极意义”[1]。在这个过程中，劳动开始取代休闲成为一种值得推崇的道德行为。前文已提及，古希腊、古罗马时期的政治制度主要是奴隶制，这就导致界定休闲为何的话语权掌握在奴隶主统治阶级手中，而下层民众和奴隶的状况被忽略了，这种境况下被提出的休闲理想必然具有奴隶主贵族的话语特性。与此不同，在社会底层发展起来的基督教在一定程度上代表了下层劳动人民的利益，其教义反映了大多数民众的呼声。在《圣经》的记载中，上帝的劳作创造了世界，因此劳动被看作是神圣的。同时，辛苦的劳动可以克制人们的肉体欲望，抵御外在的各种诱惑，所以也被认为有助于人类灵魂的修炼。劳动因此获得认可，而看上去无所事事的休闲则被认为有碍于人的灵魂向上帝靠近。但休闲在此时还未因为劳动地位的上升而受到全方位的谴责，安息日的设立使人们有可能参与休闲，休闲的主体也从奴隶主贵族转向了更为广大的劳动阶级。此时，休闲也还未完全失去其作为沉思生活的特质，它只不过从古希腊、古罗马时期纯粹的理论思辨演变成对上帝的默观。文艺复兴时期，出于对中世纪疯狂的禁欲主义的反抗，以解放欲望、享受快乐为主要内容的休闲开始盛行，但此时期发展出来的人文主义学说却针对这一点指出：休闲不应该是对欲望的全然解放，而应该在休闲中对生活和自我进行审视，以远离奢侈欲望的诱惑。这些在第四章中已展开过具体讨论。直到此时，休闲的地位虽然已经开始下降，休闲生活也开始受到世人的指责，但某种程度上还保留着古希腊哲学赋予它的理想性质。

休闲与劳动关系的彻底反转始于宗教改革和工业革命。宗教改革时期，马丁·路德与约翰·加尔文将劳动看作是上帝赋予人们的“天职”，人们在劳动中获得神恩的确证，劳动开始作为一种“神圣职责”而受到推崇。工业革命后，劳动又作为创造财富的源泉而成为资本主义经济生

[1] Holba A.Questioning the Rhetorical Eclipse of Philosophical Leisure: Ad Colloquium Conferendum[D]. Pittsburgh: Duquesne University, 2005.

活的中心。与此同时，休闲在古希腊时期的理想性质开始完全丧失，“无论在新教伦理的责任与禁欲观念中还是在资本主义以劳动为中心的经济伦理中，休闲只有在为补偿劳动力而进行休息、娱乐与放松时才得到有限的认可。除此之外，休闲意味着享乐、奢侈与浪费时间，甚至成为与崇高的劳动相对立的恶”[1]。马克思提出“本真劳动”的概念，不仅承认了劳动在经济范畴内的价值，还将其看作是体现人的本质的、自由自觉的活动，直接关涉人的本质。至此，“劳动理想”取代古希腊哲学中的“休闲理想”成为了值得追求的最高目标，而休闲则更多地以“劳动后的补偿”出现在马克思对劳动概念的讨论中。本章通过梳理劳动地位上升的路径探讨休闲地位下降的原因。

第一节　休闲地位的下降

一、劳动天职论动摇休闲地位

（一）劳动天职论的提出

中世纪晚期，教会的腐败日益严重，人们对上帝的信仰产生了动摇。与此同时，文艺复兴运动对“人”的重新发现推动了人们的思想解放和观念更新，为人们从封建愚昧中觉醒、摆脱腐朽的神权统治提供了思想条件。于是，越来越多的人不再希冀来世的灵魂救赎，转而开始专注于现世生活。而随着社会经济的发展，社会分工成为一种普遍现象，职责的观念开始产生，工作作为一种职业化的劳动，不再仅仅依靠个人来完成，而是以实现公共利益为目的来展开。阿奎那虽然更推崇通过冥想沉思进行知识研究的生活，但也曾肯定工作的优点，他认为“工作提供日常生计所需，抵制众恶之源的懒惰，抑制难以驯服的肉体，使人有能力以物质的盈余广济善施”[2]。这为后期宗教改革劳动“天职”论奠定

[1] 周海荣，姜锡润．西方休闲观的历史流变 [J]. 理论月刊，2014（12）：47-52.

[2] 卡尔·白舍客．基督宗教伦理学：第二卷 [M]. 静也，等译．上海：上海三联书店，2002：686.

了基础，但对于阿奎那来说，“劳动仅是维持个人与社会之存在的必要的自然条件，它只是对整个人类而非对个人有效，因此不适用于那些无需靠劳动为生的人”[1]。这与古希腊、古罗马时期建立在奴隶劳动基础之上进行闲暇的观念其实没有太大差别。而劳动“天职”论是对中世纪晚期尘世劳动职责观念的一种超越性发展，其主要思想代表为德国的马丁·路德和法国的约翰·加尔文。

马丁·路德反对教阶森严的旧教，倡导独立、自主的新教，并宣扬上帝的信徒完全平等，强调每个人在世俗生活中的职业责任。他“把人们所从事的工作，看成是上帝的‘召命’；他在翻译《后典·便西拉智训》时，创造了‘天职’一词：‘谨守天职、持之以恒、工作到老。勿羡罪人得势，谨守自己的天职、忠于主。’”[2]所谓“天职”，即“上帝应许的唯一生存方式，不是要人们以苦修的禁欲主义超越世俗道德，而是要人完成个人在现世里所处地位赋予他的责任和义务”。“这种生存方式、而且唯有这种方式是上帝的意愿，因此，每一种正统的职业在上帝那里都具有完全同等的价值。”[3]也就是说，在马丁·路德看来，无论何种职业，即便是鞋匠、铁匠、农民，也都是上帝赋予的并为上帝服务的；无论何种职业，都是世俗的义务，与牧师、主教等教职一样高尚而神圣。每个人各司其职，在劳动中促进身体和灵魂的进步；每种职业相互服务，以实现社会整体的共同利益。托尼（Tawney）在《宗教与资本主义的兴起》中指出，“天职对于路德通常意味着一种生活状态，个人被上帝安排在这种状态中生活，反抗这种生活状态则是不虔诚的表现”[4]。在这种天职观中，上帝与人的关系不再仅仅是召唤和被召唤的关系，更是人通过

[1] 马克斯·韦伯．新教伦理与资本主义精神[M]．于晓，等译．北京：生活·读书·新知三联书店，1987：124.

[2] 雷雨田，刘兴仕．马丁·路德宗教改革的特点及其意义[J]．广州大学学报：社会科学版，2002，1（1）：18–22.

[3] 马克斯·韦伯．新教伦理与资本主义精神[M]．于晓，等译．北京：生活·读书·新知三联书店，1987：59–60.

[4] R.H. 托尼．宗教与资本主义的兴起[M]．赵月瑟，夏镇平，译．上海：上海译文出版社，2006：208–209.

劳动履行上帝布置的任务为上帝继续进行创世工作的关系。这就改变了基督徒对待工作和劳动的态度，赋予了工作与劳动较高的道德意义，塑造了人们努力工作的内驱动力。

法国的宗教改革家约翰·加尔文结合自己的“选民说”进一步发展了马丁·路德的天职观，他认为“天职是上帝指派给人类的特殊职责，也是一种特殊的生活方式，它体现了神的意志，是通往永恒的必要途径，也是人类所有正当行为的原则和基础”[1]。加尔文的“选民说”，意指人在创世以来就被分为了“选民”和“弃民”，处于世俗之中的人需要寻求证据证明自己是上帝的“选民”而非“弃民”。对“天职”的履行，是帮助人们确认自身“选民”身份的重要途径。“现世生活和人本身仍然是为了神的荣耀而存在的，但当人们尽力去从事职业劳动时，在感受神恩的同时也获得了自我确证。”[2]在此意义上，加尔文“将人类存在的全部领域，引入上帝使人成圣和人奉献自己的范围之内”[3]。由于上帝预先安排了人们所从事的职业，因此所有职业都是平等的，也就是说，从事体力劳动者与从事政治、哲学活动者同样光荣。“每一个人只要确信生活上一切的困苦、烦扰、疲劳和担心都是神亲自给他的重担，他就会忍耐到底。我们也能获得独特的安慰，只要我们在万事上顺服神的呼召，而一切看来似乎羞辱的职事，在神的眼目中则是光荣和极有价值的。”[4]由此，加尔文加强了对于世俗职业劳动地位的肯定，将之化为“上帝的圣谕”，希望人们将自己的全部精力投入到劳动中，以完成上帝所布置的神圣任务，响应神的呼召。“上帝不想我们这些活在世上的人懒惰无为，因为他给了人们手和脚，让人们辛勤劳作。”[5]只有辛勤劳动

---

[1] McNeill J T. Calvin: Institutes of the Christian Religion[M]. Louisville, Kentucky: The Westminster John Knox Press, 1960: 724.

[2] 黄达安. 超越工作至上的世界——论休闲的本质及其当代意义 [D]. 长春：吉林大学，2011.

[3] 阿利斯特·麦格拉思. 加尔文传：现代西方文化的塑造者 [M]. 甘霖，译. 北京：中国社会科学出版社，2009：211.

[4] 约翰·加尔文. 基督徒的生活 [M]. 钱曜诚，等译. 北京：生活·读书·新知三联书店，2011：131.

[5] Bouwsma W J. John Calvin: A Sixteenth-Century Portrait[M]. New York: Oxford University Press, 1988: 199.

的人才能真正获得对上帝的有效信仰，只有在劳动中，人们才能达到加尔文主义所力求获得的最高善，即被拯救的确定性。通过将生命的成圣依托于工作的成圣，加尔文主义获得了大量追随者。

（二）休闲成为罪恶

劳动“天职”论的发展形成了新的伦理，即新教伦理。中世纪的禁欲主义曾以折磨人的肉体来换取精神上的超脱，从而摆脱欲望对人的腐蚀。新教伦理也承认放任欲望的危害，但其主张一种更加“理性的”禁欲，即通过投身于工作来克制自身的欲望，并摆脱非理性的冲动。因此，与中世纪时期一味追求苦行、苦修不同，此时的修行生活，“从客观上说是将僧侣训练成为了为上帝的天国而服务的工人，从主观上说则是确保了他的灵魂的得救”[1]。这种以投身于工作来实现的禁欲主义的目的在于让人尽可能过一种机敏而明智的生活，其最主要的任务就是通过规范教徒的行为秩序来控制冲动性享乐的欲望。天主教修道生活的规则和加尔文主义的行为准则都不约而同地强调了这一点。在这一原则的指导下，勤劳成为最高美德，而无所事事和享乐挥霍被斥责为道德败坏。完满的幸福存在于来世，这和之前的基督教教义是一致的，而在现世生活中，人们想要得到自己被上帝的恩典所眷顾的确证，就是勤勤恳恳地完成上帝指派给自己的工作，也即“天职”。因为“按照主之意志的明确昭示，惟有劳作而非悠闲享乐方可增益上帝的荣耀”[2]。人生短暂，为了将之奉献给上帝，虚度光阴就成了一种不可饶恕的罪恶，因为每消耗一分钟于无关于工作的事物，就少一分钟为上帝的荣耀效劳的可能。于是，“社交活动，无聊闲谈，耽于享乐，甚至超过对健康来说必不可少之时辰（至多为六至八小时）的睡眠，凡此种种皆位于应遭受谴责之列。无为的玄思默想也是毫无价值，因为它是以牺牲人为上帝劳作的时间换

---

[1] 马克斯·韦伯．新教伦理与资本主义精神 [M]. 于晓，等译．北京：生活·读书·新知三联书店，1987：90–91.

[2] 马克斯·韦伯．新教伦理与资本主义精神 [M]. 于晓，等译．北京：生活·读书·新知三联书店，1987：123.

来的”[1]。由此可见，中世纪时期作为沉思上帝的休闲在新教伦理中是被拒斥的，而劳动作为“蒙受神恩”的自我确证成为了“善的生活”的核心。

随着劳动在社会生活中的地位逐步上升，休闲方式也从具有一定神圣性的沉思活动演变成了世俗化的娱乐活动甚至享乐行为，而这两者并不被上帝所认可。“那吩咐我们要节制、自守、节俭，同时也禁止我们放荡、骄傲、炫耀和虚荣的那位神；他唯一所认可的施舍的动机就是出于爱，他也亲口禁止一切引诱我们离弃圣洁或迷惑我们的娱乐。”[2]当劳动成为积极生活的象征，休闲则被弱化为两个含义：一是无所事事；二是享乐消遣。前者因远离劳动而被认为是一种堕落行为；后者的意义在于使人们恢复精力以重新投身于劳动，从而完成上帝赋予他们的使命。也就是说，当劳动成为“善的生活”的核心，休闲就被弱化为工作的预先状态，如放松、娱乐，或是被当作勤劳工作的对立面，即懒惰、懒散。休闲与劳动的地位就此发生了转变，古希腊哲学赋予休闲的理想性质不复存在，休闲与人的幸福之间的联系被切断了。这其实暗含了古希腊、罗马时期奴隶主贵族式休闲的消亡和属于劳动者的大众休闲的兴起。而休闲一旦脱离了贵族的话语情境，也就丧失了其曾经拥有的崇高性。在面向大众的新教伦理中，只有“劳动”才是崇高的。马丁·路德和约翰·加尔文对“天职”论的提出和发展使劳动成为上帝的“神谕”，而能否践行“神谕”事关人类灵魂能否得救。这就形成了一种内在的驱动力量，人们是出于自身的意愿去劳动，而不是因为外在力量的强制。不可否认的是，此时劳动的地位有赖于其对上帝旨意的履行，而不是它本身价值的体现。劳动真正取代休闲成为关涉人的本质的重要因素是在马克思那里实现的。但在马克思之前，已有古典经济学家对劳动的价值进行了论

[1] 马克斯·韦伯.新教伦理与资本主义精神[M].于晓，等译.北京：生活·读书·新知三联书店，1987：123.

[2] 约翰·加尔文.基督徒的生活[M].钱曜诚，等译.北京：生活·读书·新知三联书店，2011：131.

述，劳动在经济层面的价值得以确立，休闲则陷入了在道德层面受到谴责，在经济层面也不受重视的尴尬境地。

二、劳动价值论否定休闲地位

（一）劳动经济价值的发现

前文已指出，新教伦理依靠宗教的力量确立了劳动的尊严，在宗教信仰的支撑下，人们的辛勤劳动不是迫于外在的压力，而是出于内在强制力，“内在强制比任何外在强制都能更有效地促使人竭尽全力地投入劳动。为反对外在强制，总有一些反抗情绪。它妨碍劳动效率，使人们无法胜任对智力、创造性和责任心要求较高的复杂工作。如果强制力内化，人成了自己的奴隶，就不会妨碍这些特性。毫无疑问，如果人的大部分精力不倾注在劳动上，资本主义是不会发展起来的。没有哪一个历史时期的自由民比现代人更全神贯注于一个目标——劳动”[1]。换言之，在这一历史阶段，劳动作为“善的生活”的中心是为了实现有效的宗教信仰，获得自己灵魂终将获救的确定性，这种观念为之后资本主义的蓬勃发展打下了基础。

随着18世纪中后期工业革命的展开，劳动以一种更加职业化的工作形式出现，它不再是为了荣耀上帝，而是成了通过追求财富来实现人的生存与发展的手段。在资本主义精神影响下的工作伦理所宣扬的“至善”——“尽可能地多挣钱”[2]，显然已经与宗教改革时期所倡导的“善的劳动”有所不同了。如果说在工业革命以前，劳动形式还是以随着四季轮换而进行的农业劳动为主、手工业劳动为辅，那在工业革命促成产业技术取得突破性发展之后，工厂雇佣劳动成为劳动的主要形式，并成为资本主义原始积累的主要来源。劳动价值论便是在此背景下提出的。

---

[1] 艾里希·弗洛姆．逃避自由[M]. 刘林海，译．上海：上海译文出版社，2015：63.

[2] 马克斯·韦伯．新教伦理与资本主义精神[M]. 于晓，等译．北京：生活·读书·新知三联书店，1987：37.

"劳动创造价值"的观念来源于古典政治经济学，但在此之前，无论是重农主义还是重商主义都已经关注到劳动与财富之间的关系。前者将农业劳动看作唯一创造财富的劳动；后者也将劳动看作是创造财富的前提，其认为"财富源于在我们的大自然上加以技艺，在我们的自然资源上施以劳动"[1]。古典政治经济学的开创者威廉·配第（William Petty）首先提出"劳动创造价值"的论点，他认为"商品的价值是由生产商品时所耗费的劳动时间决定的，所以劳动是价值的源泉"[2]。亚当·斯密继承和发展了配第的这一观点，他在《国富论》中强调劳动是财富的源泉，认为只有增加从事生产的劳动者和提高这些劳动者的劳动生产力才能增加国民财富。同时，他认为存在"生产性劳动"和"非生产性劳动"两种不同形式的劳动，前者施加于物后能增加物的价值，如制造业工人的劳动；后者则无法增加物的价值，例如家仆的劳动、上层阶级人士的劳动，虽然他们的劳动本身具有价值，但只能随生随灭，不产生新的价值。因此，在斯密看来，只有"生产性劳动者"才是价值的创造者，因为"生产性劳动者、非生产性劳动者以及不劳动者都要仰食于土地和劳动的年产物"，而"除了土地上天然生产的物品，一切年产物都是生产性劳动的结果"[3]。"非生产性劳动"则不生产任何产品。由于年生产物的数量是有限的，用以维持非生产性劳动者和不劳动者的部分越多，生产性劳动者所获得部分就越少，次年的生产物就会越少。因此，"非生产性劳动"只会消耗社会财富，无益于资本的积累。斯密的后来者大卫·李嘉图（David Ricardo）同样延续了"劳动创造价值"的观点，他坚持劳动创造价值，"具有效用的商品，其交换价值是从两个源泉得来

---

[1] 托马斯·孟．英国得自对外贸易的财富[M]．袁南宇，译．北京：商务印书馆，1959：73.

赵万里．从威廉·配第到大卫·李嘉图的经济伦理：劳动创造价值[J]．重庆科技学院学报（社会科学版），2014（6）：58-60.

[2] 苏星．劳动价值论一元论[J]．中国社会科学，1992（6）：3-16.

[3] 亚当·斯密．国民财富的性质和原因的研究：上卷[M]．郭大力，王亚南，译．北京：商务印书馆，1972：306.

的，一个是它们的稀少性，另一个是获取时所必需的劳动量”[1]。不过在李嘉图的理论中，影响商品价值的劳动“不仅是指投在商品的直接生产过程中的劳动，而且也包括投在实现该种劳动所需要的一切器具或机器上的劳动”[2]。正是这种观点，导致了资本作为一种物化劳动参与了价值的创造过程，为后来古典经济学走向庸俗化、劳动走向异化埋下了隐患，但这是另一个庞大的课题，在此暂不展开讨论。

（二）休闲遭到否定

显然，从配第、斯密到李嘉图对劳动价值的讨论都是从生产本位的资本主义商品经济角度出发的，所谓的“价值”最终也以“财富”的形式来体现。这符合当时资本主义处于上升阶段的时代特征，其结果就是在意识形态方面形成了一种新的经济伦理，该经济伦理继承了新教伦理，进一步肯定了劳动的地位，但却抛弃了其宗教内核，只围绕财富去探讨劳动的价值。在此过程中，“人”是作为“经济人”而存在的。

“经济人”是斯密基于“自利是人的自然属性”而提出的一种人性假设。他认为人的行为以追求自身利益为始，以实现自身利益为终。一般来说，自利容易被理解为一种完全的物质主义倾向，但有学者指出，“对斯密而言，自利不仅指欲求财富，还包括各种形式的自爱”，其中“蕴含着自然的自保欲望以及提升地位、获得尊重等情感、精神层面的需求”[3]。因为“每个人自然都偏好他自己的幸福甚于他人的幸福”[4]，所以对自身利益的关注是合理且正当的，无可指责。但是，“人”又不仅仅是“经济人”，还在社会中扮演着“道德人”的角色。斯密在《道德情操论》开篇写道，“人，不管被认为是多么的自私，在他人性中显然还有一些原理，促使他关心他人的命运，使他人的幸福成为他的幸

[1] 大卫・李嘉图．政治经济学及赋税原理[M]. 郭大力，王亚楠，译．北京：商务印书馆，1962：7.

[2] 大卫・李嘉图．政治经济学及赋税原理[M]. 郭大力，王亚楠，译．北京：商务印书馆，1962：19.

[3] Viner J. Adam Smith and Laissez Faire[J]. Journal of Political Economy, 1927, 35(2): 212–213.
王泽芝．古典经济学道德观演化研究——从斯密、李嘉图到约翰・穆勒[D]. 武汉：中南财经政法大学，2018.

[4] 亚当・斯密．道德情操论[M]. 谢宗林，译．北京：中央编译出版社，2009：99.

福必备的条件，尽管除了看到他人幸福他自己也觉得快乐之外，他从他人的幸福中得不到任何其他任何好处。属于这一类的原理，是怜悯或同情”[1]。正是这种怜悯和同情，构成了道德人“利他”的心理机制，也因此为人的经济行为划定了一条边界，即不能损害他人利益——不能以牺牲他人为代价去放纵自己对幸福的追求从而破坏他人的幸福。基于“经济人”和“道德人”两种人性假设，斯密想要证明个人可以在经济活动中克制自己的私欲，从而实现财富和美德的并行。

从亚当·斯密关于“经济人”和“道德人”双重属性的讨论中可以发现，他“一方面接受了斯多亚学派的平等尊严理念，但另一方面又转向了亚里士多德，以理解人类如果要过上美好生活，还需要来自外部世界的各种方式的帮助”[2]。相较于同时期以霍布斯和洛克为代表的社会契约论下更富政治色彩的“美好生活”，斯密从经济维度对“美好生活”进行了阐述，“揭示出商业社会中的商品交换和劳动分工所带来的物质财富的普及对人们追求‘美好生活’所具有的前提性意义”[3]。因此，“财富”作为“幸福”必要物质基础这一论点再次被抛出，不同于古希腊时期，此时“财富由劳动创造”这一事实没有被遮蔽。

理解了这一点，便能更好地解释这一历史时期休闲在经济和道德层面俱受谴责的原因。前文提出，休闲在宗教改革时期就已经被弱化为娱乐消遣或无所事事，而这两点在劳动价值论的影响下并不受推崇。首先，从经济角度出发，此类休闲与这一时期积累社会财富的目的是相左的。因为它不属于“生产性劳动”而是一种“非生产性”的行为，又因为“非生产性劳动者”也仰仗“生产性劳动”的产出，所以“非生产性”的行为不仅无法积累财富，反而还会刺激消费从而消耗社会财富。因此，当时的经济学家对休闲行为普遍持批判态度，无论是骄奢淫逸的旧贵族和

---

[1] 亚当·斯密．道德情操论 [M]．谢宗林，译．北京：中央编译出版社，2009：2.

[2] 玛莎·C. 纳斯鲍姆．寻求有尊严的生活——正义的能力理论 [M]．田雷，译．北京：中国人民大学出版社，2016：132.

[3] 程汉．财富与德性——亚当·斯密论“美好生活”[J]．现代哲学，2023（2）：106-113.

资产阶级新贵族，还是懒散倦怠的工人，都因其游手好闲和无所事事而被看作是社会的寄生虫。斯密就指出奢侈者和游手好闲者对于国民经济的负面影响，“奢侈者就是这样滥用资本：不量入为出，结果就蚕食了资本。正像把一种敬神之用的基金的收入移作渎神之用的人一样，他把父兄节省下来打算作点事业的钱，豢养着许多游手好闲的人。由于雇用生产性劳动的基金减少了，所雇用的能增加物品价值的劳动量亦减少了，因而，全国的土地和劳动的年生产物价值减少了，全国居民的真实财富和收入亦减少了”[1]。可以说，正是奢侈和妄为导致了资本的减少。

从道德角度来看，贵族阶层的骄奢淫逸、无所事事是以消耗劳动者的产出为基础的，其本质是对劳动者利益的剥夺，这就越过了不损害他人利益的道德底线。“等级特权只属于少数人，但利益却是人人都拥有的。承认了自利的正当性，相当于对全体公民而言，无论其处于哪个社会阶层，他们的利益都值得关注。”[2]因此作为少数的上层阶级不应当因为自己身居高位而忽视普通劳动者的利益。同样，游手好闲、无所事事的人因其不事生产却需要消耗社会财富得以生存，其实质也是对生产性劳动者利益的剥夺，也是一种不道德的行为。由此可见，以“奢侈者夺勤劳者的面包来豢养游惰者”[3]显然是不经济也不道德的，休闲便是因此受到拒斥，其地位进一步下降。这并非亚当·斯密的一家之言，甚至像圣西门这样的早期社会主义者也以“经济学家”的立场颂扬劳动并谴责休闲，他认为“从事生产劳动的人是最幸福的人。所有成员都会有效利用时间的家庭是最幸福的家庭。闲散人员最少的国家是最幸福的国家。假如没有游手好闲的人，人类一定能够享受到他们所追求的一切幸

[1] 亚当·斯密．国民财富的性质和原因的研究：上卷[M].郭大力，王亚南，译．北京：商务印书馆，1972：312.

[2] Holmes S. Passions and Constraint: On the Theory of Liberal Democracy[M]. Chicago: University of Chicago Press, 1963: 63.

[3] 亚当·斯密．国民财富的性质和原因的研究：上卷[M].郭大力，王亚南，译．北京：商务印书馆，1972：311–312.

福”[1]。因为在他看来，只有发展经济生产力，才有可能建立一个平均主义的社会基础。为了确保发展，就必须使生产避免消费而重新投入生产，因而作为非生产消费的休闲是不可取的。

综上，在脱离宗教信仰的约束后，劳动以其自身创造财富的能力在人类生活中获得了更高的地位，而休闲作为劳动的对立面地位进一步下降。虽然斯密在“道德人”的假设中保留了对人性的关注，但主要还是从经济利益获取的角度出发去探讨的，在他看来，劳动对于工人来说更多的是一种苦难而非幸福——“如果劳动者都具有一般的精力和熟练与技巧程度，那么在劳动时，就必然牺牲等量的安乐、自由与幸福”[2]。因而劳动在此历史时期并没有上升到古希腊时期理想性休闲那样与人的本质相关涉的地位，甚至在机器大工业普遍建立、资本主义发展进入新阶段之后又回到了被贬抑的状态，这体现在大卫·李嘉图的经济理论中。李嘉图承袭了斯密“经济人”的人性假设，同时摒弃了其关于“道德人”的思想，这使得原本作为“历史的、哲学的、道德的混合物”的经济学变得更加“纯粹”。他采取了一种更彻底的利益至上的视角去阐释经济行为中的自利特性，而忽略了劳动与人的本性之间的联系。李嘉图所关注的是一个纯粹的经济社会，生活在其中的人也是纯粹的经济人，“他们被假定为没有道德、没有真理、没有艺术”[3]。其缺乏人本维度的劳动价值论导致劳动异化为只为经济利益服务的工具性付出，这显然偏离了劳动历史地位的上升路径。直到马克思将劳动看作是人的自由自觉的活动，劳动才真正取代休闲成为人们的生活理想。

[1] 圣西门.圣西门选集：第三卷[M].董果良，赵鸣远，译.北京：商务印书馆，1985：109.

[2] 亚当·斯密.国民财富的性质和原因的研究：上卷[M].郭大力，王亚南，译.北京：商务印书馆，1972：29.

[3] 王泽芝.古典经济学道德观演化研究——从斯密、李嘉图到约翰·穆勒[D].武汉：中南财经政法大学，2018.

第二节 休闲价值的让渡

一、“劳动理想”与“休闲理想”之争

以亚当·斯密为代表的古典政治经济学家们虽然从经济学角度肯定了劳动的价值，但是却不认为劳动能够通向幸福。在他们看来，进行劳动就必然会牺牲等量的安乐、自由和幸福。从这个角度来说，劳动并没有达到关涉人的本质的高度，它的“善”只体现在为社会创造财富而不是带领人们触摸自己的灵魂。马克思认识到了这一点，也认识到仅从经济角度讨论劳动，会使劳动偏离其本真的状态，最终服务于资产阶级的利益而忽略了劳动者本身的利益，也会使劳动者在劳动中处于被奴役的状态。因此他认为，经济理论的研究不可缺乏人本维度，从这个角度出发，他提出了“自由劳动”的概念，试图为劳动正名。

马克思所论述的“劳动”，是一种“对象化过程”，是一种人类赋予物质以形式的活动，并且是通过这一活动在世界中实现自身的过程。这一观点源于黑格尔。黑格尔认为，“劳动是受到限制或节制的欲望，亦即延迟了的满足的消逝，换句话说，劳动陶冶事物。对于对象的否定关系成为对象的形式并且成为一种有持久性的东西，这正因为对象对于劳动者来说是有独立性的。这个否定的中介过程或陶冶的行动同时就是意识的个别性或意识的纯粹自为存在，这种意识现在在劳动中外在化自己，进入到持久的状态。因此那劳动者的意识便达到了以独立存在为自己本身的直观”[1]。也就是说，在黑格尔看来，“‘劳动’是其特有的概念世界的对象化活动，它在自我意识的形成过程中起着奠基性的作用”[2]。人们通过劳动把自己对象化在产品中，在此过程中逐渐意识到人类的力量，并在世界中将之具体化，从而将自身发展成为有反思能力

[1] 黑格尔．精神现象学：上卷 [M]. 贺麟，王玖兴，译．北京：商务印书馆，1979：154.

[2] 白音．劳动概念的微观阐释：黑格尔与马克思 [J]. 中南大学学报（社会科学版），2012，18（4）：43–47.

和自我意识的存在者。马克思充分肯定了黑格尔对于劳动的积极看法，认为他抓住了劳动的本质，即“把劳动看作人的本质，看作人的自我确证的本质，是人在外化范围之内的或者作为外化的人的自为的生成”[1]。同时他也指出，黑格尔只关注到了抽象的精神劳动而没有关注到劳动的具体性，因此切断了劳动与真实世界的联系。在马克思看来，只有在劳动真实地与自然、与他人发生关系时，人才能从这个过程中生成为人，实现人作为人本身而不是作为创造财富手段的价值。因此可以说是劳动创造了人，这一点在恩格斯对劳动的意义和价值的高度赞美中也能体现，“劳动是一切财富的源泉，自然界为劳动提供材料，劳动把材料变成财富。但劳动还远不止如此。它是整个人类生活的第一个基本条件，而且达到这样的程度，以致我们在某种意义上不得不说：劳动创造了人”[2]。

综上，马克思所肯定的“劳动”，不仅是从经济学角度为社会创造物质财富的劳动，也是一种能够真正展现人类本质的活动，它“可以以及应该展现出一种人类自由活动的状态”[3]。在此意义上，“劳动”拥有了与古希腊时期“休闲”相同的意味，它关乎人的本质，是“人向自身、向社会的即合乎人性的人的复归”[4]，也是实现“人之为人”的重要途径——“若远离劳动，人类便行将退化”[5]。它的地位不再由荣耀上帝来彰显，也不因其所能产生的经济价值而被认可，而依据自身的价值成为社会生活的核心。于是，“休闲”曾经拥有的理想性质经由马克思让渡给了“劳动”，只不过在古希腊哲学家眼中，“休闲”理想属于不事劳作的奴隶主统治阶层，而马克思的“劳动”理想属于全人类。

尽管有学者宣称马克思为人们描绘了劳动与休闲融合并共同实现自

---

[1] 马克思 .1844 年经济学哲学手稿 [M]. 中共中央马克思恩格斯列宁斯大林著作编译局，译 . 北京：人民出版社，2000：101.

[2] 恩格斯 . 自然辩证法 [M]. 于光远，等译 . 北京：人民出版社，1984：295.

[3] 李哲罕 . 论“劳动”与“休闲”及其之间的辩证关系——以现代社会中人本质的“异化”与“复归”为焦点 [J]. 理论探讨，2022（4）：134–139.

[4] 马克思 .1844 年经济学哲学手稿 [M]. 中共中央马克思恩格斯列宁斯大林著作编译局，译 . 北京：人民出版社，2000：81.

[5] 于光远，马惠娣 . 劳作与休闲——关于休闲问题对话之五 [J]. 洛阳师范学院学报，2008（3）：1–6.

由自觉的人的本质的美好图景，如吴育林认为在马克思的理论中劳动与休闲是统一的，“它表现在劳动的维度就是从异化劳动到自由自觉的活动的渐变；表现在休闲维度就是从少数特权阶层享有休闲到普通劳动者从而社会所有人都享有休闲的演进”[1]；方芳也提到“本真性的劳动与休闲是相互贯通的，马克思劳动解放的意蕴就是休闲的实在内涵”，因而“休闲与工作不是融合的关系，而是工作具有天然的休闲属性”[2]。在这种论调下，休闲似乎还保留着古典主义的理想色彩，然而这都是在共产主义社会消灭了强制劳动、人类能够根据自己的需求和意愿自由选择活动的前提下才能发生的。也就是说，只有当马克思的“劳动”理想与古希腊的“休闲”理想在全人类层面同时实现时，这两者的贯通和统一才有可能实现。这在当时以及当下，都还只是一个遥不可及的目标。事实上，在前共产主义社会，休闲更多的时候是以“空闲时间”的意涵出现，被看作是一种恢复劳动力的途径，是劳动的预先状态，而不是直接指向“人的自我实现”的重要因素，它所处语境的中心还是劳动而非自身。“休闲”自身的语义内涵还在继续陨落，这一点在马克思对于“自由时间（free time）”与“闲暇时间（leisure time）”的讨论中可窥见一斑。

二、“自由时间”与“闲暇时间”之辩

“劳动是活的、造形的火；是物的易逝性，物的暂时性，这种易逝性和暂时性表现为这些物通过活的时间而被赋予形式。”[3]可见，马克思是从劳动实践的角度来理解时间的。在他看来，劳动是一个需要耗费时间的创造过程，在这个过程中所流逝的时间会被赋予某种形式，以物为载体呈现出来。同时又因为劳动是实现人类本质的具体方式，所以“时

[1] 吴育林．论马克思的劳动休闲观[J]. 自然辩证法研究，2006，22（7）：85-89.

[2] 方芳．工作与休闲的关系辨析——一种价值论解释的尝试[J]. 湖北理工学院学报（人文社会科学版），2017，34（3）：23-29.

[3] 马克思，恩格斯．马克思恩格斯全集：第30卷[M]. 中共中央马克思恩格斯列宁斯大林著作编译局，译．北京：人民出版社，1995：329.

间实际上是人的积极存在，它不仅是人的生命的尺度，而且是人的发展的空间”[1]。这里所指的“时间”是“自由时间”而非“闲暇时间”。赫伯特·马尔库塞（Herbert Marcuse）曾指出，“马克思的‘自由时间’不是‘闲暇时间’，因为实现个人的全面发展并不是一种闲暇的事情。自由时间是属于自由社会的，而闲暇时间是属于强制性社会的。然而，在后一种社会中，工作日必须大大缩减，闲暇时间必须组织起来，甚至被治理。对于劳动者、雇员或行政人员来讲，必须按照他的社会身份所属的性质、态度、价值和行为方式来享受闲暇生活；他的存在就是为了别人更好的存在；他的积极闲暇或消极闲暇将只是他的社会特性的延长或再现；他将不再是一个‘独立的个体’”[2]。卡莱尔·科西克（Karel Kosik）也认为，被组织起来的“闲暇时间”与马克思的“自由时间”是不同的，它可以是历史性异化的一部分[3]。

由于“自由时间”和“闲暇时间”都以生产力的提高和劳动时间的缩短为前提，且带有不受外在因素限制的、完全由个人自主支配的特性，因此很容易被混淆。即使在马克思自己的论述中也存在着两者重合的情况。他在《政治经济学批判》中提及，“自由时间——不论是闲暇时间还是从事较高级活动的时间——自然要把占有它的人变为另一主体，于是他作为这另一主体又加入直接生产过程”[4]。可见“闲暇时间”与“从事较高级活动的时间”都包含在“自由时间”之内，只是与“从事较高级活动的时间”相比，“闲暇时间”是属于较为低级的“自由时间”。所谓较低级的“自由时间”，主要指那些满足人的生理活动、休息和娱

[1] 马克思，恩格斯．马克思恩格斯全集：第 47 卷 [M]. 中共中央马克思恩格斯列宁斯大林著作编译局，译．北京：人民出版社，1979：532.

[2] 转引自：刘新刚，盛卫国．关于马克思自由时间范畴的思考——兼与余静教授商榷 [J]. 马克思主义研究，2008，12：106-112. 原文参考：Marcuse H.Towards A Critical Theory of Society: Collected Paper of Herbert Marcuse, Volume 2[M]. London and New York: Routlege of Taylor & Francis Group, 2001: 74-75.

[3] 卡莱尔·科西克．具体的辩证法——关于人与世界问题的研究 [M]. 傅小平，译．北京：社会科学文献出版社，1989：164-165.

[4] 马克思，恩格斯．马克思恩格斯全集：第 46 卷下 [M]. 中共中央马克思恩格斯列宁斯大林著作编译局，译．北京：人民出版社，1980：225-226.

乐所需要的时间，“这种时间不被直接生产劳动所吸收，而是用于娱乐和休息，从而为自由活动和发展开辟广阔天地”[1]。在前共产主义社会，当劳动还带有外在强制性的情况下，工人阶级努力想要从资本的贪得无厌中挣得的就是这种时间。这种时间能够让人们在劳动支出后及时得到休息，从而恢复生产力。因此“闲暇时间”的积极作用在于为重新投入劳动而积蓄能量，它总是与强制性的“劳动时间”相对。之所以仍认可它是“自由的”，是因为人们对强制劳动之外的生理活动时间的安排还是具有一定自由支配权的。更高层级的“自由时间”则是“个人用来受教育的时间，发展智力的时间，履行社会职能的时间，进行社交活动的时间，自由运用体力和智力的时间”[2]。马尔库塞和科西克所认为的与“闲暇”无关的“自由时间”正是这种“从事较高级活动的时间”，这种时间才是使人得以充分自由发展的空间。

值得注意的是，较高层级的“自由时间”并不属于工人阶级，他们所能掌控的主要还是处于较低层级的“闲暇时间”，因此工人也就“丧失了精神发展所必需的空间”[3]。与此同时，资产阶级却能够同时拥有“闲暇时间”和“从事较高级活动的时间”。马克思认为，资产阶级能从劳动者所创造的剩余劳动中获得两种东西。一种是生活所必需的物质条件，也就是他们赖以生存的物质产品；另一种就是可自由支配的时间，劳动者为其提供生活所需的物质产品，因此他们不需要自己从事生产，所以拥有足够多的自由时间，“不管这一时间是用于闲暇，是用于从事非直接的生产活动（如战争、国家的管理），还是用于发展不追求任何直接实践目的的人的能力和社会的潜力（艺术等等，科学）——这一自由时

[1] 马克思，恩格斯．马克思恩格斯全集：第26卷[M]. 中共中央马克思恩格斯列宁斯大林著作编译局，译．北京：人民出版社，1974：281.

[2] 马克思．资本论：第1卷[M]. 北京：人民出版社，1975：294.

[3] 马克思，恩格斯．马克思恩格斯全集：第47卷[M]. 中共中央马克思恩格斯列宁斯大林著作编译局，译．北京：人民出版社，1979：344.

间都是以劳动群众方面的剩余劳动为前提”[1]。从形式上来看，资产阶级所拥有的较高层级的“自由时间”与古希腊时期专属于公民阶层的“休闲”是相同的。一方面，它们都需要借助其他阶级如古希腊的奴隶阶级、资本主义社会中的工人阶级所创造的物质条件才能实现；另一方面，它们都是人发展自身、实现“人之为人”的具体过程。但在马克思笔下，“闲暇时间”与古典主义的休闲理想是完全不同的，只能被理解为是劳动之余的空闲时间，而“空闲时间”显然不带有古典“休闲”概念的自由意涵。

由此可见，马克思本身其实并没有赋予休闲一个崇高的地位。现有学者所提出的“休闲与劳动在马克思处得到统一”的观点预设了“休闲等于自由时间”，这需要在建成共产主义社会、劳动真正成为一种自由自觉的活动、劳动阶级也获得“自由时间”去发展自身等诸多条件都达成的情况下，将马克思的劳动理想和古希腊时期的休闲理想进行结合。但在现阶段，休闲依然是一个以劳动为中心而衍生出来的概念，它更多的是劳动体力再生产的必要时间。因此，马克思对于休闲的理解更偏向于休闲补偿理论（The Leisure Compensation Theory），该理论主张将工作看作是生活的主力，而休闲则是工作后的一种补偿，其目的是更好地投入劳动[2]。这一理论真实反映了这一历史时期休闲“作为工作附属”的地位，也是马克思之后人们对于休闲的普遍认知。

第三节　本章小结

本章对“休闲”概念的现代演变进行了讨论，提出“休闲”的概念发展至今已经和古希腊时期的“休闲”有所不同，主要受到以下几方面的影响。首先，宗教改革时期，劳动经由马丁·路德和约翰·加尔文的“天

[1] 马克思，恩格斯．马克思恩格斯全集：第 47 卷 [M]. 中共中央马克思恩格斯列宁斯大林著作编译局，译．北京：人民出版社，1979：215–216.

[2] 刘慧梅，张彦．西方休闲伦理的历史演变 [J]. 自然辩证法研究，2006，22（4）：91–95.

职”论改造而被赋予了神圣性，成为人类灵魂获得救赎的重要途径。这一文化范式决定了努力劳动才具有积极的道德价值，劳动开始逐渐取代休闲成为积极生活的象征，人们也开始改变对休闲的态度。古希腊时期将休闲作为善的生活的第一原则并能通向幸福的观念被认为是无用的，休闲因此作为懒散的代名词而被拒斥，并退化为劳动的预先状态。其次，工业革命后，古典政治经济学家发现了劳动的经济价值使得劳动不仅在道德上而且在经济上占领高地，进一步改变了人们对休闲的认知。休闲作为一种非生产性的活动，被认为是对社会财富的消耗和对生产性劳动成果的侵占而受到拒斥，其社会地位进一步下降。最后，马克思提出了自由劳动，他认为这种劳动关乎人的本质，是自由自觉的，是“人向自身、向社会的即合乎人性的人的复归”[1]，人们在此过程中展示自我。在此意义上，“劳动理想”取代了古希腊时期的“休闲理想”，劳动成为实现“人之为人”的重要途径。由此，休闲与劳动的地位完成了转变，从“劳动以休闲为目的”发展成为“休闲以劳动为目的”，古希腊时期的休闲思想就此走向衰落，日益式微。

从历史唯物主义的角度来看，这一转变的根本原因在于古希腊时期的休闲从一开始就将劳动者（奴隶阶级）排除在外，而只属于城邦公民。这体现的是休闲与劳动的分野，其本质是私有制带来的利益分化。此种思想能在古罗马、中世纪以及文艺复兴时期得以保留是因为休闲的权利一直被攥在上层阶级手中。得益于此，古罗马时期的大奴隶主阶层、中世纪的僧侣阶层、文艺复兴时期的贵族阶层能够去探索人的本质并有所收获。然而，随着时代的发展，民智渐开，劳动阶级的人民也产生了发展自我的现实需求，因此劳动作为承载其生活的主要方式开始受到重视。观察劳动地位的上升路径，无论是宗教改革时的马丁·路德、约翰·加尔文，奠定了劳动价值论基础的古典政治经济学家代表亚当·斯密，还

[1] 马克思 .1844 年经济学哲学手稿 [M]. 中共中央马克思恩格斯列宁斯大林著作编译局，译 . 北京：人民出版社，2000：81.

是将劳动提升到关涉人的本质地位的马克思，他们都关注到那些勤勤恳恳工作的劳动者同样存有拥有幸福生活和实现自我价值的愿望。正是基于这种出发点，劳动开始成为更值得追求的生活。随着劳动地位的上升，“休闲”曾拥有的理想地位逐渐被“劳动”取代。在马克思设想的共产主义社会中，“劳动”更是肩负起了实现“人之为人”的历史使命，使每个人都有实现自由全面发展的机会。

虽然古希腊时期的休闲只专属于某一个阶级，但当时哲人提出的休闲理想与马克思提出的劳动理想其实都是对“人”的应然状态的关注。因此，尽管休闲与劳动的地位在近现代发生了转换，但它们背后所蕴含的人类理想的生活状态却是一致的。这也是为何古典休闲的价值能够让渡给劳动的重要原因。然而，共产主义社会的劳动毕竟只是一个遥远的梦想。现实状况是，在前共产主义社会，劳动阶级所拥有的“自由时间”只是较为低级的“闲暇时间”，只是工作与劳动的附属物，其目的是更好地投入生产以创造财富而非实现自我。通过劳动追求财富并不是可耻的事情，因为对财富的欲望“一直存在于所有人的身上，可以说，尘世中一切国家、一切时代的所有个体，不论实现这种欲望的客观可能性如何，全都具有这种欲望”[1]。不过，正如亚当·斯密为追求自利的“经济人”划定了“不损害他人利益”道德底线，对财富的欲望也应当有一定的限度。然而，资产阶级的野心是不可低估的，为了尽可能在资本主义生产过程中实现自身利益最大化，斯密“道德人”的人性假设被抛诸脑后，人被规定为纯粹的经济人，劳动也走上了异化的道路。马克思正是在批判异化劳动的基础上提出了“自由劳动”的概念，只不过在当前的历史阶段还无法实现。但随着科技发展，劳动时间的缩短，人们依然有机会通过合理利用有限的闲暇时间去发展更好的自我，以对抗异化劳动对人的异化，只是需要警惕不要让自己陷入消费主义和享乐主义的漩涡。

---

[1] 马克斯·韦伯.新教伦理与资本主义精神[M].于晓，等译.北京：生活·读书·新知三联书店，1987：7–8.

06

休闲在现代社会中的两种呈现

上一章主要从劳动地位的上升路径探讨了休闲地位的下降过程：宗教改革从信仰的角度使得劳动成为“善的生活”的具体体现；古典政治经济学家发现了劳动在经济层面的价值；马克思则进一步将劳动提到了伦理本体的高度，并赋予了劳动帮助人自我实现的理想性质。然而，劳动地位的上升并非一个线性的过程，其间会有很多曲折的经历，其中影响最大的是异化劳动的出现。在马克思的劳动的自由状态尚为一个遥远梦想的现代，异化劳动的出现直接打断了劳动地位的上升路径，也影响到了人们对于休闲的态度。

前一章“劳动经济价值的发现”一节中已指出，亚当·斯密“经济人”与“道德人”的双重人性假设使得劳动在经济上和道德上受到双重认可。在他看来，经济的发展还是为人服务的。但从大卫·李嘉图开始，“道德人”的假设被放弃了，人被抽象为纯粹的“经济人”，人在经济行为中的自利特性被放大，劳动与人的本性之间的关系也被经济利益所掩盖。同时，资本开始作为一种物化劳动参与了价值的创造过程，这为资本剥削和占有劳动成果提供了可能，也就此开启了古典经济学的庸俗化进程。这一进程的直接后果就是资本志向的堕落和劳动地位的沦丧。经济学家西斯蒙第（Sismondi）就曾批评“李嘉图的资本主义经济是为了生产而生产的思想，是见物不见人，是为手段牺牲目的”[1]。在这种缺乏人本维度的经济关系中，劳动被视作只为资产阶级经济利益服务的工具性付出。进入19世纪以后，资本主义对工人的无情剥削发展到了极致。“当时的人们认为，成千上万的工人在饥饿线上挣扎是一种自然的或社会的法则。资本所有者在追求利润的过程中最大限度地剥削雇工，也被认为是道德上正确的。资本家与工人谈不上什么人与人之间的同类相亲。弱肉强食的经济法则至高无上。”[2]人开始丧失自己在这个制度中的中心

[1] 赵万里．从威廉·配第到大卫·李嘉图的经济伦理：劳动创造价值[J].重庆科技学院学报（社会科学版），2014（6）：58–60.

[2] 艾里希·弗洛姆．健全的社会[M].孙恺祥，译．上海：上海译文出版社，2011：69.

地位，被商业和生产取而代之。市场摆脱了一切传统的限制因素成为首要的调节机制，它在人的背后发挥作用，强制人行动，但又不给人自由决定的权利。人们看似为着自己的利益而行事，但却处处受制于无形的市场和经济机器的法则。

马克思劳动异化理论正是在此背景下提出的。尽管马克思提出了自由劳动，重新定义了劳动的价值，并认为真正的劳动是一种自由自觉的活动，是人的自我生成过程，但他也指出“自由劳动”还只是一种理想，事实上劳动在资本主义社会中一直以“异化”的状态存在着。异化劳动无法导致人的自我生成，反而会造成自我疏离，因此无法取代古希腊哲学中的休闲观念成为人们的生活理想。在这种情况下，作为曾经的生活理想以及自由时间的初始状态的“休闲”被寄予了克服劳动异化的希望，被重新提倡。然而，随着资本主义由生产本位发展成为消费本位，休闲逐渐被构建成为一种消费神话，从而失去了克服劳动异化的能力。本章主要分析休闲在现代社会中的两种不同呈现。

第一节　休闲作为反抗劳动异化的力量

一、劳动异化理论的发展

在讨论休闲从何种意义上能够对抗劳动异化之前，我们需要了解一下马克思的劳动异化理论。

异化是马克思主义哲学中的一个重要术语，常被运用于宗教、政治、社会和经济关系等众多领域中，本节主要讨论“劳动异化”的问题。人是自己行动的主体，凭借自己的意志采取行动。而劳动是人维持自己生存、满足自己生活欲求的基础活动，自然也是出于自己意志的行动。虽然人在劳动过程中受制于自然，但除去自然的不可抗力，人的劳动并不屈从于某种外力的强制。这是“人之为人”主体性的体现。在马克思看来，这种能体现“人之为人”主体性的“劳动”指代的是“自由劳动”。

“‘劳动理想’与‘休闲理想’之争”一节介绍马克思劳动观时已指出，马克思对于劳动的理解源于黑格尔，他将劳动看作是一种“对象化”的过程，在此过程中人们赋予物质以具体的形式，同时也在自己生产的产品中认知自己的能力，以此来发展自我意识并实现自我。劳动能帮助人实现自己的类本质，即将精神的自我对象化为外部世界的客观实体。不过，马克思却认识到劳动并不必然导致自我实现。他在“对象化”和“异化”之间做了一个至关重要的区分，认为在“异化”的条件下，无法完成自我实现[1]。这种无法导致自我实现发生的劳动即“异化的劳动”也是资本主义社会中劳动的主要形式。

马克思在《1844年经济学哲学手稿》中从四个方面论述了劳动的异化。

一是劳动产品，即劳动对象的异化。这种异化具体体现为劳动者无法占有自己所生产的产品，因此也无法在劳动产品中体现自我。在资本主义经济关系中，劳动与需求之间的直接联系转化成了通过货币和市场进行连接的间接联系，因此劳动者不再能够控制产品的交换过程。在此情境下，劳动成为雇佣劳动，劳动者既不拥有从事生产的工具和原料，也不拥有自己产出的产品。也就是说，“劳动所生产的对象，即劳动的产品，作为一种异己的存在物，作为不依赖于生产者的力量，同劳动相对立”[2]。

二是劳动本身，即生产行为的异化。在资本主义雇佣劳动关系中，劳动是为了赚取工资，这意味着劳动是可以被购买的，它已经成为了一种商品，因而外在于人的存在。在一个以劳动力的买卖为基础的社会中，劳动过程的切分可以降低劳动成本以获取更大的利益。于是，劳动不再出于劳动者自身的意志，而是经过他人精心设计和合理规划的。这就导

---

[1] 肖恩·塞尔斯.马克思《1844年经济学哲学手稿》中的“异化劳动”概念[J].高雯君，译.当代国外马克思主义评论，2008，12：372-392.

[2] 马克思.1844年经济学哲学手稿[M].中共中央马克思恩格斯列宁斯大林著作编译局，译.北京：人民出版社，2000：52.

致劳动者对劳动过程失去了控制，他不是自己劳动过程的主人，而是资本主义运行机器中的一个零件。因此，劳动者在异化劳动中“不是肯定自己而是否定自己，不是感到幸福而是感到不幸，不是自由地发挥自己的体力和智力，而是使自己的肉体受折磨、精神遭摧残”[1]。

三是人的本质的异化。马克思认为，只有在通过劳动改造对象世界时，人才能证明自己是类存在物（有意识的存在物），因此劳动的生活就是人的能动的类生活，劳动的对象就是人的类生活的对象化，人就在他所创造的对象世界中直观自身[2]。然而异化的劳动把这种关系颠倒了，雇佣劳动使得生产性的、对社会有益的劳动变成了赚取工资的手段。劳动成了纯粹工具性的活动，仅仅与满足外在的需求相关。这就导致“人的类本质——无论是自然界，还是人的精神的类能力——变成对人来说是异己的本质，变成维持他个人生存的手段。异化的劳动使人自己的身体，同样使在他之外的自然界，使他的精神本质，他的人的本质同人相异化”[3]。

四是人与人的异化。这种异化体现在两个方面。首先是劳动阶级与资产阶级的对立。当劳动者不再占有自己的劳动产品，同时劳动本身也成为外在化的不属于自己的活动时，它们必然属于“他人”，这就造成了人与他人的对立。由于在马克思的讨论中劳动的主体为工人，因此这里的“他人”就是与工人相对的资产阶级。他们是站在劳动之外的人，也就是所谓“不生产的人”。他们支配着劳动者的生产和产品，因此站在人的对立面。其次是劳动者之间的相互对立。在资本主义经济体系中，劳动者之间的联系是通过他们所生产的产品的买卖来实现的，而不是以个人的身份被认知和了解。他们所生产的产品在市场经济中也遵循着某

[1] 马克思 .1844 年经济学哲学手稿 [M]. 中共中央马克思恩格斯列宁斯大林著作编译局，译 . 北京：人民出版社，2000：54–55.

[2] 马克思 .1844 年经济学哲学手稿 [M]. 中共中央马克思恩格斯列宁斯大林著作编译局，译 . 北京：人民出版社，2000：58.

[3] 马克思 .1844 年经济学哲学手稿 [M]. 中共中央马克思恩格斯列宁斯大林著作编译局，译 . 北京：人民出版社，2000：58.

种独立于人的意志的客观法则，这种市场运行规则，实际上就是劳动者之间异化了的生产关系的体现，即“每个人都通过使他们自己劳动的产品异化来取得别人的产品”[1]。

综上，在资本主义经济关系下，劳动被异化了，无法帮助人实现自我，反而使人成为了自己所生产的对象的奴隶，变成依附于资本的物。因为资本主义的生产目的从来不是实现人的发展，而是资本的自我增值，是外在于人的目的的。在马克思看来，整个资本主义就是一种卑鄙的“人为物而牺牲”的反人制度。在资本主义经济中，人被贬低为一种创造财富的力量，资产者不是把无产者看作是人，而是将人变成物，劳动力只是一种物的生产力[2]。人臣服于自己所创造的物，这一境况与路德维希·费尔巴哈（Ludwig A. Feuerbach）对人与上帝关系的解读何其相似！“在费尔巴哈看来，上帝是人的本质的颠倒，人创造了无所不能的神，却使人类主体自身变得空无，无能的人只能跪倒在自己创造出来的万能的创造物前。”[3] 而在马克思论下，正是人通过异化的劳动创造了资本主义经济世界，但却最终沦为了这个自己所创造的世界的奴隶，导致“一种非人的力量统治了一切”[4]。

一般来说，马克思休闲思想的研究者在论及劳动异化后必然转向“休闲异化”的议题，然而本书想从另一个角度来讨论“休闲”与“异化劳动”的关系。学者们普遍持有一个观点，认为马克思所述的“自由自觉的劳动”就是“休闲”，两者是同一的，正是在“自由自觉的劳动”，或者说“休闲”中，“人之为人”才成为可能。这一论断从某种角度来说是正确的，因为马克思自由自觉的劳动理想确实与古希腊时期的休闲理想有着共同的目标，即对人的本质的实现。然而，正如前一章所述，在马克思本人

---

[1] 陈鲁直 . 民闲论 [M]. 北京：中国经济出版社，2005：76.

[2] 马克思，恩格斯 . 马克思恩格斯全集：第 42 卷 [M]. 中共中央马克思恩格斯列宁斯大林著作编译局，译 . 北京：人民出版社，1979：260–263.

[3] 张一兵 . 马克思劳动异化理论的逻辑建构与解构 [J]. 南京社会科学，1994（1）：16–24.

[4] 马克思 .1844 年经济学哲学手稿 [M]. 中共中央马克思恩格斯列宁斯大林著作编译局，译 . 北京：人民出版社，2000：130.

的论述中，“休闲”一词并不具有如此崇高的意涵。在前共产主义社会，休闲就是一种让人们恢复精力以重新投入工作的活动，休息、放松、娱乐都被包含在内；而在共产主义社会，“自由自觉的劳动”得到实现后，这种“休闲”也就没有存在的必要了。也就是说，在马克思的语言体系中，“休闲”是以“异化劳动”为中心而辐射出来的一个概念。从这个角度来看，“休闲”就不存在所谓的“从关涉人的本质的活动”到“只是作为劳动补偿活动”的“异化”过程。

然而，作为“异化劳动”附属的“休闲”依然被寄予了克服异化的希望。虽然劳动的异化导致了人的异化，即对人的本身的远离，但是“异化”在马克思看来是一个具有一定历史合理性和历史必然性的概念，其实它对于人类认识自我起着非常重要的作用。正如艾里希·弗洛姆（Erich Fromm）所提出的，“离开异化的概念，就不可能充分地理解关于能动的、生产的、以其自己的力量把握和包摄客观世界的人的概念。在马克思看来，人类的历史就是人不断发展同时又不断异化的历史。他的社会主义概念就是从异化中解放出来，就是回归到他自身，就是人的自我实现”[1]。由此可见，对“异化”的克服需要将“异化”作为整个发展过程中的必要环节来实现，简单地取消或废除导致异化的条件无法实现这一目的，更不可能回到前资本主义的状态去达成对异化的克服[2]。“异化”这种不断运动和变化着的特性，使它蕴含着变革的力量，能帮助人重新寻找实现自我的途径，从而实现对劳动异化状态的超越。而“休闲”作为“异化劳动”的附属，作为“自由时间”的初始形态，也作为曾经的理想生活状态，被一些学者认为是最有可能引发这种变革的一个变量，并对其作出了探索。下一节就将从保尔·拉法格《懒惰权》（“The Right to Be Lazy”）以及伯特兰·罗素的《悠闲颂》（“In Praise of Idleness”）出发，

[1] 弗洛姆. 马克思关于人的概念 [M]// 复旦大学哲学系现代西方哲学研究室. 西方学者论《1844 年经济学哲学手稿》. 上海：复旦大学出版社，1983：56.

[2] 肖恩·塞尔斯. 马克思《1844 年经济学哲学手稿》中的“异化劳动”概念 [J]. 高雯君，译. 当代国外马克思主义评论，2008（12）：372-392.

讨论休闲从何种意义上为克服劳动异化提供可能。

二、休闲对劳动异化的反抗

（一）保尔·拉法格《懒惰权》

作为一名马克思主义理论家，保尔·拉法格深刻认识到资本主义社会中的劳动异化对劳动者所造成的巨大影响——他们为社会创造的财富越多，就越贫困；为文化进步创造的条件越多，所接受的文化教育就越少；为社会创造的闲暇越多，就越忙碌。劳动过程中机器的介入非但没有缩短劳动者的工作时间，反而将劳动本身异化为独立于劳动者的存在。雇佣劳动中被切分了的劳动过程失去了创造性，毫无创造性的劳动日日损毁着劳动者的肉体和精神，但他们却依然保留着对劳动的“热情”。拉法格在《懒惰权》一文开篇就指出，“工人阶级似乎存在一种奇怪的错觉，他们认为劳动是神圣的，因此应当为劳动耗尽自己及子孙后代的全部精力”[1]。这种“错觉”有其深刻的历史根源，拉法格剖析了其中的根源，并提出只有“懒惰”才能将人们从这种错觉中挣脱出来。

在宗教改革的年代，劳动确实被赋予了神圣性，是上帝给人安排的“天职”，也是人作为上帝“选民”的一种自我确证。然而，在资产阶级掌握了政治和经济的话语权后，这种宗教信仰所带来的对劳动的推崇反而成为其控制劳动者的有效手段。资本主义创造财富的现实需求需要工作成为人们生活的中心，以此来实现资本的不断增值，他们“只看重劳动者作为奴隶的价值，希望劳动者是勤勉的、专注的，永远不考虑自己”[2]。为了能对工人阶级进行制约，使他们甘愿受其驱使并将自己的全部精力投入工作，资产阶级借由宗教的力量向工人阶级灌输“忠实的工作能高度取悦上帝”“人活在世上就是为了受苦”等观念，对劳动者

[1] Lafargue P. The Right to Be Lazy, and Other Studies[M]. Chicago: Charles H. Kerr & Company, 1907: 9.

[2] Hommond J L. Hommond B. The Town Labourer, 1760–1832(first published in 1917)[M].London: Longman, 1966: 307.

宣扬禁欲，最终“将劳动者的需要减少到最低程度，压制他们的欢乐和激情，使他们沦为片刻不停运转的经济机器的零部件”[1]。与此同时，他们自身却占有着工人阶级所创造的劳动成果，对商品和欢乐不知满足，并不断美化至今仍受到基督教徒谴责的肉欲和激情，为自身的享乐行为提供了合法性。

显然，拉法格对于资产阶级向工人宣扬勤奋哲学但自己却过着奢靡生活的行径持明确的鄙视态度，他认清了资产阶级对工人阶级不存在“同情”的心理，认为“资本家在摧残和损毁雇佣工人时，也挤干他们的肌肉的和神经的劳动。而当被挤干的、精疲力竭的雇佣工人在他的挤压之下不再能提供形成剩余价值的剩余劳动的时候，资本家就会把他们像厨房的废物和垃圾一样扔在街上”[2]。但他也为工人阶级竟然全心全意地信奉这种勤奋哲学感到遗憾，因为这种信奉实际上是对自己奴隶地位的默认，“他们在过度生产和过分禁欲中杀害自己，是一种双重的疯狂”。可见，工人阶级对劳动的“热情”源于对资产阶级为了自身利益而构建的一种劳动道德的错误信仰，正是这种错误信仰导致其被卷入异化劳动的漩涡，背叛了作为人的自由本性，走向了自身的对立面。这也是劳动者所面临的个人和社会问题的根源所在。

为了让劳动者从这种错误信仰中挣脱出来去对抗异化的劳动，拉法格提出为劳动者争取“懒惰权”。拉法格本人并未对“懒惰”有一个明确的定义，但由于其思想传承自马克思，因此可以从马克思对“懒惰”的论述中窥见拉法格“懒惰”的意涵。马克思在《1857—1858 年经济学手稿》中提到，“剩余劳动在一方被创造出来，与此相适应，负劳动，即相对的懒惰（或者在最好的情况下，是非生产劳动）则在另一方创造出来。不言而喻，这首先适用于资本，其次也适用于同资本分享剩余价

[1] Lafargue P. The Right to Be Lazy, and Other Studies[M]. Chicago: Charles H. Kerr & Company, 1907: 4.

[2] 拉法格 . 宗教和资本 [M]. 王子野，译 . 北京：生活 · 读书 · 新知三联书店，1963：103.

值的其他阶级”[1]。也就是说，“懒惰”就是负劳动或非生产性劳动，是对劳动者所创造的剩余价值的占有状态，与雇佣劳动或者说是工资劳动的奴役状态是相对立的。这种占有首先在资产阶级那里实现，然后才有可能被其他阶级所分享。这就为工人阶级以“懒惰”来对抗剩余劳动提供了理论上的可能。既然资产阶级能够依靠劳动者的剩余劳动而享受懒惰、负劳动或非劳动，那为什么劳动者不把自己的剩余劳动变为懒惰、负劳动和非劳动呢？在这种思考的基础上，拉法格指出：“无产阶级如果要认识到自己的力量，就必须坚决摒弃基督教的、经济的和自由思想的道德偏见，就应当恢复他们的天然本性，就应该宣布他们有懒惰权——这一权利要比资产阶级革命的形而上学的辩护士所炮制的干巴巴的人权神圣和高贵千万倍——他们应该每天只工作 3 小时，而在其余时间里尽情地娱乐或者闲荡”[2]。通过缩短工作时间，“懒惰”具备了对抗劳动异化的能力，“以懒惰或懒散对抗剩余劳动，是工人要求把资本占用的剩余劳动时间变为由自己支配的自由时间的一种手段”[3]。

“一个世纪以来，强制劳动已经破坏了他们的神经，擦伤了他们的身体，折磨着他们的神经；一个世纪以来，饥饿撕裂了他们的内脏和他们的大脑。懒惰啊，可怜我们长久的苦痛吧！懒惰啊，艺术与高尚美德的母亲，愿你成为人类痛苦的慰藉！”[4]从《懒惰权》最后的呼喊可知，被拉法格寄予克服劳动异化希望的是“懒惰（lazy，laziness）”而非“休闲（leisure）”，但此章节想要重点讨论的是“休闲在何种意义上能够对抗劳动异化”的问题，因此在这里厘清“懒惰”与“休闲”的关系十分必要。

如前文所述，拉法格所谓的“懒惰”指的是“负劳动”或者“非生

---

[1] 马克思，恩格斯 . 马克思恩格斯全集：第 30 卷 [M]. 中共中央马克思恩格斯列宁斯大林著作编译局，译 . 北京：人民出版社，1995：379.

[2] 拉法格 . 拉法格文选：上 [M]. 中共中央马克思恩格斯列宁斯大林著作编译局，译 . 北京：人民出版社，1985：80.

[3] 陈鲁直 . 民闲论 [M]. 北京：中国经济出版社，2005：85.

[4] Lafargue P.The Right to Be Lazy, and Other Studies[M]. Chicago: Charles H. Kerr & Company, 1907: 57.

产性劳动”，即从雇佣劳动中脱离出来的状态，而一旦从雇佣劳动中脱离，劳动者就拥有了可供自由支配的时间。马克思认为，可自由支配的时间分为“闲暇时间”和“从事较高级活动的时间”两种，而在劳动还带有外在强制性的情况下，劳动者能够从资产阶级那里挣得的只有“闲暇时间”。因此可以说，拉法格的“懒惰”其实就是“闲暇”，也就是作为工作附属的“休闲”。以“懒惰”对抗劳动异化，其实就是以“休闲”对抗劳动异化。本书猜想，拉法格表述自己思想时之所以使用“懒惰”一词而非“休闲”，是因为宣扬作为“勤奋”反义词的“懒惰”，更能体现其对宣扬“勤奋哲学”的资产阶级意识形态的反抗。事实上，早期的产业工人表现出了对高效的机械化工作体制的强烈抵触，而这种抵触经常被用来证明穷人的懒惰和懒散[1]，这也从侧面验证了拉法格的意图。但拉法格对“懒惰权”的呼吁并不是号召废除资产阶级，或是废除其他不从事生产的寄生虫，只是促使劳动者去思考一个问题：如果能够享有自己所生产的一切，过充分悠闲的生活，那将是怎样一种情况？长期以来，这一问题都被劳动者忽略了，他们受制于资产阶级的劳动道德，而一心扑在劳动上，忘记了自己也有“懒惰”，或者说“休闲”的权利。拉法格对“懒惰权”的提倡，其实是想要建立一个民闲社会，并在这个社会中实现劳动的解放。

（二）伯特兰·罗素《悠闲颂》

伯特兰·罗素是另一位在以劳动/工作为中心的世界里提出以休闲对抗劳动异化的思想家。和拉法格一样，他并未直接使用“休闲（leisure）”一词，而是用了“悠闲（idleness）”，其赞扬“悠闲”的文章《悠闲颂》的英文原名即为“In Praise of Idleness”。idleness亦可译为“懒惰”“懒散”，在将“懒惰”“懒散”视为不可饶恕的罪恶的劳动道德中颂扬它，显然也是对这种导致劳动异化的劳动道德的反抗。虽然罗素并非一名马克思主义者，但他同样认识到资产阶级的劳动道德是一种奴隶道德，其本质

[1] 齐格蒙特·鲍曼.工作、消费主义和新穷人[M].郭楠，译.上海：上海社会科学院出版社，2021：9-10.

是占有工人阶级的劳动成果以使自己过得悠闲。“在整个欧洲，有第三类人，他们比任何一类的工作人员更受尊敬。这种人利用土地的所有权，能够向旁人取酬，以报答他允许他们生存和工作的特权。这班土地拥有者是悠闲的，所以人们也许希望我们颂扬他们一番。不幸的是，他们之所以能够悠闲，只是旁人勤劳的结果。实际上他们对于舒舒服服、优哉游哉的愿望，在历史上是整个工作福音的来源。”[1]也就是说，资产阶级向劳动阶级宣扬“悠闲、懒散（idleness）”是罪恶，实际是为了实现自己的“悠闲、懒散（idleness）”。这与拉法格的观点如出一辙。拉法格认为，是工人阶级对劳动的错误信仰导致其无法挣脱异化劳动的漩涡，要有所改变，就要从缩短工时争取自己的“懒惰权”开始。和他一样，罗素也指出，“在现代世界中，大量危害是由于相信工作的善良性所造成的。通往幸福和繁荣之路，在于有组织地缩减工作”[2]。两者不同的是：拉法格从阶级对立的角度出发为工人阶级谋求“懒惰权”，是将之作为与资产阶级斗争以获得平等的武器；而罗素对“悠闲 / 懒散（idleness）”的颂扬更着重于让人摆脱工作的奴役，从而在人的精神领域实现自由[3]。两者虽然以颂扬“懒惰”“懒散”为名，但实际上都是对“休闲”的一种肯定。

在《幸福之路》中，罗素专门探讨了“使人在从事严肃的事务之余能够宽弛一下”的“闲情逸兴”，也就是“悠闲”——它们通常被认为是用以消磨闲暇的次要兴趣。“这些闲情逸兴不可以运用已被日常工作弄乏了的官能。它们毋须意志，毋须当机立断，也不当如赌博一般含有经济意味，且也不可过于刺激，使感情疲倦，使下意识和上意识同样的不得空闲。”[4]除了能带来心情上的宽弛，闲情逸兴还能帮助人保持均

[1] 伯特兰・罗素．悠闲颂 [M]. 李金波，蔡晓，译．北京：中国工人出版社，1993：3–4.
[2] 伯特兰・罗素．悠闲颂 [M]. 李金波，蔡晓，译．北京：中国工人出版社，1993：3.
[3] 耿奖研．论伯特兰・罗素的休闲观 [J]. 黄海学术论坛，2010（15）：271–276.
[4] 伯特兰・罗素．幸福之路 [M]. 傅雷，译．西安：陕西师范大学出版社，2006：208.

称的意识，从对工作的沉溺中脱离出来，“把工作在应当忘记时忘记”[1]，去认识更广阔的、真实的世界，而与工作密切相关的兴趣，均不能被认为是闲情逸兴。在罗素看来，“休闲就是‘感觉好的状态’，但它的内涵却远不止于此，休闲就是能纯粹地——有机会把目的、意义贯注到生命中——提供自我表现、自我成就和自我实现的途径。休闲是增加想象力、培育才能、转换视角和做回我们自己的良好途径”[2]。

同时，罗素也指出，“明智地利用闲暇，是文明和教育的产物。一生长时间工作的人，如果他突然变得悠闲，将感到厌烦。但没有相当大量的闲暇，一个人就和许多美好的事物绝缘”[3]。可见罗素的休闲包含两点内容：一是“有闲暇”；二是“明智用闲”——这恰恰也是古希腊时期亚里士多德所强调的。前者需要将人从长时间的劳动中解放出来，拥有可自由支配的闲暇时间，对此罗素所提出的具体措施是缩短工作时间。他建议，“工作时间应该缩减到 4 小时，一天 4 小时的工作已经足以使人得到生活的必需品和基本的享受品，他的其余时间都是他的，他认为怎样合适就怎样利用”[4]。因为现代技术的发展大大减少了每个人获得生活必需品所需要的劳动量，更多劳动的投入和更高效率的追求只会造成浪费，因此没有必要让工人们继续受长时间强制劳动之苦。在现代技术的帮助下，有限的悠闲不再是特权阶级的专属，而有可能均等地分属于整个社会。在这种情况下，人们之所以还在持续不断地劳动，是因为“富人和他们的谄媚者写文赞扬‘老老实实苦干’，赞扬简朴的生活，宣扬一种宗教，教导说穷人比富人更容易进入天堂”[5]。资产阶级竭力要让劳动者们相信，从事繁重的工作具有崇高性，以此剥夺了劳动者的闲暇。实际上这只是一种“愚蠢的”苦行主义，它让人们在过度的

[1] 伯特兰·罗素 . 幸福之路 [M]. 傅雷，译 . 西安：陕西师范大学出版社，2006：208.

[2] 克里斯多弗·R. 埃廷顿，多纳德·G. 道格拉夫 . 休闲与生活满意度 [M]. 杜永明，译 . 北京：中国经济出版社，2009：39.

[3] 伯特兰·罗素 . 悠闲颂 [M]. 李金波，蔡晓，译 . 北京：中国工人出版社，1993：8.

[4] 伯特兰·罗素 . 悠闲颂 [M]. 李金波，蔡晓，译 . 北京：中国工人出版社，1993：12.

[5] 伯特兰·罗素 . 悠闲颂 [M]. 李金波，蔡晓，译 . 北京：中国工人出版社，1993：18.

工作中疲于奔命。因此要通过休闲实现自我，首先就要摆脱这种愚蠢的苦行主义，获得足够的闲暇时间。尽管有闲阶级认为劳动阶级即使拥有闲暇也无法好好利用，但罗素认为，只要消除疲乏后还有剩余的空闲时间，劳动阶级就不会只需要被动的和枯燥乏味的娱乐[1]，也会去寻找那些能够使自我进一步发展的爱好和活动。

然而，拥有闲暇时间并不必然导致休闲的实现。正如前文已指出的，一生忙于工作的人——通常来说是劳动阶级，一旦有了悠闲反而会生出厌烦，因此，劳动阶级想要在拥有闲暇时间后还能从中获得生命的幸福和快乐并发掘自己的本性的话，还需要学会“明智用闲”。这就需要依靠教育有意识地培养人的休闲意识。这一点同样也适用于“有闲”的资产阶级。与拉法格对资产阶级压榨劳动阶级的鄙视态度不同，罗素对于资产阶级拥有闲暇持一定理解的态度。一方面，他承认有闲阶级所享受的种种利益从社会公正的角度来说是不可理喻的，对自身利益的向往限制了这个阶级的同情心，因此他们对劳动阶级总是采取压迫的态度，并发明一些使其特权合理化的理论；另一方面，他又认为有闲阶级贡献了现有的文明——他们培养了艺术，发现了科学；他们著书立说，发明了各种哲学，使人类从野蛮状态中解脱出来。不过，这并不意味着有闲阶级的休闲就不需要文明与教育的指导。在罗素看来，“这个阶级的成员中，没有一个被教育得勤劳成性，总的来看，这个阶级是异常地不聪明。这个阶级可以产生一位达尔文，但是在他对面却罗列着成千上万个乡村绅士，他们从来不想做一些比狩猎和惩罚偷狩者更明智些的事情”[2]。也就是说，即使是素来悠闲的有闲阶级，也不见得每一个人都能“明智用闲”。所以，无论是有闲阶级还是劳动阶级，想要在休闲中实现自我，都需要接受教育的引导，学好“如何明智用闲”这一课。至于如何明智用闲，其实罗素在肯定有闲阶级为现有文明作出的贡献时就已经提及了，

[1] 伯特兰·罗素．悠闲颂 [M]. 李金波，蔡晓，译．北京：中国工人出版社，1993：13–14.
[2] 伯特兰·罗素．悠闲颂 [M]. 李金波，蔡晓，译．北京：中国工人出版社，1993：12–13.

即接触艺术、科学、哲学相关的内容。理想的休闲，依然需要依靠知识来实现。

综上，在罗素的观念中，只有当“拥有闲暇时间”和“学会明智用闲”两个条件都被满足的情况下，休闲才能为人提供自我实现的途径。当休闲能够通向自我实现，也就具备了对抗劳动异化的能力，因为异化劳动所造成的正是对人自身的远离。罗素对于休闲过程中知识和理性的看重又体现出古希腊时期的休闲理念的回归趋势。

拉法格的“懒惰”是不劳动或非生产性劳动，是对资本主义强制劳动的反对，因此他对“懒惰权”的呼吁主要是为劳动阶级争取闲暇时间。而罗素所颂扬的“悠闲”不仅包含了闲暇时间，更要求人们能够“明智用闲”，并提出了“缩短工作时间”和“接受知识教育”的具体措施。两者思想的不同是由他们所生活的年代不同导致的。在罗素的年代，劳动阶级所处的工作环境不再那么恶劣，技术的不断完善也为工人们拥有闲暇时间创造了更大的可能，因此劳动阶级对“闲暇时间”的渴望看起来没有拉法格所生活的时代那么急迫。但两者共同关注着人的自由发展。也正是对人的自由发展的共同关注使他们所主张的休闲（以“懒惰”或是“悠闲”的形式出现）被寄予了对抗劳动异化的能力。然而，我们也应该认识到，“尽管工作条件有所改善，雇佣方面的法律法规有所改善，工人从本质上而言依然是实现利润的工具，他们自己的幸福或经济保障仅仅是附带的内容”[1]。从这个意义上来说，休闲并没有完成对抗劳动异化的任务。下一节将对它为何没能完成这一任务进行解读。

第二节 消费对休闲反抗力量的削弱

休闲之所以无法完成对抗劳动异化的任务是因为，在现代社会的发展进程中，休闲与消费之间建立了密切的联系。消费本是为了满足人们

[1] 阿兰·德波顿．无聊的魅力 [M]. 陈广兴，译．上海：上海译文出版社，2013：86.

的基本需求，但过度的消费欲望则会让人们在拥有了足够的物质条件和闲暇时间之后继续努力工作去不断满足它。因此，当休闲与消费联系在一起时就会导致劳动异化的加深，从而削弱休闲对劳动异化的反抗。凡勃伦是最早从学理上探讨休闲与消费之间关系的学者，其代表作《有闲阶级论》作为现代休闲学研究的开端，深入分析了休闲与消费是如何联系在一起的，并对有闲阶级作为“炫耀性消费”的“休闲”进行了批判。其关注点主要在于有闲阶级而非劳动阶级的休闲，但他已经开始意识到作为“炫耀性消费”的休闲观对于劳动阶级所造成的巨大影响。18 世纪 30 年代在全球范围内爆发的经济危机促使人们认识到，消费已经取代生产成为经济生活中首先需要解决的问题。为了保证社会经济的正常运转和继续扩张，人的需要成为了刺激生产的主要动力，工人阶级的身份从劳动者转变为了消费者。可以理解为，其实自给自足，或者说满足人们基本需要的社会早已实现，而之后的发展只是为了保证资产阶级利益能够继续扩张。于是人的欲望被挑拨，消费需求开始增长，并在消费中继续贡献着生产力。亨利·列斐伏尔和让·鲍德里亚注意到，休闲作为“更好的生活”的虚幻想象也成为人们的一种需求被纳入到消费环节当中，成了异化劳动的助力而失去了引发变革的可能。本节将从凡勃伦、列斐伏尔和鲍德里亚三位思想家对休闲和消费关系的解读出发，探讨休闲无法完成对抗劳动异化任务的深层原因。

一、凡勃伦：休闲作为炫耀性消费

凡勃伦指出，在他所生活的年代，专属于贵族阶层的“休闲”已时过境迁，“休闲”不再是一种依附于出身的状态。作为新的社会体系的主宰者，资产阶级促使劳动成为社会生活的中心，但他们自身梦寐以求的只有一件事情，就是效仿旧贵族，像旧时的贵族一样以“拥有休闲”来向世界宣告自己的地位。因为“从希腊哲人的时代起直到今天，那些思想丰富的人一直认为要享受有价值的、优美的或者甚至是可以过得去的人类生活，首先必须享有相当的余闲，避免跟那些为直接供应人类生活日常需要而进行的生产工作相接触。在一切有教养的人们看来，有闲生活，就其本身来说，就其所产生的后果来说，都是美妙的、高超的”[1]。与此相对，上流社会对于劳动总是本能地感到厌恶，连带着那些在思想上和粗鄙劳动有所连结的工作也被认为是不雅的。所谓的高雅人士认为必须由仆役们来从事的工作在精神上也不免是污秽的，是与“高超的思想”不相容的。因此，资产阶级努力使自己“有闲”，并远离劳动，以靠近那曾经的贵族所拥有的美妙而高超的生活。这就是“有闲阶级”的由来。

所谓“有闲”，“并不是懒惰或者清净无为，而是指非生产性地消耗时间。之所以要在不生产的情况下消耗时间，是因为‘新贵族’不屑于从事生产性工作并对其抱有轻视的态度，且借此可以证明个人的金钱力量足以使其安闲度日、衣食无忧”[2]。所以，休闲首先是对时间的非生产性消耗，也就是对闲暇时间的消耗，以彰显有闲阶级不劳动的特权，其次是通过高昂的金钱支出，特别是对奢侈品，或是其他价格昂贵但却无用的东西进行无节制的消费，来体现新的社会地位给他们所带来的益处。他们深信，“不事生产而从事消费是光荣的：首先这是勇武的标志，是人类尊严的必要条件；其次，这种消费行为，尤其是对比较有价值的事物的消费，其本身在实质上就是光荣的”[3]。“有闲”与“消费”之所以被新贵族认为是光荣的，是因为两者都具有“浪费”这一要素，只不过前者是对时间和精力的浪费，而后者是对财物的浪费。在这两种情况中，人们不因其实用性而对物进行消费，反而因为其无用性而显示出自己拥有“浪费”的特权。这两者都是“奢侈”的体现，是拥有财富和阶级地位的明证。正是在此意义上，“休闲”与“消费”达成了统一，

[1] 凡勃伦．有闲阶级论 [M]. 蔡受百，译．北京：商务印书馆，1964：32.
[2] 凡勃伦．有闲阶级论 [M]. 蔡受百，译．北京：商务印书馆，1964：36.
[3] 凡勃伦．有闲阶级论 [M]. 蔡受百，译．北京：商务印书馆，1964：54.

被凡勃伦称作“炫耀性消费”。

这里有必要将凡勃伦所描绘的作为“休闲”和“消费”的奢侈行为与人类学家所观察到的原始社会中的奢侈行为进行区分。原始社会的人们尽管制造不出贵重的物品，但拥有一种分享一切物品和食物的挥霍心理。他们对未来无所忧虑，因此不会将食品储存起来，而会在节日中毫无保留地尽情享乐和消费。即便在食物短缺的情况下，这种无度的浪费也依然存在。这是一种无视经济理性，不顾明天、不计用度的奢侈，它表现为慷慨的给予和付出。在原始社会，慷慨是为社会的共有而服务的，挥霍是所有人共同进行的，因此它是消除贫富差距，阻止财富在个人手中积累的一种手段。部落首领通过慷慨的馈赠以确保自身的威望，同时也完成了自己对社会的义务。也就是说，原始社会的“奢侈”其实是平等的体现，是对社会等级分化的一种对抗[1]。然而，当国家与等级社会出现后，奢侈便不再单独与财富的流通——分配——分财等现象发生联系，而是与积累、集中和等级分化思维联系在一起。“在贵族社会，奢侈不是剩余物，它是社会不平等秩序表现的绝对手段。在人与人关系超过人与物关系的社会中，名誉消费就是一种阶级义务和理想，一种表现为社会差别的自我肯定的必然工具。”[2]新的贵族想要通过“休闲”与“消费”达到的，就是这样一种“奢侈”。

然而，作为“炫耀性消费”的“休闲”是不具备变革力量的。在凡勃伦看来，有闲阶级是一个保守的阶级，它在社会进化的过程中通常扮演着一个从中阻挠的角色[3]。由于是劳动阶级而不是有闲阶级构成了经济生产过程中的有机部分，所以社会经济形势的变化并不会对有闲阶级的成员造成直接的冲击。奢侈的生活让他们很少对自己所处的境况感到

[1] 吉尔·利波维茨基，埃丽亚特·胡．永恒的奢侈——从圣物岁月到品牌时代 [M]．谢强，译．北京：中国人民大学出版社，2007：11–14.

[2] 吉尔·利波维茨基，埃丽亚特·胡．永恒的奢侈——从圣物岁月到品牌时代 [M]．谢强，译．北京：中国人民大学出版社，2007：26.

[3] 凡勃伦．有闲阶级论 [M]．蔡受百，译．北京：商务印书馆，1964：145.

不满，因而无须改变生活习惯去适应社会经济发展，也就不会要求自我的进步。与此同时，有闲阶级的制度也限制了劳动阶级变革的可能，这主要体现在三个方面。第一，由于有闲阶级的“休闲”是通过消耗劳动者的精力、占有他们所生产的产品来实现的，所以劳动者没有余力去学习和采纳新的思想习惯，继续信奉着资产阶级的劳动道德，也就失去了变革的机会。第二，从金钱的角度出发，在阶级社会中，当财富集中于上层阶级时，那么下层阶级就必然陷于贫困，而“当人民中某一部分陷于极度贫困，就会对社会的革新造成障碍”[1]。第三，有闲阶级的休闲风气会作为“好的生活”理念的一部分潜移默化地被灌输给劳动阶级，而劳动阶级一旦拥有了闲暇时间，就期望通过对有闲阶级的生活方式（休闲与消费）的效仿来使自己过上“更好的生活”。但劳动阶级并没有足够多的财富供其挥霍，对有闲阶级休闲消费行为的效仿让他们不得不继续努力工作以维持自己的消费。他们以为能在“休闲”中达成更好的自我，但实际上只是在“消费”中更远离自我，因此也无法实现变革的目标。在此意义上，消费之于休闲对抗劳动异化形成了一种反对抗。

可以想见，“休闲”作为“炫耀性消费”，其本身并不是出于个人自发的需要，而是被社会组织起来的。对有闲阶级来说，他们所有的休闲行为都是为了给他人留下“与众不同”的印象，以使自己和劳动者区别开来；对于劳动阶级来说，他们以为“休闲”是完善自我、返回人的自然状态的一个机会，而实际上这“只是他们出卖自己的时间和劳动所能获得的最好回报”[2]，随后继续投入劳动以满足这种消费。这种通过“炫耀性消费”显示自己的社会地位的“休闲”并不能促进自我完善、文化改良或社会发展。从表面上看，对这种“炫耀性消费”的宣扬与资产阶级以积累财富为目的的劳动道德决然相悖，但事实上这正是对资本主义

---

[1] 凡勃伦．有闲阶级论 [M]. 蔡受百，译．北京：商务印书馆，1964：149.

[2] 托马斯·古德尔，杰弗瑞·戈比．人类思想史中的休闲 [M]. 成素梅，等译．昆明：云南人民出版社，2000：120.

劳动道德的继承，“当消费也成为一种伦理，生产的伦理才能正式完成自身封闭的回路”[1]。然而，劳动阶级自身并未意识到这一点，他们仍将休闲看作是克服劳动异化的一种途径。

二、列斐伏尔：休闲的“被殖民化”

如马克思的劳动异化理论所指出的，人处在一种被自身创造的事物所控制的困境之中，无法实现自我的自由全面发展。这一认识是超越时代的，历史发展至 20 世纪，人们仍然没有摆脱这种生存困境。作为法国著名的马克思主义理论家，亨利·列斐伏尔继承了马克思的异化理论，但他不再将社会经济过程作为考察人与社会的基本维度，而是将目光聚焦于人们的日常生活。资本主义社会从 19 世纪中叶开始经历了一系列剧变，经济危机的爆发导致了自由放任、充分竞争的传统资本主义体系的崩溃，一种由国家导向的、垄断的、大托拉斯式的新的资本主义诞生了。在这种新的资本主义体系中，组织形式的高度公司化和劳动分工的高度专业化使得人类个体的主观能动性进一步被消解，人们因此失去了革命性和创造性。同时，日常生活与工作生活的分离，人与自然的疏远也导致了生活意义的消弭。在此境况下，列斐伏尔认识到，现代资本主义能够有效地维持自身发展的地方在于日常生活领域而不是在经济生产过程中，因此当代社会所面临的异化问题已经不再是马克思所提出的劳动异化问题，而是遍布于现代社会日常生活每个角落的“自我欺骗”。以此为出发点，他将马克思应用于经济领域的异化理论运用到了人类的日常生活中，提出了日常生活批判理论。

列斐伏尔对休闲的认识，也是在其日常生活批判理论中体现出来的。在《日常生活批判》第一卷开篇，列斐伏尔专门讨论了日常生活中的工作与休闲。他认为，“对日常生活的批判成为日常生活的组成部分：在

[1] 仰海峰．走向后马克思：从生产之镜到符号之镜 [M]. 北京：中央编译出版社，2004：151.

闲暇活动中，通过闲暇活动，实现对日常生活的批判”[1]。对于休闲的概念，他引援了法国社会学家乔弗里·杜马哲迪尔（Joffre Dumazedier）的定义，认为休闲“是一种劳动者以其自由意志而投入的消遣，外在于家庭和社会的需要与责任，其目的是放松、娱乐，以及变得有教养”[2]。从这一界定来看，休闲似乎是独立于工作的存在，但列斐伏尔却明确指出“休闲的概念不能脱离工作”，因为即使在工作结束之后，处于休息、放松状态，或是以特定方式沉浸在自己世界中的人，与在工作中的人也还是同一个人。因此他提出，“必须想象一个‘工作－闲暇’统一体，因为存在这个统一体，每一个人都按照他的工作是什么、他的工作不是什么，而计划他储备下来的这个时间。所以，社会学应该研究工人的生活方式、他们在劳动分工和社会体制中的位置，他们的闲暇活动，或者说，他们所需要的闲暇活动至少‘反映了’他们在劳动分工和社会体制中的位置”[3]。也就是说，在日常生活中，工作和休闲应当是统一的，“面对异化的侵蚀，休闲与工作同样肩负着批判和反异化的重任，只有坚持休闲与工作的统一，才能实现日常生活的变革”[4]。

然而，在资本主义社会中，休闲与工作却总是处于相互矛盾的分离状态，人们寻求休闲也总是为了逃离工作。工作以雇佣劳动的形式出现，是强制的、异化的劳动，而异化劳动是人与具有创造性的自我相分离，成为资本主义经济机器运转的一个环节的根源。因此人们在工作中总是感觉不到幸福，常常觉得只有在工作之外才感到自在，于是他们渴望能够摆脱工作，寻找一种能够感到幸福和自在的替代物。这种替代物就是休闲。休闲当然是具有变革力量的，当它以教育的或是文化的形态出现

[1] 亨利·列斐伏尔．日常生活批判：第一卷[M].叶齐茂，倪晓晖，译．北京：社会科学文献出版社，2018：27. 英译本参考：Lefebvre H. Critique of Everyday Life: Volume I[M]. London and New York: Verso.1991.

[2] Dumazedier J. Toward a Society of Leisure[M].New York: The Free Press, 1967: 16–17.

[3] 亨利·列斐伏尔．日常生活批判：第一卷[M].叶齐茂，倪晓晖，译．北京：社会科学文献出版社，2018：27.

[4] 潘海颖．休闲与日常生活的反正——列斐伏尔日常生活批判的独特维度[J].旅游学刊，2015，30(6)：119–126.

时，人可以发展自身以重新发现“自然”——一种直接的、感觉的生活。但更多的时候，休闲以被动的形态呈现。资产阶级社会以其特有的方式去操纵人们的需要。人们在工作中过于困苦，就希望能从工作中解放出来去享受生活，于是作为工作替代物的休闲就被要求能够免去令人担忧焦虑的和不得不为之的事情而不带来新的担忧和义务。这样，人们就倾向于拒绝那种可能包含了工作的含糊的休闲形式，也怀疑那些具有教育意义的休闲形式，而更关注休闲的消遣、娱乐、休息方面，关注休闲对日常生活困苦的可能补偿，想要从中得到慰藉[1]。然而，人们“很快便发现异化不仅存在于消费品的获得和使用中，而且还决定着闲暇时间的利用，就连休闲活动也一样被高度商品化和组织化了，同样表现出被动性和受控性”[2]。

进入技术时代后，时间不再像传统社会那样天然地属于自己了，而是被精心地分配和计算。工作时间不属于自己——每个人都不得不紧张地从事符合自己社会角色，但不一定是自己愿意干的事情。由于工作时间不属于自己，人们便对自己的“工余”“业余”“课余”“8 小时之外”等时间格外看重。时间被严格地分成“工作时间”和“娱乐时间”[3]。工作丧失了宗教改革时期所拥有的神圣性，因为工作时自由被剥夺，上帝的呼召也难以让现代人将身心完全地奉献给工作。工作的不自由使得人类自主的时间被压缩到娱乐时间之内，人类历史上也涌现了越来越多的娱乐方式和越来越发达的娱乐业。然而，紧张工作之余同样紧张、疯狂的娱乐，并没有让人获得解脱和自由。时间的划分和分配以时间的均一性为前提，工作时间和娱乐时间本质上是相同的，工作时对工作时间的消耗与休闲时对娱乐时间的消耗，本质上并无不同——“人必须要对

[1] 亨利·列斐伏尔. 日常生活批判：第一卷 [M]. 叶齐茂，倪晓晖，译. 北京：社会科学文献出版社，2018：29-31.

[2] 吴宁. 日常生活批判——列斐伏尔哲学思想研究 [M]. 北京：人民出版社，2007：140-141.

[3] 吴国盛. 时间的观念 [M]. 北京：商务印书馆，2019：122.

时间有所作为，不能闲着”[1]。“在技术时代的时间体制下，人们的自由被剥夺。各种时间安排策略、各种效率手册，还有什么新兴的时间管理学，都服务于对时间的分配，服务于对技术社会更好的适应。它们的目的均在于如何将一个人真正的“闲暇”剥夺殆尽，将他（或她）编进技术社会严密的时间控制网中。”[2]

因此，被寄予反抗异化希望的休闲“被殖民化”了，失去了自由与创造的特性。休闲的“被殖民化”是通过“控制消费”来实现的。在新的资本逻辑中，消费取代生产成为推动社会经济正常运转和继续扩张的主要动力。因此，资本主义试图营造出一种全民消费的氛围来诱导人们在基本需求满足之后继续全力投入工作。于是，上层阶级开始向工人们普及“好的生活”理念，将消费水平与社会地位、理想生活联系起来，而接受了这些观念的工人阶级开始有了生活所需之外的需求，即“活得更加体面”。对“身外之物”的追求，让奢侈品成了必需品，工作所获取的额外财富被投入奢侈消费，而为了维持这种消费，人们不得不努力工作以获取更多财富。休闲作为曾经专属于有闲阶级的象征，也成为了人们“活得更加体面”的需求之一，被纳入了实现资本增值的完美程序中，陷入了“工作—消费—工作”的无限循环中。当休闲被设计为是促进消费从而促进生产的手段，它就成为了异化劳动的一个部分而无法对其进行反抗。这就是休闲“被殖民化”的具体体现。在高度商品化和组织化的社会生活中，休闲的这种被动性和受控性丝毫无益于休闲主体想象力和创造力的培养。而现代文明借助广告工业将商品、图像、体验等集中起来而建立的休闲世界其实是一个虚假的世界，一个从根本上颠倒的想象世界。人们只能从中实现虚假的快乐，而真实快乐的需要永远不会被听到也不会被满足。

---

[1] 吴国盛. 时间的观念 [M]. 北京：商务印书馆，2019：125.

[2] 吴国盛. 时间的观念 [M]. 北京：商务印书馆，2019：122–123.

三、鲍德里亚：休闲作为消费神话

鲍德里亚在列斐伏尔的基础上进一步分析了消费本位的资本主义社会对于人的影响，也更深刻地揭露了消费社会中休闲的本质。

根据凡勃伦的定义，休闲是对“非生产性时间”的消耗，这种理解在鲍德里亚处得到了继承。鲍德里亚认为，时间是一种先验的范畴，在劳动被异化的情境下，人们在劳动时，也就是“生产性时间”中感觉不到自己拥有时间，只有摆脱劳动后的“非生产性时间”才是真正属于自己的“自由时间”。休闲就是对这种“非生产性时间”的消费。与凡勃伦“休闲消费是对人的社会地位的彰显”的观点不同，鲍德里亚尽管认为“自由时间”的品质、节奏、内涵，以及相对于劳动或“自治”的约束是否还有剩余，是对个体、范畴、阶级进行区分的特征，但休闲对“自由时间”的消费也可以模糊不同阶级之间的表面差异，拥有着某种使人类地位均等化的神话价值[1]。他以一则寓言对此进行了说明。

> 共同进行潜水捕渔及共同品尝的萨莫斯葡萄酒唤醒了他们身上的一种深深的同志情谊。在返航的船上，他们发觉彼此只知道对方的姓氏，于是交换了地址，才惊奇地发现他们原来是在同一家工厂工作，一位是技术指导而另一位是守夜人。

可见，技术指导和守夜人在工作中分属不同的等级，却在休闲时享有了同样的权利。这让人们感觉到休闲给自己带来的不仅仅是远离工作后的自由，还有平等。于是，休闲成了一种值得追求的事物。这也是当代社会大众对于休闲的普遍认知。

然而鲍德里亚对休闲的认知并未停留于此，他进一步指出，休闲中所蕴含的自由和平等只不过是消费社会所制造出来的假象。在消费社会中，时间是被镶嵌在资本主义生产的循环体系中的。尽管从形式上看，

[1] 让·鲍德里亚．消费社会 [M]. 刘成富，全志钢，译．南京：南京大学出版社，2008：146.

人们所拥有的时间是以“生产性时间”和“非生产性时间”交替出现的，但实际上人们既不拥有“生产性时间”，也不拥有“非生产性时间”，因为对“非生产性时间”的消费使得“非生产性时间”也被纳入了经济生产过程。在日常生活中，人们之所以将休闲时间与工作时间相对立，是因为休闲时间总是“与生产过程中的线性时间相对，形成了一种错误的时间意识，似乎人们处在生产的时间之外”[1]，也就是处于“非生产性时间”之中。这种“处在生产时间之外”的错误意识让人们错误地以为可以在休闲，也就是“非生产性时间”的消费中寻回自我。但正如前面所说的，“非生产性时间”已经被纳入了经济生产过程，消费时间就是生产时间，因而无法实现对“非生产性时间”的消费。由此可见，在消费社会的时间系统中，所谓的“对时间的自由支配”是无法实现的。因为“自由时间”在本质上就是不存在的。在此意义上，休闲作为“对自由时间的支配”，也就成了一种虚无。

人们对于自由时间的渴求，为了恢复时间的使用价值，让时间作为一个自然的概念重新显现，便用个体的自由将之填满。而时间真正的使用价值，就是被消磨掉、浪费掉。休闲就是对可以完全浪费掉的时间的追寻。“回到休闲本身的意识形态，休息、放松、散心、消遣也许都是出于‘需要’，但他们自身并没有规定对休闲本身的苛求，即对时间的消费。自由时间，也许意味着人们用以填满它的种种游戏活动，但它首先意味着可以自由地耗费时间，有时是将它‘消磨’掉，纯粹地浪费掉。”[2]然而，在消费社会中，“每个个人，每个消费者都被封闭于对商品的利益操控和为自身利益的符号中。他已不再能够在休闲中真正浪费自己的时间”[3]。所以，休闲也无力恢复时间真正的价值，但它仍带有“自由支配时间”的标签，为的是区别于劳动时间也就是生产性时间对人的束

[1] 仰海峰．走向后马克思：从生产之镜到符号之镜 [M]. 北京：中央编译出版社，2004：42.

[2] 让・鲍德里亚．消费社会 [M]. 刘成富，全志钢，译．南京：南京大学出版社，2008：150.

[3] 鲍德里亚．生产之镜 [M]. 仰海峰，译．北京：中央编译出版社，2005：131-132.

缚，让参与休闲的人以为自己享有了自由从而得到安慰。但这终究只是一种幻觉。鲍德里亚甚至提出一种更为大胆的假设：其实根本没有人需要休闲，只是大家都被要求证明他们不受生产性劳动的约束。也就是说，资本社会利用休闲让人们以为已经享有自由，实际只是为了让自己对别人的剥削和压迫看起来没有那么残酷。

从以生产为本位的资本主义劳动道德出发也许能更好地理解这一点，因为需求和消费从某种意义上来说是对生产力的一种扩展。在消费社会中，马克思所分析的商品的形式逻辑得以清晰体现，“正如需要、感情、文化、知识，人自身的所有力量，都在生产体制中被整合为商品，被物化为生产力，以便出售一样，今天所有的欲望、计划、要求，所有的激情和所有的关系，都被抽象化（或物化）为符号和商品，以便购买和消费”[1]。这一商品逻辑导致“劳动不再是一种力，它成为各种符号中的符号。它像其他事物一样被生产、被消费。它按照一种完全的等级关系与非劳动、与休闲相互交换，它可以与日常生活的其他一切领域相互替换”[2]。

“劳动”与“非劳动”原本是一个颇具革命性的主题。在马克思看来，自由的劳动是人类创造自身的过程，而资本主义社会中劳动的异化却导致人不断地远离自身，因此作为异化劳动对立面的“非劳动”被赋予了“从异化劳动中解放出来”的意涵而被劳动者所向往，具有了变革的可能。然而，在消费社会中，由于“劳动”与“非劳动”都被抽象成了商品和符号，因此两者虽然在形式上有所区别，但实际上却成了可以交换的关系，同样被嵌入于生产环节之中。也就是说，即使处于“非劳动”之中，人们也依然是在进行生产。所以鲍德里亚才会说，“对劳动加以剥削反过来导致对非劳动的痴迷，对自由时间的幻想。非劳动仍然只不过是劳动力的压抑性反升华，充当着二者选一的对立面。这就是非

---

[1] 鲍德里亚．生产之镜 [M]. 仰海峰，译．北京：中央编译出版社，2005：4–5.

[2] 让・波德里亚．象征交换与死亡 [M]. 车槿山，译．南京：译林出版社，2006：11.

劳动的地位"[1]。休闲作为一种"非劳动"，其所面临的境况也是一样的，它已经成为了现代资本主义社会所制造的一个神话。

第三节 本章小结

虽然劳动的概念经由马克思改造后拥有了和古希腊时期的休闲概念同样的"帮助人完成自我实现"的理想性质，但在现实生活中，劳动一直以异化的状态存在着。异化劳动并非人的本质的创造过程，它无法帮助人实现自我，反而使人成为了自己所生产的对象的奴隶，变成依附于资本的物，因而它也无法取代古典休闲成为人们的生活理想。本书从一个新的角度讨论了"休闲"与"劳动异化"关系，认为"休闲"在马克思所描述的前共产主义社会中是一种让人们恢复精力以重新投入工作的活动，休息、放松、娱乐都被包含在内，是劳动之余的补偿。此时，休闲是异化劳动的伴随状态，其本身就是异化的，而没有经历"被异化"的过程。但"休闲"作为劳动之余的"自由时间"的初始形态，依然被一些学者寄予了克服异化的希望。

在马克思看来，自由时间会将劳动者从强制劳动中解放出来去从事自由的、富有创造性的劳动，这种劳动能够让人的自我得以显现。这一理想与古希腊时期的休闲理想是一致的，只不过在那个时期，休闲理想的实现需要奴隶的劳动作为保障。但马克思相信，当人类劳动生产力得到极大增长，这种理想不需要奴隶的维持就可以完全实现。拉法格的《懒惰权》正是以此为依据颂扬与资本主义劳动道德相对的"懒惰"，以为劳动阶级争取闲暇时间去从事"更高级的活动"，从而对抗劳动的异化。罗素的《悠闲颂》则提出人要获得精神层面的幸福，仅靠缩短工时获得闲暇时间是不够的，还需要文化教育的助力，使人们能够学会"明智用

[1] 鲍德里亚．生产之镜 [M]. 仰海峰，译．北京：中央编译出版社，2005：21.

闲”，这一点无论是对于劳动阶级还是对于有闲阶级都是适用的。两位学者虽然以颂扬“懒惰（lazy）”“悠闲（idleness）”为名，但是实际上都是对作为“非劳动”“负劳动”的“休闲”的肯定，目的是让人在异化的劳动之外去关注自身的发展、完成人的本质的确认，并以此对抗劳动的异化。

在马克思之后的100年间，随着消费取代生产成为资本主义经济生活的中心，休闲从对生产力的恢复补偿转变为了促进消费的一种手段。不断膨胀的消费欲望使得人们无法止步于基本生活需求的满足，而选择牺牲闲暇时间继续努力工作。在消费主义的影响下，休闲对劳动异化的反抗被削弱了，因为劳动者只会将空闲时间用于消费。纵观现代社会的休闲方式，旅游，逛街，看电影等，无一不是在消费中进行的，即使是一些文化性的休闲活动，也因为文化产业的蓬勃发展而以消费的形式来体现。最终我们会发现，似乎没有一件事情可以摆脱消费的控制。当休闲以消费的形态被纳入到经济生产过程中，它不仅无法发挥反抗作用，反而加剧了资本逻辑的控制——人不仅在生产环节成为“生产机器”的零部件，在消费环节也没能逃脱成为“物的奴隶”的命运。借由“休闲”所包含的“自由”“平等”的意向，资本主义在现代社会制造了一场幻觉。而这种幻觉，其实在文艺复兴时期的蒙田那里就已经萌芽了——“当他们仅仅改变了工作的形式，就以为已经把工作抛在脑后了”[1]。

成为了消费符号的“休闲”依然是工作世界的副产品，并未能帮助人脱离工作而去触摸自身的灵魂。在这种境况下，想要依靠它寻回人的本质无疑是缘木求鱼。然而，即便依靠休闲打破工作世界束缚的尝试还未深入本质就又重新沦为资本逻辑的一环，没有取得变革应有的成效，但人们依然对“休闲”抱有期待，期待它放慢生活的节奏，解放被忙碌的工作和生活所桎梏的心灵，从而带领人们逃离过于强调效率实用的技

[1] Montaigne M. The Complete Essays[M]. New York: Penguin Books, 2001: 267

术居存方式，重新找回悠缓而幸福的美学存在方式。如何将“休闲”从消费社会的层层裹挟中抽离出来，正是现代休闲研究应该着重解决的问题。这就为现代休闲研究重新转向古希腊时期的休闲思想寻求帮助提供了契机，本书将在下一章就此展开探讨。

07

现代休闲思想的转向

通过梳理各个历史时期不同的哲学家、思想家对休闲的理解，可以发现休闲从来都不是一个恒定的概念，它随着时代的发展而向世人展现出不同的意涵。在古希腊和希腊化时期，休闲因其与“善的生活”之间的联结而被推崇；中世纪时期，休闲只有在与宗教责任相关的情况下才受认可，一旦脱离宗教责任，便被认为是违背教义的；文艺复兴时期，个人欲望的解放推动了休闲的世俗化，但仍有学者呼吁在休闲中思考自我，以开启对人的本质的重新关注；宗教改革对劳动地位的肯定和工业革命后积累原始财富的需求，使得休闲不仅在道德上而且在经济上受到谴责；马克思对自由劳动概念的发展，促使休闲理想被劳动理想所取代，但同时休闲又被赋予了对抗劳动异化的希望；然而消费社会的发展使休闲被纳入经济生产的环节，反而成为加剧劳动异化以及人的异化的辅助力量。

这一历程反映出休闲意涵的两种转向：一是休闲伦理意味的逐渐消失，也就是与幸福之间联系的逐渐减弱；二是休闲权利从“精英”向“大众”的转移。古希腊时期的柏拉图、亚里士多德，希腊化—古罗马时期的伊壁鸠鲁、西塞罗、塞涅卡、奥勒留，早期基督教的奥古斯丁，中世纪的阿奎那，文艺复兴时期的彼特拉克和蒙田，所有这些认为休闲能够关涉人的本质、能够通往幸福的哲学家，都属于当时社会的精英阶层，且都注重休闲在探索知识、追求超越方面的重要作用。他们的“休闲理想”都具有共同的特点：首先，它有着比工作和劳动更高、更重要的地位，在闲暇时间里从事的活动能够赋予人们的生活以意义；其次，它意味着人类的生命必须得到省察和审视——什么是超越生存需求之外的更高层次的生活，是什么让人成为真正的人。而休闲一旦进入劳动者的视野，就成为了一种世俗享乐，成了一种对当下困苦生活的回避，而不再与个人的自我超越相关。在资本主义社会到来之前，精英阶层作为受过良好教育的知识分子和上层管理者，他们在文化领域有着绝对的权威，因而能够保证古希腊哲学赋予休闲的理想性质能一直留存于后世，同时对属于大众的、作为世俗享乐的休闲持警惕的态度。但随着社会的发展，教育水平的提高和大众传媒的盛行，以工人阶级为主的中下层普通劳动者开始涉足文化领域，立足于世俗生活的大众文化开始出现，属于大众的休闲概念也因此开始流行。但由于大众“对于文化的态度具有明显的崇尚世俗的消费主义特点”[1]，所以休闲在大众层面也就有了被消费主义裹挟的可能。

当然，在现代社会中，“大众”已经发展成为一种人的平均状态，即常人，而非与“精英”相对的阶级概念，这也就是说，精英文化和大众文化不再界限分明，而有了融合的可能。这不难从现代人对休闲的双重认知中得以体现。一方面，人们承认休闲作为休息、放松、娱乐、消遣等的一面。这显然与古希腊时期的休闲理想是相违背的，因为亚里士多德曾明确提出，“不应以游嬉消遣闲暇”。另一方面，休闲也被认为是一种能从中获得自由体验和自我满足，并完成自我实现的机会。这又与古典休闲在知识探求中寻求自我的超越有一定的相似性。然而，如果不从休闲研究者而从公众的角度来观察会发现，前一种理解更为人们所接受，如西蒙尼·弗拉加（Simone P. Fullagar）就指出，“在资本主义背景下的公共文化中，休闲被等同于‘完全享乐’和‘随意’”[2]。国内也存在着同样的情况，若在搜索引擎键入“休闲”，跳出来的网页绝大部分是“休闲游戏”“休闲养生”“休闲娱乐”“休闲度假”“休闲运动”等相关话题，而较少出现探讨休闲哲学内涵的相关内容。在人们大部分信息都从互联网获取的时代，这一搜索结果足以表明，公众更倾向于将休闲理解为休息、放松、娱乐、消遣等方面的内容，也就是大众休闲。我们不能否认人们在上述休闲项目中获得自由体验和自我满足的可能性，但也应当看到，绝大多数休闲还是以休息放松、娱乐消遣为目

[1] 陈刚．大众文化与当代乌托邦 [M]. 北京：作家出版社，1996：6.

[2] 转引自：庞学铨，程翔．休闲学在西方的发展：反思与启示 [J]. 浙江社会科学，2019（4）：80–86.

的。可见，古希腊哲学赋予休闲的理想性质在当代社会还有遗留，但并不掌握主要的话语权，休闲在这个时代是属于大众的。

以大众为休闲主体的社会中，为何要转向古希腊的休闲思想中去寻求理论资源？那时候的理念于现代休闲有何适用性？现代休闲研究如何重新转向古希腊休闲？想要达成何种目标？是本章试图探讨的问题。

第一节　回归古希腊休闲的原因

一、现代休闲的局限性

前文已述，现代社会中的休闲主体已从精英转向了大众，这是大众文化普及的结果。大众文化自出现以来就一直是文化争论的焦点。持批评态度的学者认为，大众文化消解了文化曾经拥有的高雅形象，使文化沦为消费社会的帮凶。商业社会孕育了大众文化，因此大众文化在本质上就是商品化的，并被嵌入于市场经济的运转体系之中。商品化的文化会削弱文化的深度，而商业社会对利益的追求也会导致文化的标准让位于商品的利益。持认可态度的学者则认为，大众文化促进了文化的普及，是全社会文化水平普遍提高的一种体现，也标志了现代社会文明的发展进程。尽管它存在某些消极影响，但也不能因此否认它对旧有文化观的冲击，将文化的话语权扩展到了普罗大众，使民众的文化生活日益丰富和活跃，并在一定意义上缓解了大众无意义的焦渴[1]。

伴随着大众文化出现的大众休闲也面临着同样的问题。一方面，大众休闲使得每一个人都有机会享受休闲，这是社会进步的一种体现。联合国于1948年发布的《世界人权宣言》第二十四条指出："人人都有休息和闲暇的权利，包括合理的工作限制和带薪休假。"[2]可见，休

[1]　陈刚．大众文化与当代乌托邦[M]．北京：作家出版社，1996：145-146.

[2]　United Nations. Universal Declaration of Human Rights[EB/OL]. (1948-12-10)[2019-9-20]. http://www.ohchr.org/EN/UDHR/Pages/Language.aspx?LangID=chn.

闲已经成为每个人都可以拥有的自然权利，而非某个阶层的特权。8小时工作制的确立，带薪休假制度的完善为人们提供了充裕的闲暇时间；技术的进步和生活的改善让人们有余力也有余钱去参与闲暇；休闲方式的推陈出新也为人们提供了无穷尽的休闲选择。没有了阶级、时间、财富等要素的严格限制，属于大众的而非特权阶级的休闲在今日有了达成的可能性，而不再是遥远的梦想。另一方面，大众休闲与大众文化一样是在商品社会中产生的，其本身带有的商品特性使得它易于受到消费主义的裹挟，也就是第五章第二部分所讨论的内容，休闲作为以消费推动生产从而维持资本主义经济体系运转活力的一种手段而存在。在此种不以人的幸福为最终考量，而以经济利益为驱动力的休闲中，人们很难感受到内心的愉悦，反而容易陷入某种厌倦的情绪中。这也从某个侧面验证了罗素曾经提出的观点——忙于工作的人一旦有了悠闲，反而会生出厌烦。

弗洛姆曾对“厌倦”做过剖析，将之描绘为一种“体会到创造力瘫痪、活力匮乏的感觉”[1]。这种感觉的产生通常源于生活意义的缺失，而生活意义的缺失源于人们在日常生活中主体地位的丧失，这一结果是由“工作世界”对“生活世界”的入侵造成的。所谓“生活世界”，是“有意义的世界，这种‘意义’在于它是人类创造的、实现人类自身发展的世界”[2]。而“工作世界”，“指的是工作日的世界、效益的世界，在这个世界里只存在着含目的性的行为、工作的完成及功能的操作等，这是一个供应与需求的世界，只有一个目标主宰着这个世界，即共同效益的实现”[3]。必须承认以工作为中心的社会所创造的巨大财富为人们带来了丰裕的物质生活基础，也为人们参与休闲提供了机会。但同时也应当认识到，追求效益的首要目标并非让人们在工作中寻找自身的价值

[1] 艾里希・弗洛姆．健全的社会[M].孙恺祥，译．上海：上海译文出版社，2011：168.
[2] 孙正聿．寻找“意义”：哲学的生活价值[J].中国社会科学，1996（3）：114-125.
[3] 约瑟夫．皮珀．闲暇：文化的基础[M].刘森尧，译．北京：新星出版社，2005：82.

和尊严，而是资本的快速增长，“付给工人的工资，就像涂在机器上的油一样，是为了让他们继续运转”[1]。在效益目标的驱动下，“工作已经漫无止境地入侵并主宰了人类生存及活动的领域”[2]，人们醉心于工作而遗忘了对自由的探寻，日复一日的忙碌让人们如同希腊神话中的西西弗斯，永不停歇。甚至在日常生活中，人们也积极遵循着“快速”和“高效”的原则，生活本身的意义被消磨掉了：为了效率而构筑的流水线作业模式扼杀了人们自身的创造力；工作所带来的效益和成就让人们失去了探索周遭新鲜事物的热情；工作的忙碌也让人无暇顾及生活的细节，失去了思考生活的时间。人与真实生活世界的联系就此割裂，人成了高速运转的资本主义经济机器上的一个零件，只能借由工作来实现自身的经济价值，而无法实现人作为“人”本身的价值。在此情境下，一旦有机会脱离繁重的工作，人们便开始寻求完全不同于工作的形式，比如休闲，来填补空虚的内心。因此，休闲成为了克服厌倦的首要选择。

现代社会使人们享有了参与休闲的客观条件，如时间、金钱、休闲选择，甚至政策支持，但人们依然没有通过休闲克服厌倦的情绪是因为大众对休闲的认知与其对文化的认知一样，带有“崇尚世俗的消费主义特点”。一方面，人们以为进行休息和娱乐，或是以各种非工作的活动填满自己的空闲时间就是实现了休闲；另一方面，如凡勃伦、列斐伏尔、鲍德里亚等人所指出的，现代人对休闲的参与始终与消费密不可分，而消费作为资本主义生产环节中的一环，并没有能力让人们真正从工作中脱离出来。人们期望在休闲中释放平日工作中积累的压力以求一时的解脱，却又迷失在休闲消费主义的浪潮中失去了自主性。消费主义的目的就是要让人把注意力从精神转向物质，将物质作为一种麻醉剂，让人自我感觉生活幸福，而不去思考生活背后的真相。也可以说，消费其实是一种逃避，通过进入物质带来的虚幻幸福而忽略掉人之所以无法得到内

---

[1] 阿兰·德波顿．无聊的魅力[M].陈广兴，译．上海：上海译文出版社，2013：86.

[2] 约瑟夫．皮珀．闲暇：文化的基础[M].刘森尧，译．北京：新星出版社，2005：9.

心满足，且感到疲惫不堪的内在原因。在这个过程中，厌倦的情绪非但没有消除，反而愈演愈烈，陷入了恶性循环。这说明人们不曾真正认识到厌倦为何物，也没有找到通过休闲来克服厌倦情绪的正确途径。弗洛姆曾指出，“可以通过两种方式来回避厌倦：一种是根本性的，即保持创造力并以这种方式来体验快乐；另一种就是设法回避厌倦的症状，是当今一般人追求欢乐的特点”[1]。可见，保持创造力才是从根本上摆脱厌倦情绪，激发人内在生命活力的正确方式，而追逐欢乐只是对厌倦的短暂逃避，无法解决任何问题。

综上所述，现代社会中的大众休闲存在着某种局限性，似乎不具备克服厌倦的能力，也无法寻回生活的意义，更不能承担起对抗劳动异化的重任。但不能忽略的是，精英文化与大众文化不断融合的趋势使得曾经属于精英阶层的休闲理想也渗透进了大众对于休闲的理解当中。至少人们追求休闲的初衷都是为了达成真正的“好的生活”，只不过在追逐的过程中受到消费主义的裹挟而偏离了正确的方向。只要人们还向往真正的“好的生活”“幸福的生活”，休闲的变革力量就有被唤醒的可能。而休闲与“好的生活”，与“幸福的生活”的联系是在古希腊哲学中建构起来的，它与人性的完善和自我的实现相关，存在着某种超越性质。因此，为了摆脱大众休闲的局限性，重新找回休闲的变革力量，人们需要转向以古希腊时期为代表的古典休闲思想中去寻求帮助，去找到休闲真正值得追求的原因所在。

二、古希腊休闲的超越性

正如第二章所论述的，古希腊哲学中的休闲思想是在探讨“人如何达到幸福”的过程中被构建起来的。柏拉图认为，“有理性的生活即有德性的生活，是至善。过这种生活，才有幸福”[2]。亚里士多德也将幸

[1] 艾里希・弗洛姆．健全的社会 [M]. 孙恺祥，译．上海：上海译文出版社，2011：168.

[2] 梯利．西方哲学史 [M]. 葛力，译．北京：商务印书馆，1995：73.

福规定为好的行为和好的生活，是一切善的事物的起点和本原，并明确指出“幸福存在于闲暇之中”。因此，尽管休闲并不一定导致幸福，但它还是被赋予了“好的生活”的内涵。也正是由于古希腊哲学赋予了休闲此种内涵，它才被后世学者看作是对抗劳动异化的有效手段，也肩负着人们对于冲出消费主义围困的期待。因此，现代休闲研究有必要从古希腊的休闲思想中去发掘理论资源，以帮助现代人寻回业已丧失的生活意义，以及作为人的主体性。

在以亚里士多德为代表的古典幸福论中，幸福生活的实现需要内在善和外在善的双重加持——“善分为三类，即外在诸善，身体中的诸善和灵魂中的诸善，而至福之人拥有全部这些善”[1]。外在善包括了财富、名誉、权力等，身体善包括了健康、俊美等，但这些都只是幸福生活的必要条件；内在善，也就是灵魂中的诸善，才是决定人的生活是否幸福的重要因素。一个人若是缺乏勇气、节制、正直、明智等德性，就无法被认定是幸福的人。在判断生活是否幸福的过程中之所以优先考虑灵魂的善，是因为灵魂的善能超越外物而达到自足，它是永远本己的，也是无须限制的。灵魂的善德总是越多越能体现其效益，而外在善和身体善都存在“过犹不及”的问题，需要适度。外物的善是为了成就灵魂的善，灵魂的善不可为了外物而屈从。可以说，“幸福就是让灵魂的善成为衡量一切生活的基础，这也是生命价值可以在有限的世界里不朽的主要原因”[2]。

可见，亚里士多德在德性论的基础上构建了幸福生活的理想图景。既然幸福以灵魂的善德为根本，那么幸福便是建立在德性基础上的，因此人类的幸福程度与其德性修养息息相关。又因为幸福存在于闲暇之中，而以“幸福”为导向的闲暇活动包含了伦理实践活动和思辨活动，伦理

[1] 亚里士多德．政治学 [M]// 苗力田．亚里士多德全集：第九卷．北京：中国人民大学出版社，1994：230.

[2] 石敏敏．希腊人文主义：论德性、教育与人的福祉 [M]. 上海：上海人民出版社，2003：293.

实践活动是对伦理德性的实践，而思辨活动是对理智德性的实践。因此，古希腊哲学中休闲的实现也与德性修养息息相关。在实践伦理德性阶段，人还要受世俗的诱惑，此时的德性修养还没有达到自觉的程度，经常面临着依从美德还是回归世俗的两难选择。因此，伦理德性还不足以构成完全的幸福。只有实践理智德性，也就是进行纯粹的思辨活动时，人才可能获得完全的自由和最完美的幸福。因为只有思辨活动是最接近神的活动，而古希腊哲学中所谓的“神”，并非中世纪哲学中存在于彼岸世界的全知全能的神，而是人类的理性。理性是单一而不可分的，它以自身为对象，是最圆满也是最自足的。因为闲暇包含了伦理德性实践和理智德性实践，因此幸福就是拥有闲暇的人生。

由于最幸福的生活体现在思辨活动中，而思辨活动是人最接近神的活动，因此幸福的生活就是不断向神趋近的生活。“这是一种高于人的生活，我们不是作为人而过这种生活，而是作为在我们之中的神。他和组合物的差别有多么巨大，这种活动和其他德性的活动的差别也有多么巨大。若理智对人来说就是神，那么合于理智的生活相对于人的生活来说就是神的生活。不要相信这样的话，作为人就要想人的事情，作为有死的东西就想有死的事情，而是要竭尽全力去争取不朽。在生活中融合于自身中最高贵部分的事情。它的体积虽小，但能量巨大，其尊荣远超过一切。这也许就是每个人自己，因为这是它主要的、较好的部分。”[1]可见，幸福是生命合于理智的状况，同时也是对人的本质的发现过程。以“幸福”为导向的闲暇同样具有这种超越世俗生活的性质，它所体现的是一种自足的生活，能够阻止人们陷入世俗生活而忘却了对自身神性的追求。

然而，回顾“休闲”意涵的历史发展会发现，自文艺复兴始，古希腊休闲的超越性质就开始被不断削弱，休闲慢慢不再承担帮助人们寻求

[1] 亚里士多德 . 尼各马可伦理学 [M]// 苗力田 . 亚里士多德全集：第八卷 . 北京：中国人民大学出版社，1992：228.

不朽的重任，反而发展成为娱乐于外物的形式。这种世俗化的休闲通常不以达成人类对自身神性的追求为目标，因而与最完满的幸福无关。但现代人对“休闲”的美好期待却源自古希腊时期与人类福祉相关的“闲暇”，以及这种“闲暇”所提供的“人的自我完成”的可能。要弥补现代休闲大众化所造成的局限、冲破消费主义的围困、追求属于现代人的幸福，就需要回到古希腊休闲思想中去寻找与世俗化休闲截然不同的休闲形式，也即以伦理德性和理智德性的培育为基础的“闲暇”。下一节将从“恢复对休闲的智性认识”和“将休闲重新纳入幸福伦理范畴”两个角度出发讨论现代休闲向古希腊休闲回归的路径。

第二节　回归古希腊休闲的路径

一、恢复对休闲的智性认识

现代社会中的休闲越来越呈现以下两种特征。

一是量化标准，即休闲观念、行为及内容的模式化、标准化、趋同化倾向。其具体体现为，“整个社会的主导休闲方式呈现出高度的肤浅的趋同性及盲目从众、追逐流行的模仿性心理，缺乏个体创造性，缺乏个性，显现出模式化、批量化、标准化的样态”[1]。休闲的模式化、标准化、趋同化倾向是由大众文化的特性决定的。从表面上看，大众文化的盛行使得休闲观念得以向公众传播，休闲形式和内容变得更加丰富多样，极大地提升了人们休闲生活的丰富度，但事实上正是大众文化造成了休闲标准化特征的出现。由于“大众文化是一种复制性的活动”，“这种文化必然是标准化和程式化的，它只有一个忧虑，就是担心不能被大规模地复制和消费”[2]。因此在大众文化背景中衍生出来的大众休闲也必然

---

[1]　赵瑞华. 媒介文化与休闲异化——媒介文化对现代休闲方式负面影响研究 [D]. 广州：暨南大学，2011.

[2]　陈刚. 大众文化与当代乌托邦 [M]. 北京：作家出版社，1996：36.

存在这种特性。

二是工作伦理对休闲活动背后目的性的强调，也就是前文多次提到的通过消费让资本主义经济机器能够如常运转。对此，人们之所以并未质疑，也是受到大众文化的影响。大众文化所提供的庞大信息量消弭了人们固有的想象力和内在智慧，它向我们展示的“休闲”不过是一种幻象。大众媒体以及大量的休闲消费产品转移了人们的注意力，使人们听不到灵魂对真正有意义的活动的渴求，反而“将饱受压抑的人们发出的尖叫吞噬了”[1]，剥夺了人生的意义和人们与生俱来的兴趣，使人们无法严肃思考。一旦缺乏思考，人就丧失了主动性，只会跟风盲从、追逐流行。因而，“人们正越来越多地被剥夺选择休闲方式的权利。这是因为个人能够拥有的机会都已经确立了稳定的地位，与令大众满意的媒体和社会的标准一致”[2]。更可怕的是多数人并不知道自己选择休闲的权利已被剥夺，反而认为自身在现代生活中已经获得了良好的休闲体验。

现代休闲的这两种特征的呈现是由人们在文化大众化进程中丧失了对休闲的智性认识导致的，这使得休闲中原本纯粹的对幸福的追求变得模糊不清。所谓“智性认识”，是区别于感性认识和理性认识的另一种重要认知形式，“是对事物外部形态和内在联系的综合认识”[3]，是在“求知”的基础上思考如何指导实践，是一个“思行”的过程。落实到对休闲的智性认知上，就是既要对休闲的外部表征有感性认识，也要以理性认识把握休闲与幸福的内在联系，在此基础上思考人们应当从事何种休闲活动。正是这种智性认识的缺乏，休闲被消费主义所围困，无法发挥出它应有的力量。而要提高对休闲的智性认识，让休闲与幸福，与“好的生活”之间的内在联系清晰化，并应用于实践，就需要通过教育让人

[1] 约翰·格拉夫，大卫·瓦恩，托马斯·内勒．流行性物欲症[M].闾佳，译．北京：中国人民大学出版社，2006：83.

[2] 查尔斯·K.布赖特比尔．休闲教育的当代价值[M].陈发兵，刘耳，蒋书婉，译．北京：中国经济出版社，2009：63.

[3] 姚广臣．“智性认识”是认识的重要形式[J].湖南师范大学社会科学学报，1987（8）：40–42.

们走出对休闲的认知误区，进行科学休闲观的培养，并教导大众合理用闲，也就是推行休闲教育。这一点也曾是伯特兰·罗素在教导人们追求悠闲生活时所强调的，即“明智用闲”。可见，休闲教育能够巩固个人的天然的休闲权利，而非被消费社会制造出来的休闲权利。当然，对于休闲技能的培训也是必要的，但是更重要的是休闲价值观的培养，即对真正值得追求的休闲的认识和选择。在这一点上，现代休闲研究可以从古希腊时期的闲暇教育中汲取理论资源。

在亚里士多德的理论中，“休闲”是比“休息”和“娱乐”更高级的活动形式，有益于城邦公民正义、节制和智慧等德性的培养，而这些德性又反过来影响人们对闲暇的认知和运用。不能正确认知和运用闲暇，不但有碍个人德性的实现，还会导致城邦政治的衰败。可见，“休闲”才是关乎人类自身主体性以及创造力的活动，“休息”和“娱乐”只是繁忙之余的调剂，与培育德性和参与政治无关，更不能用以消遣闲暇。现代社会中“休闲”的概念虽然包含了“休息”与“娱乐”，但这两者并不能代表“休闲”的全部内涵。若只关心休闲的休息娱乐功能而放弃对自身创造力的追求，人们将无法克服厌倦的情绪，而继续在僵化的物的道路上越走越远。现代人过度沉迷于娱乐活动，正是没有正确认知和运用闲暇的体现，也是对工作与生活压力的一种逃避。所以，现代休闲研究也应该注重休闲教育的推行，培养人们合理的休闲观念和休闲意识，明智地利用休闲时间，选择能发挥自身创造力的、有价值的休闲活动，以防迷失在现代社会花样繁多的休闲娱乐方式之中，受制于自身欲望而丢失了求真的本性。当然，这里并不要求将“娱乐”完全排除在现代“休闲”概念之外，只是借由古希腊时期的休闲观提醒人们对那些关乎心灵和灵魂的休闲活动给予更多的关注。

要正确认识“休闲”，就要明确以幸福为导向的理想休闲是以自身为目的的活动，它不具有外在的强迫性。工业革命以来，资本主义社会“工作至上”的劳动道德的盛行使得人作为主体存在的创造性和能动性不断丧失，人在异化的劳动中被物所规定、制约和支配，沦为保证资本主义经济机器正常运转的一个零件。人的发展也因此变得机械而片面，其存在意义受到了极大的挑战。人们虽然享受着当今时代的种种丰盛和舒适，但在潜意识中已经隐约意识到自己已经失去了作为人原本所应拥有的全面性，开始重新寻找生命的意义。休闲便是其中一种途径。今天的人们越来越倾向于认同这样一个观点："虽然劳动与闲暇都是人生存所需的活动形式，人们却更向往闲暇；人们一般都将劳动看作是为了获得闲暇；人们向往获得闲暇，也自然向往某种自由发展，虽然常常由于职业所限而只在某些特定方面发展"[1]。这显然是对现代社会"工作至上"劳动道德的一种反抗。亚里士多德在两千多年前就提出了类似的观点，他认为休闲并非工作的附属，而应当是不为他物或他人所役使的"由己"的活动，它以自身为目的，并与人的终极幸福的实现密切相关。相反，勤劳工作才是为了获致"闲暇"。只有在休闲之中，才有可能使人保持身体与心灵的自由，"这种自由是理性和德性发展的基本要素，是接受自由教育、从事真正崇高的理性活动、运用和发展理性不可缺少的条件"[2]。这一主张针对现代社会人的意义缺失状况具有启发意义。现代休闲应脱离为工作服务的桎梏，以其自身为目的，重新激发人的创造力，进而实现个人的自我发展。这显然有益于现代人克服自身的机械化和片面化发展，恢复人的全面性，并寻回生命的意义。

布赖特比尔认为，"教育的目的首要是发现真理，其次是拓展人的个性。教育的另一目的应该是促进人类的幸福"[3]。休闲教育作为教育的一种，拥有着同样的目的，希望人们能从中获得正确认识休闲、合理安排休闲的能力，并能从中获得人性完善和自我实现的机会，进而达到

---

[1] 廖申白．亚里士多德友爱论研究 [M]. 北京：北京师范大学出版社，2009：202.

[2] 王晨．教育、政治与生活方式——亚里士多德《政治学》导读 [J]. 教育科学研究，2012（2）：75–77，80.

[3] 查尔斯·K. 布赖特比尔．休闲教育的当代价值 [M]. 陈发兵，刘耳，蒋书婉，译．北京：中国经济出版社，2009：26.

幸福。然而，在物与符号泛滥的当今时代，“幸福”似乎也成了一个需要重新审视的问题。

二、将休闲重新纳入幸福伦理范畴

在西方哲学的发展历程中，“幸福”一直是一个重要概念，它意味着人的生命的完满，是一种理想的生活状态。无论时代如何变迁，人们对幸福的追求都未曾停止。古希腊哲学中的理想休闲是在幸福论的基础上构建起来的。柏拉图认为“休闲”与“好的生活”相关，它帮助人们在沉思和研究中发展自身，并能够做出恰当的选择以获得幸福。亚里士多德则更清晰地阐述了善、幸福和休闲之间的关系，认为人的一切行为所指就是善，而幸福是所有善中最高的善，且幸福存在于休闲之中。正是因为休闲和幸福之间的这种密切联系，所以后世学者始终对休闲心怀希望，无论是希腊化时期的伊壁鸠鲁学派、斯多亚学派，还是中世纪的奥古斯丁和阿奎那，或者是文艺复兴时期的彼特拉克、蒙田等人，都认为可以通过休闲过上理想的生活。也正是这一点使得休闲在现代社会生活中具备了克服劳动异化的变革力量。

然而，当一个词语拥有美好的意义，被很多人认可和追求的时候，就会被一些人偷走、复制，之后这个词语的意义就会发生某种转变，变成蕴含着功利目的的美好幻象。这种“美好”是虚假的，并使得这一词语最初的美好意义也开始受到质疑。“幸福”就是这样一个被偷走了美好意义的词语。在现代社会中，幸福总是与生活质量挂钩，大卫·菲尔斯（David Felce）和乔纳森·佩里（Jonathan Perry）认为，“生活质量是整体的幸福，包括了生理、物质、社会和情绪等各个方面的幸福，以及对个人发展状况的客观描述和主观评价”[1]。而所有这些似乎都可以用某些指标来衡量。近年来，关于“最具幸福感的城市”的评选活动举

[1] Felce D, Perry J.Quality of Life: Its Definition and Measurement[J]. Research in Developmental Disabilities, 1995, 16(1): 51–74.

行得如火如荼，这一评选过程将幸福感拆解为当地人的认同感、归属感、安定感、满足感，以及外界人群的向往度和赞誉度，同时又设定了一系列的影响因子，试图通过数据统计分析的方式将“幸福”具象化。这种以数字形式表达“幸福”的方式，看上去使“幸福”变得看得见、摸得着了，但实际上却是对“幸福”的同质化，因为不同质化的东西是无法进行量化计算的。这样，“幸福”原本的意义被消解了，成了某种可以通过各种变量的调整而达成的“好的生活”的符号。似乎只要符合某种标准，就能消弭人与人、阶级与阶级之间的差异而达到平等。当幸福成为可测之物，它实际上就成了物质世界的某种福利而远离了人的精神世界，不再与个人的自我实现相关，也与人的本质无涉。曾经的那种不需要证据来证明的幸福，完全体现为内心满足的幸福，在幸福量化的过程当中被人们忽略了。而当“休闲”所指向的“幸福”不再是古典意义上的“幸福”，休闲也就失去了古希腊哲学赋予它的关涉人的本质的理想性质。

这是现代社会中休闲与幸福关系问题的一个方面，另一方面的问题在于，如果暂不考虑“幸福是否已经符号化”的问题，休闲似乎也不被包含在当代的美德伦理当中。无论是国内还是国外的研究成果中都可以发现，休闲学研究者越来越积极地关注休闲与节制、美德以及幸福之间的复杂关系，但主流的伦理学研究者对休闲却缺乏关注，很少有专门针对休闲的现代伦理学讨论[1]。在当代德性伦理学研究领域中，虽然有学者主张复兴亚里士多德德性伦理框架下的“幸福”概念，却未体现对“闲暇”概念的足够重视。造成这种忽视的原因可能有二：一方面，亚里士多德所处的奴隶制社会背景导致其对于“闲暇”和“幸福”关系的探讨带有一种古典精英主义论调，这在以人与人的平等为基础的现代社会中难以取得广泛认可；另一方面，亚里士多德以“德性”规定“幸福”，“闲

[1] Broadie S. Aristotle and Contemporary Ethics[A]// Richard Kraut. The Blackwell Guide to Aristotle's Nicomachean Ethics[M]. Malden, MA: Blackwell Publishing, 2006: 342 - 361.

暇”正是因为与“德性”的生成及实践密切相关，才有了对于实现“幸福”的必要性，而在当下社会，“休闲”与“德性”的关联被忽视了。

1.“闲暇”精英主义论调的不适用性

亚里士多德强调，“必须让最优秀的阶层有闲暇，并且不从事任何低贱的职业。……应当让那些有能力治理的人来当政。立法者即使不想让贤能之士免于贫困，总也应该保证当政者的闲暇”[1]。这一论述体现了“闲暇”的阶级属性——它们不属于奴隶和野蛮人，只属于公民阶层。根据阿拉斯代尔·麦金太尔（Alasdair MacIntyre）的观点，“野蛮人包括了非希腊人和那些没有城邦因而无法从事政治关系的人。而政治关系是自由人之间的关系，是一个共同体中那些统治和被统治的成员之间的关系。……自由是德性的运用和善的获取的先决条件”[2]。所以，公民指的是依照德性生活，有能力进行统治并愿意被统治的人。由于学习统治和被统治的德性是生计之外的事情，且德性的生成和政治行为或活动都需要闲暇，因此只有无须劳作、享有闲暇的人才能追求德性并参与政治生活。如此一来，“公民阶层”便被限定为不必为生计奔波操劳的自由人，其他人被排除在公民身份之外而不享有闲暇。此外，亚里士多德将男人与女人的关系等同于主奴关系[3]，妇女被认为是男性公民的从属，而一旦成为从属，妇女就远离了政治，也不具备获取和运用德性的闲暇。

由上可知，亚里士多德的“闲暇”只覆盖男性城邦公民，奴隶、妇女和野蛮人被认为缺乏闲暇及操持闲暇的德性，因此被排除在公民身份之外。以现代的眼光来看，如若一个群体缺乏操持闲暇以获致幸福的德性，那么更合乎逻辑的结论应当是给予他们更多的教育机会去获取这种

[1] 亚里士多德．政治学[M]// 苗力田．亚里士多德全集：第九卷．北京：中国人民大学出版社，1994：63.

[2] 阿拉斯戴尔·麦金太尔．德性之后[M]. 龚群，戴扬毅，等译．北京：中国社会科学出版社，1995：199-200.

[3] Cole E B. Women, Slaves, and “Love of Toil” in Aristotle’s Moral Philosophy[A]//Bat-Ami Bar On. Engendering Origins: Critical Feminist Readings in Plato and Aristotle[M]. New York: State University of New York Press, 1994: 127-144.

德性，但亚里士多德又以缺乏闲暇为由否定了其接受教育的可能性。于是，非公民阶层陷入了一个永远无法享有闲暇并获得幸福的闭环之中：忙于生计而没有闲暇，没有闲暇所以无法培育德性，缺乏德性因此无法通过实践德性来实现幸福。认为奴隶和野蛮人缺乏闲暇以及运用闲暇的德性是亚里士多德德性伦理学论证框架得以展开的重要条件，但这种观点背后体现的精英主义论调在现代社会中却显得有些不合时宜。

在古希腊城邦的社会关系背景下，作为培育和实践德性的必要条件以及最终目的的“闲暇”是以奴隶制为保障的，这体现了阶层和阶层的不平等。而现代社会是以人与人的平等为基础构建的，《世界人权宣言》第一条就指出，“人人生而自由，在尊严和权利上一律平等。他们富有理性和良心，应以兄弟关系的精神相对待”[1]。这与亚里士多德古典德性伦理学产生的社会基础完全不同。尽管当代德性伦理学者还在不断引用亚里士多德的伦理学概念如德性、审慎、幸福等，但他们都有意识地回避了闲暇这一概念，因为亚里士多德的闲暇概念背后关于奴隶和妇女的观点有可能在当下社会引起道德上的反感[2]。当然也有学者持不同意见，如斯蒂芬·萨科娃（Stephen G. Salkever）认为亚里士多德构建了一种“女性——哲学家——私人生活——和平——游玩——理性与生命”的价值序列，颠覆了那个时代传统价值所追求的“男性——公民——公共生活——战争——激情与死亡”的价值序列[3]，但总体来说，其学说无力摆脱当时的时代局限性。同时也应当看到，保护部分人类自由的这种方式是不可持续的，也就是将一些人划分出来，保护他们的自由而其他人则不属于这个受到惠顾的类别。现代社会所追求的公正平等必须具有普适性，而不是只用于解决某些人的问题和困境，置其他人于不

[1] 联合国.世界人权宣言[EB/OL].（2020-05-05）[2021-01-23]https://www.un.org/zh/universal-declaration-human-rights/,.

[2] Sanford J. Before Virtue[M]. Washington: The Catholic University Press of America, 2015: 16.

[3] Salkever S.Women, Soldiers, Citizens: Plato and Aristotle on the Politics of Virility[J]. Polity, 1986, 19(2): 232-253.

顾[1]。这是当代德性伦理学者谨慎提及“闲暇”的原因之一。

2.“闲暇”之于“幸福”必要性的丧失

如前所述，亚里士多德立足于“德性”定义“幸福”，表现为“探索合乎德性的行为、作为美德的品格的诸方面是如何与作为至善的幸福发生联系的”[2]，这是一个在培育德性、实践德性的过程中逐渐发现幸福的过程。在此过程中，“德性”先于“幸福”而存在，并在“幸福”之前被理解。“作为手段的闲暇”为“德性”的培育和实践提供机会，因而先于“德性”；“作为目的的闲暇”是“幸福”本身，是对“德性”的实践，因而后于“德性”。无论是作为手段还是作为目的，“闲暇”对于实践“德性”并获得“幸福”都是不可或缺的。然而，当代伦理学对亚里士多德德性伦理的复兴却未能体现“闲暇”的这种重要性。

德性伦理研究在当代的强劲复苏，源于对以功利主义以及道义论为代表的规范伦理学的不满。规范伦理学旨在帮助人们合理地确定道德上正确的事物，也即为正确的行为提供描述，关注的是“正当”的概念。“正当”意味着“能够做什么”，它包含着某种权威性的规定和命令，无条件地设定了某些行为是合理的[3]。所以，规范伦理学首先考虑的问题是，“什么是正当理性的权威规定？这些规定又导致了哪些权利、职责和责任？在回答了这些问题之后，人们才转向这些规定允许人们去追求和珍视的善”[4]。可见，在规范伦理学中，规则是先于善而存在的。而亚里士多德以“德性”为核心追求“最高善”也即“幸福”的实现，关注的是人们如何依据“正确的理性”行事[5]，而非“正确的规则”。也就是说，规则并不凌驾于善。他不规定合理的行为，因为行为的合理性需要凭借理性的判断，使之合乎德性的要求。正是这一点促使当代伦理学者重新

[1] 阿马蒂亚·森．正义的理念[M]. 王磊，李航，译．北京：中国人民大学出版社，2012：107.

[2] 约翰·罗尔斯．道德哲学史讲义[M]. 张国清，译．上海：上海三联书店，2003：4–5.

[3] 亨利·西季威克．伦理学方法[M]. 廖申白，译．北京：中国社会科学出版社，1993：代译序10.

[4] 约翰·罗尔斯．道德哲学史讲义[M]. 张国清，译．上海：上海三联书店，2003：5.

[5] 亚里士多德．尼各马可伦理学[M]// 苗力田．亚里士多德全集：第八卷．北京：中国人民大学出版社，1992：120.

关注亚里士多德的德性伦理，以表达对规范伦理学过分关注个体离散行为的不满。然而，德性伦理学的现代复兴并非对亚里士多德德性伦理的简单复刻，它虽然以批判规范伦理学的姿态出现，但其话语体系仍受规范伦理学的约束，甚至存在与规范伦理学融合的倾向[1]。因此亚里士多德德性伦理的现代复兴依然带有规范伦理学的特征，这种特征改变了“德性”与“幸福”的先后顺序。

根据皮特·辛普森（Peter Simpson）的观察，当代德性伦理学研究者倾向于认为，人们应当以“幸福”来描述和证明“德性”，即先规定“什么是幸福”，然后再去寻找符合此种规定的“德性”[2]。此时，“德性”并非属于人的灵魂的伦理德性或理智德性，而是符合此“幸福”规定的正当行为。当“德性”与“幸福”的先后顺序发生变化时，就打破了亚里士多德通过“作为手段的闲暇”培育和实践德性，从而获得幸福也即作为“全部人生唯一本原”的“闲暇”的价值序列，并否定了“闲暇”之于“幸福”的必要性。以近代以来盛行的工作伦理为例，它以工作来规定“幸福”，当工作成为实现“幸福”的“德性”，作为空闲时间的“闲暇”便成了无益于“幸福”实现的存在物。同时，由于“幸福”需要通过工作来实现，那么亚里士多德所论的以思辨活动为主要形式的“作为目的的闲暇”也就不能被纳入“幸福”的范畴，因为思辨活动需要远离工作才能实现。如此一来，“闲暇”之于“幸福”实现的必要性就消失了。此时，若存在一种休闲对幸福有益，那它必然是作为一种服务于工作的形式而存在的，例如作为短暂放松之后重新投入工作的休息和娱乐。但这一类活动与亚里士多德所论的属于人的灵魂的“德性”无关，只是“一剂解除疲劳的良药”，其目的是劳作，而非闲暇[3]。

基于上述两个原因，当代德性伦理学对亚里士多德德性伦理的复兴

---

[1] Sanford J.Before Virtue[M]. Washington: The Catholic University Press of America, 2015: 52–53.

[2] Simpson P.Contemporary Virtue Ethics and Aristotle[J]. The Review of Metaphysics, 1992, 45(3): 503–524.

[3] 亚里士多德 . 政治学 [M]// 苗力田 . 亚里士多德全集：第九卷 . 北京：中国人民大学出版社，1994：273.

并不重视对其“闲暇”概念的恢复。虽然也有学者关注到“闲暇”之于亚里士多德形而上学和伦理学的重要性，如布罗迪认为“闲暇”作为每个人都能从自身经验中接触到的概念，对其进行思考就是对整个人类生活的一种思考，这符合哲学对人性及人类生活的关注[1]。但由于现代社会丧失了古典德性目的论得以存在的社会基础（奴隶制社会）和理论基础（以德性规定幸福），因此这类研究在当代德性伦理学研究领域中的呼声也相对弱小。休闲与幸福感的关系研究虽然比较普遍，但却大多采取社会科学和心理学数理统计的研究方法，更应该称之为社会科学研究或心理学研究，而不是伦理学研究。可见“休闲”在当代并非一个伦理学范畴，而是游离在幸福之外的一个概念。而在古希腊哲学中，尤其是亚里士多德的哲学体系中，休闲作为幸福之所在，显然是属于伦理学范畴的。在他卷帙浩繁的著作中，虽然对休闲着墨不多，但却将之看作“全部人生的唯一本原”，可见休闲在亚里士多德学说中的重要性。但当代伦理学家企图恢复亚里士多德德性传统的过程中却并不重视休闲[2]。这一方面与宗教改革以来休闲概念的世俗化息息相关，当休闲的具体含义变为工作的附属、劳动的补偿，它就不再是一个作为自身目的的概念，也就不被后来的伦理学所接受了；另一方面则是因为当代伦理学更注重对正确行为的解释而不是对美好生活的探索。

然而，现代休闲想要冲出消费主义的围困需要恢复休闲与真正“好的生活”的内在联系，那就需要将休闲重新放回到伦理学语境中去讨论。如果当代伦理学研究能全面复兴亚里士多德的德性论，那将会激发人们对休闲以及对美好生活的目的论理解，而这些正是现代社会生活中所缺乏的。所谓休闲的目的论理解，就是将休闲作为自身行为的目的而非手段。但在大众休闲的时代，人们所接触的、所参与的休闲往往都不是以

[1] Broadie S. Aristotle and Beyond: Essays on Metaphysics and Ethics[M]. London: Cambridge University Press, 2009: 184.

[2] Mclean D.Speaking of Virtue Ethics: What has Happened to Leisure?[J]. Annals of Leisure Research, 2017, 20(5): 529–545.

自身为目的的，而是别有所求，或是放松身心，或是逃离工作，以娱乐消遣的方式呈现。正如前文多次提到的，这样的休闲更多的是对注意力的分散，是对自我思考的回避，这并不能让人们拥有真实美好的生活，反而容易让人陷入厌倦的情绪之中，或是被消费主义的热潮带偏方向。而对休闲的目的论理解，可以帮助人们更加谨慎地选择休闲：从自我实现的目的出发去考虑什么才是值得选择的休闲活动，从而避开那些可能导致自己退化的事物。同时也可以避免以数理统计的方式研究人们的休闲体验以反复验证休闲与幸福的关系，引导人们从休闲活动与个体德性发展的关联程度方面作出适当的判断。

第三节　本章小结

休闲思想史的研究是对“休闲”概念的发展历程的研究，这种发展是“休闲”概念不断展开、不断进化、不断明确的过程，它是一种改善和进步，而不是倒退。因此，对古希腊休闲思想及其演变进行研究并非要让人们退回到古希腊，那是不可能做到的，也不是本书的意愿所在。之所以对“休闲”的发展历史做这样的梳理是想要从语言和概念上辨明并理解当下“休闲”概念中存在的各种线索，以便更好地审视、也更好地安排休闲生活，这对于拥有着充足闲暇时间的现代人来说非常重要。戈比曾说过，“拥有休闲是人类最古老的梦想——从无休止的劳作中摆脱出来，随心所欲，以欣然之心做心爱之事；于各种社会境遇中随遇而安；独立于自然及他人的束缚；以优雅的姿态，自由自在地生存”[1]。通过本书的梳理，我们寻找到了这种古老梦想的理论根源，回顾了各个时代的哲人对这种梦想的践行，也剖析了现代休闲无法抵达这种梦想的原因所在，并尝试给出了解决的途径，即重新转向古希腊休闲思想获取理论资源以弥补大众休闲所具有的局限性。

---

[1] 杰弗瑞·戈比．你生命中的休闲 [M]．康筝，译．昆明：云南人民出版社，2000：1.

对古希腊休闲思想的追寻，是对“人的自我完成”的追求，是期望将人的价值从物的权威之下、消费主义的裹挟之中解放出来，就像文艺复兴时期通过回归古希腊罗马文化而将人的尊严从神的权威之下解放出来一样。尽管古希腊的哲人的诸多思想与当前以身体为中心、市场化的资本主义所熏陶的个人主义和世俗语境格格不入，但正因为他们的思想不受当下话语体系的影响，他们对人类自我本质的探讨才能丰富现代人对自我的认知[1]。被物所控制的现代人疏远了自己的内心，因此需要注重精神修炼或是作为心灵培育的哲学而非话语体系的哲学。而精神修炼和心灵培育正是古希腊哲学展开的重要形式，它深入具体的生活选择和生活方式，目的是向一种超乎“私我”的整体性转变。古希腊哲学中对于自我生命和生活处境的关注着实为现代人提供了理想生活的典范。而在此土壤中成长起来的休闲思想也为重新审视现代休闲的发展提供了一个视角，为唤回人的主体性和创造力提供了可能。

需要说明的是，对这种休闲的追寻并不是试图恢复一种与大众休闲相对的精英休闲，而是想要在大众休闲中发掘它与人的本质相关涉的那一面。因此，本书不否定休闲作为空闲时间、娱乐消遣的意涵，事实上也无法否定。首先，休闲必然是以空闲时间为基础的，这一点在任何历史时期都一样。历史上的休闲无论是作为幸福的实现活动、寻求快乐和德性、沉思上帝、自我思考，还是作为无所事事、娱乐消遣，都是在相对自由的时间内才可能实现的。而现代休闲研究对休闲的定义尽管并不都是从时间维度出发的，如凯利作为“成为状态”的休闲，纽林格作为“心理体验”的休闲，戈比作为“相对自由生活”的休闲，但都需要空闲时间作为支撑。公众认知中作为休息放松、娱乐消遣的休闲更是对空闲时间的消磨。其次，休闲都是被渴求的，无论其最终导致了何种结果，人们追求它的初衷都是好的。正如哈特穆特·罗萨(Hartmut Rosa)所指出的，“人类主体在行动与决策当中，无论有意还是无意，都会持续受到美好

---

[1] 安东尼·朗.心灵与自我的希腊模式[M].何博超，译.北京：北京大学出版社，2015：1.

生活的想象所引导”[1]，因此无论对休闲采取何种理解，人们都希望在休闲中达成“好的生活”。问题不在于以休息、娱乐等方式消遣休闲有什么不对，而在于有没有比这更好的方式去接近“好的生活”，去达成自我的实现。例如，人们在劳动之余选择娱乐，这本身并不是一个值得批判的行为，放松身心的目的没什么过错，但如果这种娱乐导致了厌倦情绪的产生，那么人们应当去思考问题的所在，而不是回避问题。

本书也不提倡只关注休闲的形而上意义。休闲当然有其形而上的意义，它关乎“休闲缘何值得追求”的问题，但不可否认，其所有哲学意涵在哲学体系中都有可替代的术语，其本身并不唯一。也就是说，没有“休闲”这一词汇，哲学对于人本身的关注依然存在，但如果没有“幸福”“善”“理性”“德性”等词汇，那哲学就似乎缺了点什么。休闲的哲学意涵，也正是由这些词汇来构建的。只有休闲的形而下意义，即对“如何实现（值得追求的）休闲”的探讨和实践，才能让这个词汇焕发其应有的活力。但形而下休闲的践行，离不开形而上意义的指导。

诚然，古希腊哲学中的以幸福为导向的休闲仅属于城邦公民（实质上是奴隶主贵族），但对古希腊休闲思想的回归并非试图让人们完全效仿古代人的生活。毕竟现在探讨“人类”问题，涉及的是全人类，而非古希腊时期的公民阶层，想要实现的是一个无阶级差异的休闲社会。在朝向这个目标前进的过程中，遇到了诸如消费主义、大众文化、技术理性等阻碍，但人们依然对人类的未来充满希望。“因为文明人的个体生命沉浸在进步和无限中，因为根据其内在意义，这样的生命永远不应有尽头。所以生活在进步中的人总有可能取得进步。”[2]而转向古希腊时期寻求理论资源，正是想要为人类的进步寻求新的方向。即使休闲在现代社会生活中越来越呈现出“消费神话”的样态，但人们真正想从中获

[1] 哈特穆特·罗萨.新异化的诞生：社会加速批判理论大纲[M].郑作彧，译.上海：上海人民出版社，2018：68.

[2] 让·波德里亚.象征交换与死亡[M].车槿山，译.南京：译林出版社，2006：254–255.

得的却是古希腊时期蕴含着人的幸福的、能使人成为人的那种休闲。这种愿望是永恒的。休闲的含义一直在随着时代演变，但人们追求它的初始愿望不该被抹杀，正如埃德蒙德·胡塞尔（Edmund Husserl）所说的，“我们切不可为了时代而放弃永恒”[1]。

[1] 胡塞尔．哲学作为严格的科学[M]．倪梁康，译．北京：商务印书馆，1999：64.

参考文献

［1］Atkins E.M, Williams T.Aquinas: Disputed Questions on the Virtues[M].London: Cambridge University Press, 2005.

［2］Bat-Ami Bar On. Engendering Origins: Critical Feminist Readings in Plato and Aristotle[M].New York: State University of New York Press, 1994.

［3］Bouwer J, Leeuwen M. Philosophy of Leisure: Foundation of the Good Life[M]. London and New York: Routledge, 2017.

［4］Bouwsma W J. John Calvin: A Sixteenth-Century Portrait[M]. New York: Oxford University Press, 1988.

［5］Brightbill C. The Challenge of Leisure[M]. Englewood Cliffs, New Jersey: Prentice-Hall, Inc., 1960.

［6］Broadie S. Aristotle and Beyond: Essays on Metaphysics and Ethics[M]. London: Cambridge University Press, 2007.

［7］Broadie S. Aristotle and Contemporary Ethics[A]//Kraut R. The Blackwell Guide to Aristotle's Nicomachean Ethics[M]. Malden, MA: Blackwell Publishing, 2006.

［8］Butler S A. Arendt and Aristotle on Equality, Leisure, and Solidarity[J]. Journal of Social Philosophy, 2010, 41(4): 470–490.

［9］McNeill J T. Calvin: Institutes of the Christian Religion[M].

Louisville, Kentucky: The Westminster John Knox Press, 1960.

[10] Choi Y, Dattilo J. Connections between Media Technology and Leisure: Insights from Aristotle and Heidegger[J]. Annals of Leisure Research, 2017, 20(2): 152–168.

[11] Cross G S. A Social History of Leisure: Since 1600.[M]. Pennsylvania: Venture Publishing Inc., 1990.

[12] Dare B, Welton G, Coe W. Concepts of Leisure in Western Thought: A Critical and Historical Analysis[M]. Dubuque: Kendall/Hunt, 1987.

[13] Dumazedier J. Toward a Society of Leisure[M].New York: The Free Press, 1967.

[14] Edginton, et al. Leisure and Life Satisfaction: Foundational Perspectives[M]. New York: McGraw–Hill, 2002.

[15] Felce D, Perry J. Quality of Life: Its Definition and Measurement[J]. Research in Developmental Disabilities, 1995, 16(1): 51–74.

[16] Fox K. M. Does the Gospel of Luke Suggest a Christian–Judaic Form of Leisure in the Graeco–Roman World?[J]. Leisure/Loisir, 2009, 33(1): 11–30.

[17] Frame D M. Montaigene's Discovery of Man: The Humanization of a Humanist[M].New York: Columbia University Press, 1955.

[18] Gill C. The Structured Self in Hellenistic and Roman Thought[M]. Oxford: Oxford University Press, 2006.

[19] Grazia S. Of Time, Work, and Leisure[M]. New York: Anchor Books, Doubleday & Company, 1964.

[20] Hemingway J L. Leisure and Civility: Reflections on a Greek Ideal[J]. Leisure Sciences, 1988, 10(3): 179–191.

[21] Holba A. Philosophical Leisure: Recuperative Praxis for Human Communication[M]. Milwaukee, Wisconsin: Marquette University Press, 2007.

[22] Holba A. Questioning the Rhetorical Eclipse of Philosophical Leisure: Ad Colloquium Conferendum[D]. Pittsburgh: Duquesne University, 2005.

[23] Hunnicutt B K. Leisure and Play in Plato's Teaching and Philosophy of Learning[J]. Leisure Sciences, 1990, 12(2): 211–227.

[24] Ibrahim H, et al. Pioneer in Leisure and Recreation[M]. Reston: AAHPERD Publications, 1989.

[25] Viner J. Adam Smith and Laissez Faire[J]. Journal of Political Economy, 1927, 35(2): 198–232.

[26] Lafargue P. The Right to be Lazy, and Other Studies[M]. Chicago: Charles H. Kerr & Company，1907.

[27] Lefebvre H. Critique of Everyday Life: Volume I[M]. London and New York: Verso, 1991.

[28] Lord C. Aristotle and the Idea of Liberal Education[A]//Ober J. et al. Demokratia: A Conversation on Democracies, Ancient and Modern[M]. Princeton, New Jersey: Princeton University Press, 1996.

[29] Marcuse H. Towards A Critical Theory of Society: Collected Paper of Herbert Marcuse, Volume 2[M]. London and New York: Routlege of Taylor & Francis Group, 2001.

[30] Mclean D. Speaking of Virtue Ethics: What has Happened to Leisure?[J]. Annals of Leisure Research, 2017, 20(5): 529–545.

[31] Montaigne M.The Complete Essays[M]. New York: Penguin Books, 2001.

[32] Morgan J. Leisure, Contemplation and Leisure Education[J].

Ethics and Education, 2006, 1(2): 133–147.

［33］Neulinger J. To Leisure: An Introduction[M]. Boston: Allyn and Bacon, 1981.

［34］Nightingale A W. Liberal Education in Plato's Republic and Aristotle's Politics[A]//Yun Lee Too. Education in Greek and Roman Antiquity[M]. Leiden/Boston/Koln: Brill Academic Publishers, 2001.

［35］O'Leary J F. SKOLE and Plato's Work Ethic[J]. Journal of Leisure Research, 1973, 5(2): 49–55.

［36］Owens J. Aristotle on Leisure[J]. Canadian Journal of Philosophy, 1981, 11(4): 713–723.

［37］Petersson T. Cicero: A Biography[M]. California: Berkeley University of California Press, 1920.

［38］Petrarch F. On Religious Leisure[M]. New York: Italica Press, 2002.

［39］Salkever S., Women, Soldiers, Citizens: Plato and Aristotle on the Politics of Virility[J]. Polity, 1986, 19(2): 232–253.

［40］Samaras T. Leisured Aristocrats or Warrior–Farmers? Leisure in Plato's Laws[J]. Classical Philology, 2012, 107(1): 1–20.

［41］Sanford J. Before Virtue[M].Washington: The Catholic University Press of America, 2015.

［42］Shivers J S, DeLisle L J. The Story of Leisure: Context, Concepts and Current Controversy[M]. Champaign, IL: Human Kinetics, 1997.

［43］Simpson P. Contemporary Virtue Ethics and Aristotle[J]. The Review of Metaphysics, 1992, 45(3): 503–524.

［44］Solmsen F. Leisure and Play in Aristotle's Ideal State[J]. Rheinisches Museum für Philologie, 1964, 107(3): 193–220.

［45］Spracklen K. Constructing Leisure: Historical and Philosophical

Debates[M]. New York: Palgrave Macmillan, 2011.

[46] Stocks J L. ΣΧΟΛΗ[J]. The Classical Quarterly, 1936, 30(3–4): 177–187.

[47] Sylvester C. Leisure, Science, and Religion in 17th - Century England[J]. Leisure Sciences, 1994, 16(1): 1–16.

[48] Sylvester C. The Classical Idea of Leisure: Cultural Ideal or Class Prejudice?[J]. Leisure Sciences, 1999, 21(1): 3–16.

[49] Torkildsen G. Leisure and Recreation Management[M]. London and New York: Routledge, Taylor & Francis Group, 2005.

[50] United Nations. Universal Declaration of Human Rights[EB/OL]. (1948–12–10)[2019–9–20]. http://www.ohchr.org/EN/UDHR/Pages/Language.aspx?LangID=chn.

[51] Vickers B. Leisure and Idleness in the Renaissance: The Ambivalence of Otium[J]. Renaissance Studies, 1990, 4(1): 1–37.

[52] Zak G. Petrarch's Humanism and the Care of the Self[M]. New York: Cambridge University Press, 2010.

[53] Zeitlin J. The Life of Solitude by Francis Petrarch[M]. Westport, CT: Hyperion Press, 1978.

[54] R.H.托尼.宗教与资本主义的兴起[M].赵月瑟,夏镇平,译.上海：上海译文出版社，2006.

[55] 阿尔斯戴尔・麦金太尔.德性之后[M].龚群，戴扬毅，等译.北京：中国社会科学出版社，1995.

[56] 阿拉斯代尔・麦金太尔.谁之正义？何种合理性？[M].万俊人，等译.北京：当代中国出版社，1996.

[57] 阿兰・德波顿.无聊的魅力[M].陈广兴，译.上海：上海译文出版社，2013.

[58] 阿兰・德波顿.哲学的慰藉[M].资中筠，译.上海：上海译

文出版社，2010.

［59］阿利斯特·麦格拉思 . 加尔文传：现代西方文化的塑造者 [M]. 甘霖，译 . 北京：中国社会科学出版社，2009.

［60］阿马蒂亚·森 . 正义的理念 [M]. 王磊，李航，译 . 北京：中国人民大学出版社，2012.

［61］艾里希·弗洛姆 . 健全的社会 [M]. 孙恺祥，译 . 上海：上海译文出版社，2011.

［62］艾里希·弗洛姆 . 逃避自由 [M]. 刘林海，译 . 上海：上海译文出版社，2015.

［63］安东尼·朗 . 心灵与自我的希腊模式 [M]. 何博超，译 . 北京：北京大学出版社，2015.

［64］奥古斯丁 . 忏悔录 [M]. 周士良，译 . 北京：商务印书馆，1963.

［65］奥古斯丁 . 上帝之城 [M]. 王晓朝，译 . 北京：人民出版社，2006.

［66］白音 . 劳动概念的微观阐释：黑格尔与马克思 [J]. 中南大学学报：社会科学版，2012，18（4）：43–47.

［67］柏拉图 . 法篇 [M]// 王晓朝 . 柏拉图全集：第三卷 . 北京：人民出版社，2003.

［68］柏拉图 . 高尔吉亚篇 [M]// 王晓朝 . 柏拉图全集：第一卷 . 北京：人民出版社，2002.

［69］柏拉图 . 国家篇 [M]// 王晓朝 . 柏拉图全集：第二卷 . 北京：人民出版社，2003.

［70］柏拉图 . 卡尔米德篇 [M]// 王晓朝 . 柏拉图全集：第一卷 . 北京：人民出版社，2002.

［71］柏拉图 . 普罗泰戈拉篇 [M]// 王晓朝 . 柏拉图全集：第一卷 . 北京：人民出版社，2002.

［72］鲍德里亚 . 生产之镜 [M]. 仰海峰，译 . 北京：中央编译出版社，2005.

［73］鲍金 .“休闲”的比较词源学考察——“休闲”在先秦汉语和古希腊语中的文字表达及其反映的社会观念评析 [J]. 自然辩证法研究，2005，21（11）：88–91.

［74］北京大学西语系资料组 . 从文艺复兴到十九世纪资产阶级文学家艺术家有关人道主义人性论言论选辑 [M]. 北京：商务印书馆，1971.

［75］彼得·博克 . 蒙田 [M]. 孙乃修，译 . 北京：中国社会科学出版社，1992.

［76］伯特兰 · 罗素 . 幸福之路 [M]. 傅雷，译 . 西安：陕西师范大学出版社，2006.

［77］伯特兰 · 罗素 . 悠闲颂 [M]. 李金波，蔡晓，译 . 北京：中国工人出版社，1993.

［78］查尔斯 · K. 布赖特比尔 . 休闲教育的当代价值 [M]. 陈发兵，刘耳，蒋书婉，译 . 北京：中国经济出版社，2009.

［79］陈刚 . 大众文化与当代乌托邦 [M]. 北京：作家出版社，1996.

［80］陈建华 . 论西方的博雅教育传统及其演变 [J]. 南京社会科学，2016（8）：124–130.

［81］陈鲁直 . 民闲论 [M]. 北京：中国经济出版社，2005.

［82］陈阳 . 西方教育思想的政治源头——以亚里士多德为主，兼论柏拉图、苏格拉底 [J]. 鸡西大学学报，2016，16（9）：33–35.

［83］陈颖莹 . 闲暇与教育——对亚里士多德、斯宾塞闲暇教育哲学批判 [J]. 学理论，2012（18）：23–24.

［84］程汉 . 财富与德性——亚当·斯密论“美好生活”[J]. 现代哲学，2023（2）：106–113.

[85] 大卫·福莱 . 从亚里士多德到奥古斯丁 [M]. 冯俊，等译 . 北京：中国人民大学出版社，2004.

[86] 戴伟谦 . 希腊三哲人苏格拉底，柏拉图及亚里士多德的运动观——以休闲为中心的探讨 [J]. 体育学报，2001（30）：45–54.

[87] 狄德罗 . 狄德罗经典文存 [M]. 李瑜青，主编 . 上海：上海大学出版社，2002.

[88] 狄金森 . 希腊的生活观 [M]. 彭基相，译 . 上海：华东师范大学出版社，2006.

[89] 第欧根尼 · 拉尔修 . 名哲言行录 [M]. 徐开来，溥林，译 . 桂林：广西师范大学出版社，2010.

[90] 丁智琼 . “快乐即幸福”与“有德即幸福”——伊壁鸠鲁学派与斯多亚学派幸福观之比较 [J]. 安徽大学学报（哲学社会科学版），2009，33（3）：32–35.

[91] 钭利珍 . 闲暇的政治意蕴——基于亚里士多德《政治学》的分析 [J]. 西安电子科技大学学报（社会科学版），2007，17（1）：88–94.

[92] 恩格斯 . 自然辩证法 [M]. 于光远，等译 . 北京：人民出版社，1984.

[93] 恩斯特 · 卡西尔，人论 [M]. 甘阳，译 . 上海：上海译文出版社，1985.

[94] 凡勃伦 . 有闲阶级论 [M]. 蔡受百，译 . 北京：商务印书馆，1964.

[95] 范明生 . 晚期希腊哲学和基督教神学 [M]. 上海：上海人民出版社，1993.

[96] 方芳 . 工作与休闲的关系辨析——一种价值论解释的尝试 [J]. 湖北理工学院学报（人文社会科学版），2017，34（3）：23–29.

[97] 弗兰齐斯科·彼特拉克 . 论自己和大众的无知 [M]. 张沛，译 . 上

海：华东师范大学出版社，2021.

[98] 弗洛姆 . 马克思关于人的概念 [M]// 复旦大学哲学系现代西方哲学研究室 . 西方学者论《1844 年经济学哲学手稿》. 上海：复旦大学出版社，1983.

[99] 耿奖研 . 论伯特兰 · 罗素的休闲观 [J]. 黄海学术论坛，2010（15）：271–276.

[100] 哈特穆特·罗萨 . 新异化的诞生：社会加速批判理论大纲 [M]. 郑作彧，译 . 上海：上海人民出版社，2018.

[101] 汉娜 · 阿伦特 . 人的境况 [M]. 王寅丽，译 . 上海：上海人民出版社，2009.

[102] 郝亿春 . 快乐的本性及其在好生活中的位置——从德性伦理学的视域看 [J]. 现代哲学，2012（5）：9–15，34.

[103] 黑格尔 . 精神现象学 [M]. 贺麟，王玖兴，译 . 上海：上海人民出版社，2013.

[104] 亨利 · 列斐伏尔 . 日常生活批判：第一卷 [M]. 叶齐茂，倪晓晖，译 . 北京：社会科学文献出版社，2018.

[105] 亨利 · 西季威克 . 伦理学方法 [M]. 廖申白，译 . 北京：中国社会科学出版社，1993.

[106] 胡塞尔 . 哲学作为严格的科学 [M]. 倪梁康，译 . 北京：商务印书馆，1999.

[107] 黄达安 . 超越工作至上的世界——论休闲的本质及其当代意义 [D]. 长春：吉林大学，2011.

[108] 吉尔 · 利波维茨基，埃丽亚特 · 胡 . 永恒的奢侈——从圣物岁月到品牌时代 [M]. 谢强，译 . 北京：中国人民大学出版社，2007.

[109] 杰弗瑞 · 戈比 . 你生命中的休闲 [M]. 康筝，译 . 昆明：云南人民出版社，2000.

[110] 靳希平 . 西方文化史中的休闲与学术——一个西方语文学资

料的简单译介 [C]// 上海社会科学院．“生活哲学与现代人类生存”学术研讨会暨第十三届《哲学分析》论坛论文集．上海，2016.

［111］卡尔·白舍客．基督宗教伦理学：第二卷 [M]. 静也，等译．上海：上海三联书店，2002.

［112］卡莱尔·科西克．具体的辩证法——关于人与世界问题的研究 [M]. 傅小平，译．北京：社会科学文献出版社，1989.

［113］拉法格．拉法格文选：上 [M]. 中共中央马克思恩格斯列宁斯大林著作编译局译，北京：人民出版社，1985.

［114］拉法格．宗教和资本 [M]. 王子野，译．北京：生活·读书·新知三联书店，1963.

［115］雷雨田，刘兴仕．马丁·路德宗教改革的特点及其意义 [J]. 广州大学学报（社会科学版），2002，1（1）：18–22.

［116］黎海燕．“闲”与“德”之关系研究及其现代启示——兼论亚里士多德闲暇德育思想 [J]. 学术论坛，2012，35（7）：61–64，150.

［117］大卫·李嘉图．政治经济学及赋税原理 [M]. 郭大力，王亚楠，译．北京：商务印书馆，1962.

［118］李俊峰．亚里士多德闲暇观与马克思人的全面发展观之比较 [D]. 呼和浩特：内蒙古大学，2008.

［119］李石．“闲暇”与公民教育 [EB/OL]. (2017–11–23) [2022–05–29]. http://www.sohu.com/a/206559437-618422.

［120］李哲罕．论“劳动”与“休闲”及其之间的辩证关系——以现代社会中人本质的“异化”与“复归”为焦点 [J]. 理论探讨，2022（4）：134–139.

［121］李仲广，卢昌崇．基础休闲学 [M]. 北京：社会科学文献出版社，2004.

［122］廖申白．亚里士多德友爱论研究 [M]. 北京：北京师范大学出版社，2009.

［123］刘耳．休闲：一种文化价值观的转变 [J]. 自然辩证法研究，2003，19（5）：75–77，93.

［124］刘慧梅，张彦．西方休闲伦理的历史演变 [J]. 自然辩证法研究，2006，22（4）：91–95.

［125］刘良华．伊壁鸠鲁的生命教育及其哲学治疗 [J]. 上海师范大学学报（哲学社会科学版），2014，43（4）：138–145.

［126］刘伟．亚里士多德以音乐操持闲暇思想探微 [J]. 人民音乐，2014（3）：70–72.

［127］刘小枫．《王制》要义：柏拉图注疏集 [M]. 张映伟，译．北京：华夏出版社，2006.

［128］刘新刚，盛卫国．关于马克思自由时间范畴的思考——兼与余静教授商榷 [J]. 马克思主义研究，2008（12）：106–112;

［129］陆丽琼．论《尼各马可伦理学》中的闲暇思想 [J]. 株洲工学院学报，2005，19（5）：60–62.

［130］陆丽琼，何先月．亚里士多德的闲暇思想及其当代启示 [J]. 长白学刊，2008（4）：17–21.

［131］陆扬．亚里士多德论休闲 [J]. 黑龙江社会科学，2011（3）：38–40.

［132］栾广君．唯物史观视域下的生活方式理论研究 [D]. 哈尔滨：黑龙江大学，2016.

［133］罗念生，水建馥．古希腊语汉语词典 [M]. 北京：商务印书馆，2004.

［134］罗素．西方哲学史：上卷 [M]. 何兆武，李约瑟，译．北京：商务印书馆，1963.

［135］罗素．西方哲学史：下卷 [M]. 马元德，译．北京：商务印书馆，1976.

［136］罗歇·苏．休闲 [M]. 姜依群，译．北京：商务印书馆，

1996.

［137］马惠娣.休闲——文化哲学层面的透视[J].自然辩证法研究，2000，16（1）：59-64.

［138］马惠娣.走向人文关怀的休闲经济[M].北京：中国经济出版社，2004.

［139］马可·奥勒留.沉思录[M].何怀宏，译.北京：中央编译出版社，2014.

［140］马克思.1844年经济学哲学手稿[M].中共中央马克思恩格斯列宁斯大林著作编译局，译.北京：人民出版社，2000.

［141］马克思.资本论：第1卷[M].北京：人民出版社，1975.

［142］马克思，恩格斯.马克思恩格斯全集：第26卷[M].中共中央马克思恩格斯列宁斯大林著作编译局，译.北京：人民出版社，1974.

［143］马克思，恩格斯.马克思恩格斯全集：第30卷[M].中共中央马克思恩格斯列宁斯大林著作编译局，译.北京：人民出版社，1995.

［144］马克思，恩格斯.马克思恩格斯全集：第46卷（下）[M].中共中央马克思恩格斯列宁斯大林著作编译局，译.北京：人民出版社，1980.

［145］马克思，恩格斯.马克思恩格斯全集：第47卷[M].中共中央马克思恩格斯列宁斯大林著作编译局，译.北京：人民出版社，1980.

［146］马克思，恩格斯.马克思恩格斯全集：第42卷[M].中共中央马克思恩格斯列宁斯大林著作编译局，译.北京：人民出版社，1979.

［147］马克斯·韦伯.新教伦理与资本主义精神[M].于晓，等译.北京：生活·读书·新知三联书店，1987.

［148］玛莎·C.纳斯鲍姆.寻求有尊严的生活——正义的能力理论[M].田雷，译.北京：中国人民大学出版社，2016.

［149］玛莎·努斯鲍姆.欲望的治疗：希腊化时期的伦理理论与实践[M].徐向东，陈玮，译.北京：北京大学出版社，2018.

［150］蒙田．蒙田随笔全集：上卷[M]. 潘丽珍，等译．南京：译林出版社，1996.

［151］蒙田．蒙田随笔全集：下卷[M]. 陆秉慧，刘方，译．南京：译林出版社，1996.

［152］尼古拉斯·曼．彼特拉克[M]. 江力，译．北京：中国社会科学出版社，1992.

［153］诺尔曼·李莱佳德．伊壁鸠鲁[M]. 王利，译．北京：中华书局，2005.

［154］潘海颖．休闲与日常生活的反正——列斐伏尔日常生活批判的独特维度[J]. 旅游学刊，2015，30（6）：119–126.

［155］潘立勇．休闲与审美：自在生命的自由体验[J]. 浙江大学学报（人文社会科学版），2005，35（6）：5–11.

［156］庞世伟．论"完整的人"——马克思人学生成论研究[M]. 北京：中央编译出版社，2009.

［157］庞学铨．实践呼唤系统规范的休闲学[N]. 中国社会科学报，2017–01–24（8）.

［158］庞学铨．休闲学的学科解读[J]. 浙江学刊，2016（2）：68–73.

［159］庞学铨，程翔．休闲学在西方的发展：反思与启示[J]. 浙江社会科学，2019（4）：80–86.

［160］齐格蒙特·鲍曼．工作、消费主义和新穷人[M]. 郭楠，译．上海：上海社会科学院出版社，2021.

［161］齐勇．劳动与闲暇：亚里士多德与马克思的比较研究[J]. 求是学刊，2016，43（4）：24–29.

［162］乔治·萨拜因．政治学说史：上卷[M]. 邓正来，译．上海：上海人民出版社，2008.

［163］秦碧霞．论作为幸福之表征的"闲暇"——读《尼各马可

伦理学》[J]. 昌吉学院学报，2013（3）：27–31.

［164］邱晓辉 . 亚里士多德闲暇思想初探 [D]. 呼和浩特：内蒙古大学，2007.

［165］让 – 诺埃尔·罗伯特 . 古罗马人的欢娱 [M]. 王长明，等译 . 桂林：广西师范大学出版社，2005.

［166］让·鲍德里亚 . 消费社会 [M]. 刘成富，全志钢，译 . 南京：南京大学出版社，2008.

［167］让·波德里亚 . 象征交换与死亡 [M]. 车槿山，译 . 南京：译林出版社，2006.

［168］塞涅卡 . 哲学的治疗 [M]. 吴欲波，译 . 北京：中国社会科学出版社，2007.

［169］色诺芬 . 回忆苏格拉底 [M]. 吴永泉，译 . 北京：商务印书馆，1984.

［170］尚杰 . 私人生活高于社会生活——再读蒙田的《随笔录》[J]. 党政干部学刊，2009（9）：7–10.

［171］邵令 . 古希腊公民的公共闲暇活动与民主政治 [J]. 首都师范大学学报（社会科学版），2010（S1）：67–70.

［172］沈文钦 . 西方博雅教育思想的起源、发展和现代转型：概念史的视角 [M]. 广州：广东高等教育出版社，2011.

［173］圣西门 . 圣西门选集：第三卷 [M]. 董果良，赵鸣远，译 . 北京：商务印书馆，1985.

［174］石敏敏 . 希腊人文主义：论德性、教育与人的福祉 [M]. 上海：上海人民出版社，2003.

［175］石敏敏，章雪富 . 斯多亚主义：Ⅱ [M]. 北京：中国社会科学出版社，2009.

［176］斯蒂芬·茨威格 . 蒙田 [M]. 舒昌善，译 . 北京：生活·读书·新知三联书店，2008.

［177］苏培．“顶天立地”开展休闲学研究 [N]. 中国社会科学报，2017–08–18（1）.

［178］苏星．劳动价值论一元论 [J]. 中国社会科学，1992（6）：3–16.

［179］孙慧玲，李阳．论马可·奥勒留的道德自觉思想 [J]. 理论探索，2009（4）：23–25，47.

［180］孙正聿．寻找“意义”：哲学的生活价值 [J]. 中国社会科学，1996（3）：114–125.

［181］唐土红，喻权良．伊壁鸠鲁的快乐论及其伦理反思 [J]. 伦理学研究，2006（3）：71–75.

［182］陶涛．亚里士多德论音乐与美德教育 [J]. 道德与文明，2013（1）：58–62.

［183］梯利．西方哲学史 [M]. 葛力，译．北京：商务印书馆，1995.

［184］托马斯·古德尔，杰弗瑞·戈比．人类思想史中的休闲 [M]. 成素梅，等译．昆明：云南人民出版社，2000.

［185］托马斯·孟．英国得自对外贸易的财富 [M]. 袁南宇，译．北京：商务印书馆，1959.

［186］汪子嵩，陈村富，包利民，等．希腊哲学史：第四卷 [M]. 北京：人民出版社，2010.

［187］汪子嵩，范明生，陈村富，等．希腊哲学史：第二卷 [M]. 北京：人民出版社，1993.

［188］汪子嵩，范明生，陈村富，等．希腊哲学史：第三卷 [M]. 北京：人民出版社，2003.

［189］王宝贵．亚里士多德闲暇观解析及启示 [J]. 长春工程学院学报：社会科学版，2010，11（4）：36–39.

［190］王晨．教育、政治与生活方式——亚里士多德《政治学》导读 [J]. 教育科学研究，2012（2）：75–77，80.

［191］王来法．前期斯多亚学派研究 [M]. 杭州：浙江大学出版社，2004.

［192］王善超．论亚里士多德关于人的本质的三个论断 [J]. 北京大学学报（哲学社会科学版），2000，37（1）：114–122.

［193］王云．古典希腊劳作与闲暇观念的政治解读 [J]. 兰州大学学报（社会科学版），2011，39（2）：29–35.

［194］王云，李丽．亚里士多德闲暇思想论析 [J]. 海南大学学报（人文社会科学版），2011，29（4）：33–37.

［195］王泽芝．古典经济学道德观演化研究——从斯密、李嘉图到约翰·穆勒 [D]. 武汉：中南财经政法大学，2018.

［196］威廉·B. 欧文．像哲学家一样生活：斯多葛哲学的生活艺术 [M]. 胡晓阳，芮欣，译．上海：上海社会科学院出版社，2018.

［197］吴国盛．时间的观念 [M]. 北京：商务印书馆，2019.

［198］吴宁．日常生活批判——列斐伏尔哲学思想研究 [M]. 北京：人民出版社，2007.

［199］吴育林．论马克思的劳动休闲观 [J]. 自然辩证法研究，2006，22（7）：85–89.

［200］西塞罗．论至善和至恶 [M]. 石敏敏，译．北京：中国社会科学出版社，2005.

［201］肖恩·塞尔斯．马克思《1844 年经济学哲学手稿》中的“异化劳动”概念 [J]. 高雯君，译．当代国外马克思主义评论，2008（12）：372–392.

［202］肖剑．罗马哲人的闲暇观——塞涅卡作品中的闲暇问题 [J]. 西北师大学报（社会科学版），2009，46（3）：14–18.

［203］修昔底德．伯罗奔尼撒战争史 [M]. 谢德风，译．上海：商务印书馆，1960.

［204］王乐理．西方政治思想史（第一卷）：古希腊、罗马 [M].

天津：天津人民出版社，2005.

［205］亚当・斯密 . 道德情操论 [M]. 谢宗林，译 . 北京：中央编译出版社，2009.

［206］亚当・斯密 . 国民财富的性质和原因的研究：上卷 [M]. 郭大力，王亚南，译 . 北京：商务印书馆，1972.

［207］亚里士多德 . 尼各马可伦理学 [M]// 苗力田 . 亚里士多德全集：第八卷 . 北京：中国人民大学出版社，1992.

［208］亚里士多德 . 形而上学 [M]// 苗力田 . 亚里士多德全集：第七卷 . 北京：中国人民大学出版社，1993.

［209］亚里士多德 . 修辞术 [M]// 苗力田 . 亚里士多德全集: 九卷 . 北京：中国人民大学出版社，1994.

［210］亚里士多德 . 政治学 [M]// 苗力田 . 亚里士多德全集：第九卷 . 北京：中国人民大学出版社，1994.

［211］仰海峰 . 走向后马克思：从生产之镜到符号之镜 [M]. 北京：中央编译出版社，2004.

［212］姚广臣 . "智性认识" 是认识的重要形式 [J]. 湖南师范大学社会科学学报，1987（3）：40–42.

［213］叶智魁 . "逍遥" 与 "Schole"：庄子与 Aristotle 之休闲观 [J]. 户外游憩研究，1994，7（3）：79–89.

［214］伊壁鸠鲁，卢克来修 . 自然与快乐——伊壁鸠鲁的哲学 [M]. 包利民，等译 . 北京：中国社会科学出版社，2004.

［215］于光远，马惠娣 . 劳作与休闲——关于休闲问题对话之五 [J]. 洛阳师范学院学报，2008（3）：1–6.

［216］约翰・格拉夫，大卫・瓦恩，托马斯・内勒 . 流行性物欲症 [M]. 闾佳，译 . 北京：中国人民大学出版社，2006.

［217］约翰・加尔文 . 基督徒的生活 [M]. 钱曜诚，等译 . 北京：生活・读书・新知三联书店，2011.

[218] 约翰·凯利.走向自由：休闲社会学新论 [M]. 赵冉，译.昆明：云南人民出版社，2000.

[219] 约翰·罗尔斯.道德哲学史讲义 [M]. 张国清，译.上海：上海三联书店，2003.

[220] 约瑟夫·皮珀.闲暇：文化的基础 [M]. 刘森尧，译.北京：新星出版社，2005.

[221] 张东辉，刘海霞.亚里士多德，费希特和马克思论休闲 [J]. 湖南科技大学学报（社会科学版），2012，15（2）：41–45.

[222] 张培均.亚里士多德论闲暇教育 [J]. 北京大学教育评论，2019，17（1）：42–51.

[223] 张荣.奥古斯丁的基督教幸福观辨正 [J]. 哲学研究，2003（5）：76–82.

[224] 张锐，李萁.休闲体育的精神与追求——源于哲学的思考 [J]. 北京体育大学学报，2014，37（7）：12–17.

[225] 张一兵.马克思劳动异化理论的逻辑建构与解构 [J]. 南京社会科学，1994（1）：16–24.

[226] 张应林.亚里士多德音乐教育思想及其启示 [J]. 当代教育理论与实践，2014，6（1）：62–64.

[227] 张永红.休闲的词源涵义考 [J]. 湖南工业大学学报：社会科学版，2010，15（4）：130–133.

[228] 张宇飞，黎海燕.试论古希腊体育运动的休闲意蕴 [J]. 学术论坛，2014（4）：122–126.

[229] 章雪富.斯多亚主义的治疗性哲学和自我的观念 [J]. 现代哲学，2009（2）：38，85–90.

[230] 章雪富，石敏敏.伦理学作为第一哲学——希腊化哲学的范式转移 [J]. 中国社会科学，2011（1）：47–57.

[231] 赵瑞华.媒介文化与休闲异化——媒介文化对现代休闲方

式负面影响研究 [D]. 广州：暨南大学，2011.

［232］赵万里 . 从威廉 · 配第到大卫 · 李嘉图的经济伦理：劳动创造价值 [J]. 重庆科技学院学报（社会科学版），2014（6）：58–60.

［233］赵玉强 . 优游之道: 宋代士大夫休闲文化及其意蕴 [M]. 上海: 上海古籍出版社，2017.

［234］周海荣 . 论中世纪的休闲观 [J]. 内蒙古民族大学学报（社会科学版），2014，40（6）：79–81.

［235］周海荣，姜锡润 . 西方休闲观的历史流变 [J]. 理论月刊，2014（12）：47–52.

［236］周海荣，李宏 . 论亚里士多德的休闲观 [J]. 武汉理工大学学报（社会科学版），2017，30（6）：121–125.

［237］周洪祥 . 古希腊休闲运动观念及其对当代的启示 [J]. 韩山师范学院学报，2019，40（1）：77–81.

［238］邹贤敏 . “闲暇”与“觉识”——亚里斯多德美学思想拾遗 [J]. 学术月刊，1986（7）：35，42–47.

后记

纵观全书，本研究取得了以下几方面研究进展：第一，在前人研究基础上以更清晰的脉络梳理“休闲”与“善”“幸福”“教育”“政治”等概念之间的内在联系，形成古希腊休闲思想的完整理论逻辑。第二，拓展了“休闲”在希腊化时期、中世纪时期、文艺复兴时期的哲学性呈现。前人对这部分内容关注较少，已有的研究都是一笔带过，没有深入探讨，本书相对完整地介绍并分析了伊壁鸠鲁、西塞罗、塞涅卡、马可·奥勒留、奥古斯丁、阿奎那、彼特拉克、蒙田等人的休闲思想及其与古希腊休闲思想的联系与区别。第三，从近现代劳动地位的上升路径分析休闲哲学性内涵日益式微的过程，不局限于宗教改革后新教伦理对这种变化的影响，补充了亚当·斯密对劳动经济价值所导致的休闲地位下降和马克思“劳动理想”对古希腊“休闲理想”的取代过程。第四，大胆质疑前人“劳动和休闲在马克思那里达成统一”的观点，本书认为在马克思本人的语境中，休闲的存在只是作为劳动之余的补偿。第五，以凡勃伦、列斐伏尔、鲍德里亚为代表，在梳理休闲与消费关系的基础上，指出古希腊时期具有理想性质的休闲在今日已经演变为促进消费的一种口号，并尝试从古希腊哲学的角度重新审视休闲与消费的关系。

然而，受研究能力所限，本书仍存在以下不足。

1. 语言能力有限

本书所做的是以希腊古典休闲思想为基础的西方休闲思想的演变过

程的梳理与研究，其中涉及了古希腊以来欧美地区的众多哲学家，原始文献及二手文献涵盖了古希腊语、拉丁语、英语、法语、德语、意大利语等多种语言。原始文献是哲学家书写自己思想的第一语言，从中得到的信息必然最接近哲学家想要传达给读者的内容。经过翻译或第二手研究的文献不可避免地会带有译者或阐释者本人的理解与诠释，所传达的信息也有可能偏离原始文献所想表达的内容。由于笔者仅掌握了中文和英语两种语言，因此在梳理和研究过程中所阅读、引证的绝大部分都是中文和英文的二手文献，这就造成了无法与历史上的哲学家“面对面”进行思想碰撞的遗憾。

2. 全书用词不统一

纵观全书，“休闲”与“闲暇”交替出现，有时两者表达的是同一个意思，有时又是不同的意思。书稿写作初期曾尝试将两者进行严格区分，但在写作过程中却发现很难做到这一点。外文译著中对 leisure 一词的翻译并不一致，有些译为“休闲”，有些译为“闲暇”，本着尊重译者的原则，本书所引皆为译著原文，并未对此进行统一。当确实存在需要将两者进行区分使用的情况时，本书尽量以“闲暇时间”来表示“闲暇”一词所含的“空闲时间”的意味，而其余情况下“闲暇”则与“休闲”同义。尽管如此，也并未能解决全文用词不统一的问题。因为有时 leisure 虽然被译为“休闲”，但在英文原文中却表示“空闲时间”。当涉及其他语言的原始文献时，转译过程中语义的偏差问题就更加复杂了。

3. 哲学基础薄弱

在进入浙江大学学习休闲学专业之前，笔者在本科期间就读的是旅游管理专业，没有受过正规、系统的哲学思维训练。从硕士阶段就读中国哲学专业才开始正式接触哲学，但由于当时的学习重心更偏向中国传统文化，对西方哲学的学习还停留在比较粗浅的阶段。博士期间的学习让笔者对西方哲学的发展历史有了更进一步的了解，但仍然不够系统和深入，对很多观点和思想缺乏准确把握和理解。在这样的基础上要去发掘西方各个时代哲学家、思想家对于“休闲”概念的理解，显然是一个非常大的挑战。薄弱的哲学基础导致全书的讨论有些浮光掠影，对更深层次内容的挖掘不够。

4. 学理创新不足

本书整体是对古希腊休闲观念及其历史演变进行梳理，涉及了各个历史时期诸多哲学流派和哲学思想。写作过程中笔者发现，本书的每一个章节所讨论的内容其实都有足够多可以挖掘的部分，而个人能力不足以把握书中所涉及概念的所有内在联系，难以支撑全书的宏大叙事。对于一些重要问题，如天职、新教、“经济人”与“道德人”的人性假设、“生产劳动”与“非生产劳动”等问题与休闲之间的关系只是进行了大致的勾勒，而没有进行更深入、更精深的研究。因此整本书更注重对各个历史时期休闲观点的系统性梳理和论证，而在学理上的创新和突破还不够。

5. 讨论不够全面

书中对于休闲在现代社会发展中所遭遇的困境的讨论主要集中在消费社会、消费主义对休闲的裹挟方面，但实际上造成这种困境的原因不仅仅在于消费社会的发展和消费主义的盛行，还有大众文化的普及、技术理性的控制等多种要素。目前笔者并未就这两点对现代休闲发展所产生的影响展开专门的论述，但这两点却是西方休闲思想发展历程中绕不开的两个主题。因此，本书现有的研究还不全面，有待在后续的研究中针对这两点内容进行补充，以完善全书的逻辑架构。